KB050728

CREATIVITY DILEMMA

창의성 딜레마

왜 창의적인 제품이 실패하는가?

임수빈 테네시대 (전 연세대) 교수 저

조연진 편저 | 주성진 삽화

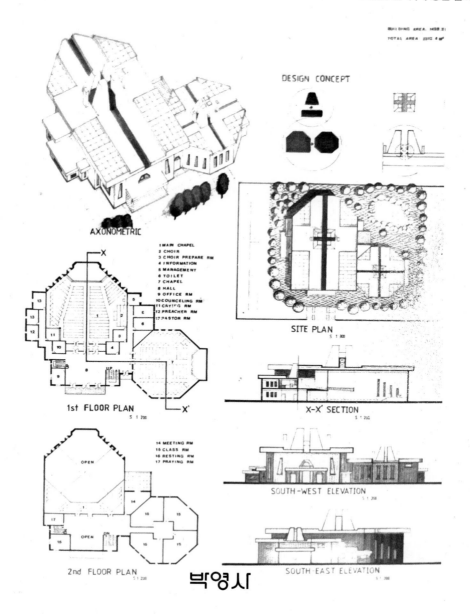

박영사

저자의 건축과에서의 첫 주택 설계 작품: 연희동 주택

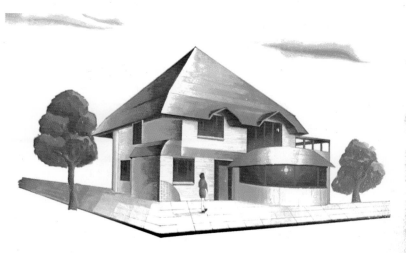

PERSPECTIVE

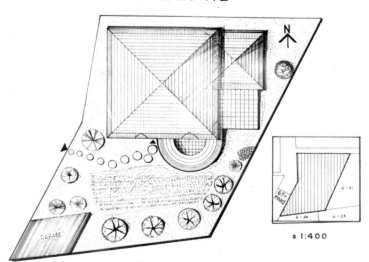

s 1:400

SITE PLAN
s. 1:100

저자가 교환학생 때 만든 보트 하우스

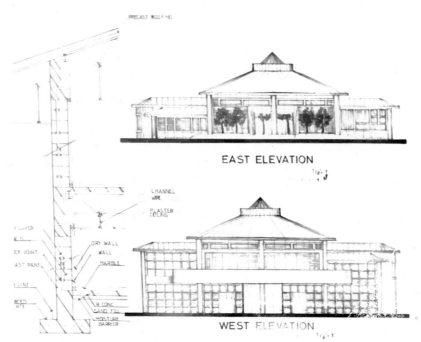

EAST ELEVATION

WEST ELEVATION

WALL SECTION

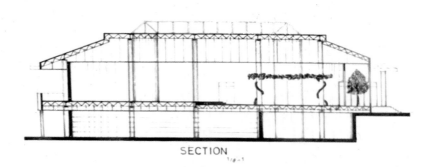

SECTION

저자의 졸업작품(유지상과 공동 작품): Cluster Village(연세대학교 기숙사)

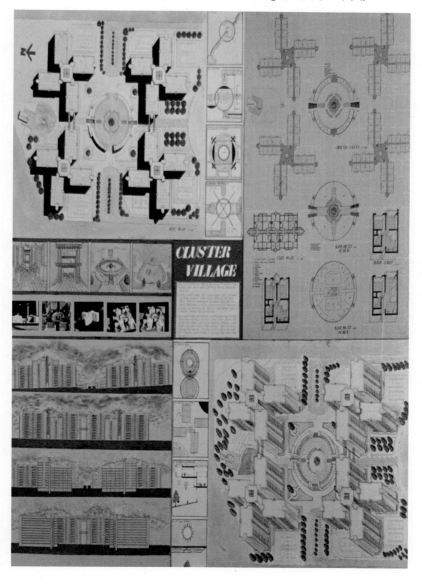

저자의 3학년 작품: 루스채플(연세대학교 교회) 재건축

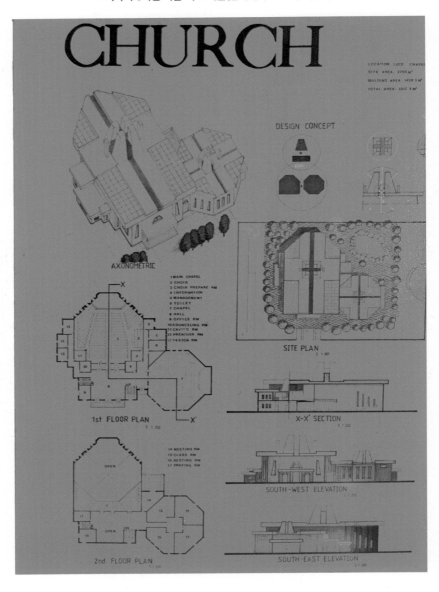

저자의 4학년 작품: 고층 건물 작품

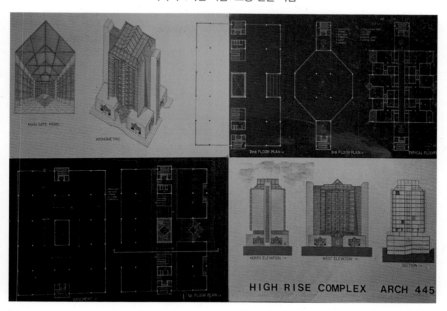

연세대학교 Global MBA 수업에서

샌프란시스코 대학의 디자인-마케팅 공동의 창의성 수업에서: 디자인 교수 마틴 린더와 함께

목차

들어가는 글: 우리는 창의성 딜레마에서 무엇을 배울까? 1

제1장

창의성 딜레마 11

▷ 01. 창의성이란? 12

1 창의성의 광의적, 협의적 정의: 창조성, 혁신성　　　　12
2 창의성의 2가지 하부차원(Sub-Dimension) 구성요소:
　독창성(Novelty)과 의미성(Meaningfulness)　　　　18
3 창의성의 4가지 측면: Personality, Process, Environ-
　ment, Outcome　　　　20
4 창의성 이론의 정리　　　　25

▷ 02. 창의성 딜레마 28

1 창의성의 딜레마란?　　　　28
2 창의성 딜레마와 혁신가의 딜레마: 차별점과 유사점　　29

③ 창의성 딜레마의 핵심 질문: 과연 창의성이 회사의 성공
을 가져올 수 있을까? 왜 창의적인 제품은 실패하는가?
   - 새한 미디어 케이스에서의 레슨　　　　　　　31
④ 창의성 딜레마의 이해:
   매직박스인 독창성과 다다익선인 의미성　　　　32
⑤ 창의성의 장기적인 효과를 통한 창의성 딜레마의 해결책:
   어떻게 창의성의 딜레마를 극복할 것인가? 매직박스인
   독창성은 창의성의 미운 오리새끼인가?　　　　35

제2장

**창의성 딜레마(Creativity Dilemma): 왜 창의적인
제품이 실패하는가?** **39**

▷ **01. 새한미디어는 실패하고, 애플은 성공한 이유** **40**

① 들어가는 글　　　　　　　　　　　　　　　40
② 퍼스트 무버(first mover) 새한 미디어의 실패와
   퀵 팔로어(quick follower) 애플의 성공사례　　　41
③ 창의성 딜레마　　　　　　　　　　　　　　43
④ 창의성 딜레마에서 무엇을 배울까?　　　　　45

▷ **02. 첨단 기술 산업에서의 시장지향성과 창의성이
   신제품 성과에 미치는 영향** **47**

① 연구동기　　　　　　　　　　　　　　　　49

2 이론적 프레임워크 53

3 연구 모델의 제안과 연구 가설의 개발 55

제3장

단순함으로 승부하라.
실패하는 시장 개척자 vs 성공하는 시장 모방자 65

▷ 01. 전기차의 성공, 구호 요란한 테슬라 vs 니즈 파악한
 닛산(DBR): 왜 닛산이 초기에 더 성공하였는가? 66

 1 시장 개척자와 시장 모방자, 누가 더 성공할 가능성이 높을까? 66

  1 PDA 전자수첩: 팜 파일럿(Palm Pilot) vs 애플 뉴턴(Newton) 67
  2 소셜 네트워크: 페이스북(Facebook) vs 식스디그리즈(Six Degrees) 69
  3 스마트폰: 블랙베리 vs 아이폰 71

▷ 02. 미세먼지, 전기차에서 답을 찾자:
 중국에서 성공한 전기 자동차...76

제4장

혁신팀에서의 창의성 87

▷ 01. 신제품 혁신팀에서의 창의성에 영향을 미치는
 선행요인 및 후속결과...88

 1 이론적 배경 및 모델 개발 90

2 연구모델   91

1 창의성의 선행요인: 혁신개발팀 내부 및 외부의 역학   92

    1 사회적 결속력   92

    2 초월적 정체성   93

    3 시장성과 기반 보상체계   94

    4 신제품 기획과정의 공식화   94

    5 최고 경영진의 위험도 감수 장려책   96

2 창의성의 결과: 제품의 경쟁우위   96

제5장

창의성 딜레마: 독창성은 매직박스인가? 105

▷ 01. 신제품 창의성의 선행 조건과 및 결과:
    한국, 일본, 중국회사를 중심으로................................. 106

1 이론적 배경과 프레임워크   108

1 신제품 창의성   109

2 조직 문화 및 최고 경영진 리더십 선행요인   110

3 국가 문화 선행요인   110

4 창의성의 결과로서의 신제품 성과   112

2 연구 가설   113

1 조직 문화 선행요소   113

    1 고객 지향성   113

    2 경쟁사 지향성   114

　　　3 다기능 부서 간의 융합　　　　　　　　　　　115

　2 최고 경영진 리더십 선행요소　　　　　　　　　116

　　　1 최고 경영진의 신제품 개발 참여도　　　　　116

　　　2 최고 경영진의 신제품 개발 위험도 감수 장려책　117

　3 국가 문화의 선행조건　　　　　　　　　　　118

　　　1 세속주의 문화(vs 전통주의 문화)　　　　　119

　　　2 생존주의 문화(vs 자기표현주의 문화)　　　120

　4 창의성의 결과: 신제품 성과　　　　　　　　121

제6장

개인적인 창의성을 발현하는 혁신성: 과연 혁신성이 높은 높은 소비자가 혁신제품을 더 많이, 더 빠르게 구매하는가? 내재적 혁신성향이 혁신적 구매에 미치는 영향............ 127

▷ 01. 소비자의 내재적 혁신성향과 개인 특성이 신제품 채택
　　행동에 미치는 영향에 대한 실증 연구 128

　1 이론적 프레임워크　　　　　　　　　　　　130

　　1 소비자 혁신성　　　　　　　　　　　　　130

　　2 소비자의 내재적 혁신성향, 개인 특성 및 신제품 채택 행동 간의 관계　132

　2 이론적 시사점　　　　　　　　　　　　　　138

▷ 02. 소비자의 내재적 혁신성향은 신제품 및 서비스 채택 행
  동과 연관되는가? 간접적 혁신성(대리 혁신성)을 통한
  사회적 학습의 매개효과.................................. 139

  ① 이론적 배경   141
    ❶ 소비자의 혁신적 성향   141
    ❷ 혁신적 행동: 신제품 채택 행동   142

  ② 연구 가설 설정   143
    ❶ 소비자의 내재적 혁신성향과 혁신적 행동 간의 관계   143
    ❷ 사회적 학습: 소비자의 내재적인 혁신성향과 신제품 채택
      행동 간의 관계에서 대리적 혁신성이 가지는 매개 효과   144
    ❸ 새로운 서비스 채택 행동의 일반화   146

제7장

창조성과 신제품팀의 지식관리.................................. 153

▷ 01. 하이테크 기업에서 지식의 유형과 전략 지향성이
  신제품 창의성과 경쟁우위에 미치는 영향 154

  ① 이론적 프레임워크와 연구 가설   157
    ❶ 신제품 창의성에 대한 지식 유형의 효과   157
    ❷ 지식의 암묵성과 신제품 창의성 간의 연결고리   158
    ❸ 지식 복합성과 신제품 창의성 간의 관계   159
    ❹ 전략 지향성이 신제품 창의성에 미치는 효과   160

1 시장 지향성과 신제품 의미성 간의 관계   161

2 기술 지향성과 신제품 독창성 간의 관계   162

5 신제품 창의성이 신제품 경쟁우위에 미치는 영향   162

6 신제품 경쟁우위가 신제품 성과에 미치는 영향   164

▷ **02. 신제품 성과를 향상시키기 위한 다기능 융합의 촉진: 집단 효율성 이론의 관점에서** 167

1 개념적 연구모델   170

2 연구 가설   173

  1 선행요소: 내부적 팀 요인   173

    1 사회적 결속력   173

    2 초월적 정체성   173

    3 집단 자율성   174

  2 선행요소: 상황적 요인   175

    1 시장성과 기반 보상체계   175

    2 기획과정의 공식화   176

    3 최고 경영진의 위험도 감수 장려책   176

  3 후속관계: 다기능 간 융합과 신제품 성과   177

    1 신제품 성과   177

▷ **03. B2B 하이테크 기업의 지식관리 역량은 신제품 우위를 위해 어떻게 지식자원과 전략적 방향을 돕는가** 183

1 이론적 배경과 개념틀   185

① 신제품 팀 지식관리 역량   188

② 개념틀   189

2 신제품 지식관리 역량의 선행요소   191

① 신제품 개발 시장의 인텔리전스(지적정보)   191

② 신제품 개발 지식의 자원 암묵성   192

③ 신제품 개발 자원의 전개   193

④ 전략 지향성   194

   1 시장 지향성   194

   2 기술 지향성   195

⑤ 신제품 개발 지식 습득과 적용 역량   196

⑥ 신제품 지식관리 역량의 결과인 신제품 경쟁 우위   196

⑦ 제품 품질 우수성(품질 경쟁 우위)   197

⑧ 제품 차별화   197

제8장

창의성과 신제품 개발에 관한 미래의 연구 방향.............205

▷ 01. 제품 창의성과 쿨함(Coolness)이 소비자의 인지가치
    와 태도에 미치는 영향.................................206

1 이론적 배경: 신제품 창의성과 제품 평가에 대한
소비자의 인지   208

2 가설 도출   209

▷ 02. 경쟁 우위에 대한 채널 혁신 지식경영의 효과.................. 213

1 이론적 배경   214
　1 마치(March)의 학습 이론   214
　2 채널 혁신 지식경영: 지식 기반 관점   215
　　1 채널 혁신 지식경영과 흡수 역량 간의 관계   216
　　2 채널 혁신 지식경영과 지식경영 개념 간의 관계   217
2 이론과 가설   218
　1 학습 결과에 대한 지식경영 역량의 영향   219
　　1 탐색적 조직 학습 결과에 대한 채널 혁신 지식경영의 효과   220
　　2 활용적 학습결과에 대한 채널 혁신 지식경영의 효과   221
　2 제품 경쟁 우위에 대한 조직 학습 결과의 효과   222

▷ 03. 마케팅 분야의 신제품 개발과 혁신관리에 대한
　　　 국내 연구성과 검토와 연구 방향에 대한 제언.................. 228

▷ 가. 연구 영역에 따른 분류................................ 236

1 소비자 행동에 관한 논문   236
2 기업전략에 관한 논문   239
3 인사조직에 관한 논문   241

▷ 나. 학술지에 따른 분류.................................. 243

1 Asia Marketing Journal   243
2 마케팅 연구   244

③ 소비자학 연구   245

④ 광고학 연구   246

⑤ 경영학 연구   247

▷ 다. 현재 연구들의 종합적 시사점과 한계성,
  미래연구의 방향성 249

① 종합적 시사점과 미래 연구의 방향성   249

② 미래연구의 방향성   251

나가는 글 **254**

들어가는 글: 우리는 창의성 딜레마에서 무엇을 배울까?

격변하는 환경에서 업무 수행 과정 또한 급변하고 있는 오늘날의 세상에 살고 있는 우리에게 있어 '창의성이 높은 사람이 성공한다'는 흔히 들을 수 있는 말이다. 누구나 한 번쯤은 "나는 과연 창의적인 사람인가?"라는 질문과 함께 자신의 창의성을 측정해 보고자 하고 향상시키려는 노력도 해 보았을 것이다. 저자의 초중고등학교 시절을 돌이켜 보면 저자는 창의적 교육을 많이 하는 미술이나 음악 시간에 창의적이라고 할 만큼 독창적인 작품들을 만든 기억이 없다. 그래서 "아 나는 별로 창의적이지 못하니 예술은 안 맞겠다"고 했던 것 같다. 그런데 고등학교 2학년 때 기술시간에 제도를 해서 건물을 그려 오는 과제가 있었는데, 자를 대고 쓱쓱 그리다 보니 생각보다 창의적인 건물을 그렸던 기억이 있다. 친구들이 "야, 너 그거 독특하게 잘했네"라고 해주자 스스로 우쭐하여 "아 나도 창의적인 면이 있네" 하는 생각을 혼자 했던 적이 있다. 기술 시간의 경험 덕택에 저자는 대학의 전공과 진로를 결정할 때 건축가가 되야겠다는 꿈을 안고 공대에서 가장 창의성을 요구하는 건축공학과를 지원했던 것이 생각난다. 건축공학과를 다니는 4년 동안 창의적인 작품을 만들기 위해서 작품 데드라인과 잠과 싸웠지만, 그 진정한 내면에는 창의성과의 싸움이 있었다. 제도판에 제도지를 올리고 T자와 삼각자를 들고 로트링펜(그때 당시 제일 유행하던 설계용 펜이다)을 들고 건축설계를 하면 신이 났었고, 어렵게 어렵게 장고를 거듭한 끝에 새로운 아이디어가 나오면 밤을 새는 것도 즐거웠던 때였다. 특별히 같이 작업하는 동기들보다 내가 더 창의적이라고는 생각한 적이 없지만, 시간을 들여서 머리를 짜내서 밤새고 시간을 투자하면 나쁘지 않은 작품이 나오는 것을 보고, 나의 창의성이 나쁘지는 않구나 하는 생각을 했다.

그런데, 대학교 4학년 때 나의 창의성의 한계를 느낀 결정적인 사건이 일어났다. 그때 당시 처음 시작한 ISEP(International Student Exchange Program)라는 교환 학생 프로그램을 알게 되어 뒤늦게 지원을 하여 교환학생 2기로 4학년 1학기를 네브라스카 주립대학(University of Nebraska-Lincoln)에서 수학하게 되었다. 언어의 어려움 등으로 고생은 많았지만, 건축 설계 시간은 즐거운 시간이었다. 학기말 프로젝트로 보트 하우스를 만드는 한 달짜리 과제가 주어졌는데, 한국에서는 흔히 접하기 힘든 건물이라 나는 한국에서 하던 버릇대로 설계 스튜디오에서 이틀이 멀다 하며 자와 컴파스와 로트링 펜과 함께 밤을 세우면서 정성을 다해 새로운 아이디어를 짜내고 도면 설계를 했다. 마감이 다 닥쳐서 몸과 마음이 다 지쳤지만 최종 결과물에 가까운 도면을 보고 오랜 장고로 그래도 작품 하나가 나왔구나 하는 안도의 숨을 쉬고 있었다. 그런데, 서 있을 때 넘어질까 조심하라는 성경 말씀처럼, 충격적인 일이 일어났다. 최종 발표를 하는 날이 다가왔고 나는 그날도 최종 도면 마무리로 밤을 새고 있었다. 그런데, 한 달 동안 한 번도 설계 스튜디오에 나타나지 않았던 친구가 새벽에 나타났고, 빈 도면에 로트링 펜과 칼라펜을 꺼내서 건물을 스케치하기 시작했다. 내 마음 한 구석에 "쟤는 뭐지? 수업을 펑크내려고 하나?" 하는 생각을 했다. 그리고, 한 3시간 남짓 지났을까, 나는 그 친구가 자도 대지 않고, 쓱쓱 그려낸 도면을 보고 엄청난 충격을 받았다. 세 시간 만에 그려 낸 보트 하우스의 투시도와 컬러펜만 이용하여 자를 사용하지 않고 자유롭게 휙휙 그어 나간 도면의 프레젠테이션이 너무 창의적이어서 한 폭의 예술 작품을 보는 듯하여 나도 모르게 감탄사를 연발하고 있었던 것이다. 그 순간의 놀라움과 함께 두 가지 생각이 교차했는데, "아 정말 타고난 엄청나게 창의적인 사람이 있구나"라는 감탄과 "나도 창의적이라고 믿고 열심히 해서 창의적인 작품을 만들어 왔는데 난 과연 창의적인가" 하는 회의가 같이 온 것이다. 이 일이 나에게는 큰 반향이 되어, 내가 창의성을 최고의 모토로 하는 건축사의 길을 포기하고 경영학으로 전공을 바꾸게 되는 결정적 계기가 되었다. 건축가를 포기한 이후에도 지속적으로 창의성이 중심이 되는 가지 않은 건축가의 길이 뇌리에 박혀 있던 듯하다. 노스캐롤라이나 대학(University of North Carolina-Chapel Hill)에서 마케팅 전공으로 박사과정을 밟으면서 논문 쓰는 학기가 되어서 지도 교수인 워크만(Workman) 교수가 "어떤 주제로 박사학위 논문을 쓸래?" 하는 질문에 서슴없이 "뭐든지 창의성에 관한 논문이요(something related to creativity)" 하고 대답한 기억이 난다. 그 이후 거의 25년 이상을 창의성에 관한 연구와 강의, 컨설팅을 하면서, 내가 건축과에 다닐 때 발견했던 자를 대고 제도를 하고, 평단면을 잘 계획하여 새 건물을 만들어 내는 원동력은 '과학적인 창의성'에 근거한 것이었고, 미국 친구가 보여준 아주 빠른 시간 내에 공간 지각력을 동원하여 핸드 스케치로 투시도와 주변 배경까지 한 폭의 회화 작품을 완성시키게 한 원동력은 '예술적 창의성'에 근거한 것이라는 것을 알게 되었다.

삽화 1　　　　　과학적인 창의성 vs 예술적인 창의성

그래서 이제까지 자문해 왔던 "과연 나는 창의적인가?" 하는 질문은 우문이었다는 것을 깨닫고, "나는 어떤 측면에서 창의적인가?" 하는 질문을 던지고 해답을 찾기 위한 연구를 하게 되었다. 창의성에 대해서 연구하면서 깨달은 것은 창의성은 모든 영역에 적용되는 광범위한 개념이 아니라, 어떤 특정 영역(domain)에 해당되는 특별한 개인성향이라는 것이었다. 새로운 AI(Artificial Intelligence)가 적용되어 주식가격을 예측할 수 있는 알고리즘을 만드는 엔지니어들은 예술적 창의성이 없어도 과학적 창의성이 높은 것이고, 새로운 삼성의 폴더블 폰 같은 접히는 휴대폰이나 LG의 돌돌 마는 '롤러블 TV'를 심미적으로 아름답게 디자인하는 디자이너들은 과학적 창의성이 부족하여도 예술적 창의성이 높은 것이다. 그리고 나는 "창의성의 측면은 과학적인 것과 예술적인 것에 국한이 되어 있을까?"라는 질문을 던지게 되었고, 모든 창의성의 연구의 기초가 된 사회심리학(social psychology)과 조직행동(organization behavior)에서 창의성의 다른 측면을 어떻게 구분하는가를 찾아 연구하였다. 놀랍게도 창의성의 측면은 여러 다른 각도에서 정의되고 측정이 되고 있었다. 예를 들면, 아이디어를 다양하게 내고 확산시켜 나가는 발산적인 창의성(divergent creativity)이 신제품 개발 초기인 발상(ideation) 단계에서 중요한 반면, 많은 제품의 아이디어 중에 가장 적합한 아이디어를 추려내는 수렴적인 창의성(convergent creativity)은 신제품 개발 후기의 실행(implementation) 단계에서 중요한 것으로 구별하기도 한다. 또한 획기적인 새로운 제품으로, 시장의 흐름을 뒤엎는 혁신적인 기술의 변화를 동반한 급진적인 창의성(radical creativity)이 세상을 바꾸기도 하지만, 기존에 있는 제품을 더 발전시켜서 더 효율적으로 작동하게 하는 점진적인(incremental creativity) 창의성이 회사의 지속가능성을 가져오는 것으로 구별되기도한다. 저자는 유형 분류법(typology)을 통해서 창의성을 바라보는 다양한 서로 다른 측면을 해당 영역에 특화되어 구분하고 있다는 것을 알게 되었지만, 그러한 창의성의 다른 측면을 찾기 이전에 훨씬 더 근본적인 질문인 "과연 창의성이란 무엇인가?"라는 질문을 던지게 되었다. 그 당시 지도교수 중의 한 명인 게리 암스트롱 교수가 창의성의 정확한 정의를 가져오지 못하면 이 주제로는 논문을 쓸 수 없다는 엄포를 놓아 거의 두 달을 창의성의 정의를 찾으려 사방팔방을 헤집고 다녔던 기억이 난다. 저자는 창의성이 무엇인가를 주변 사람들에게 캐주얼하게 물어보기 시작했고, 그 결과 주변 사람들이 창의성에 대해 가지고 있는 한 가지 공통적인 생각을 발견했는데 그 결과가 창의성의 딜레마를 찾아내게 한 원동력이 되었다. 그것은 많은 사람들이 "창의성은 독창적이고 참신한 새로운 생각에서 온다"고 생각한다는 것이었다. 그래서 흔히들 어떤 새로운 미술품이나 음악공연 같은 예술 작품을 감상할 때, 기존의 작품과 차별화된 다른 점이 있을 때 창의적이라고 평가한다는 것이다. 내가 창의성 딜레마를 고민하게 된 것은 "그럼 독창적인 것은 다 창의적인 것인가?"라는 질문이었다.

문헌연구를 시작해 보니, 다행히 조직행동 분야에서 창의성 연구의 선구자인 하버드 대학교의 아마빌리(Amabile, Theresa) 교수가 일찍이 1982년도에 창의성에 대해서 정의한 것을 찾았는데 그것은 "어떠한 영역에서든지 독창적이고 유용한 아이디어를 생산해 내는 것"이라고 광범위하게 정의한 것으로 경영학에서는 황금률 같이 사용되고 있음을 알았다.

저자는 박사학위 논문을 시작하면서 정했던 '창의성'이란 정의가 주제로 삼기에 너무 광범위함을 깨닫고, 마케팅에서 다루고 있는 신제품 개발(New product development)과 혁신의 확산이론(Diffusion of Innovation)의 맥락에서 "신제품 개발에서의 창의성은 무엇인가?"라는 협의의 개념을 주제로 탐구를 시작하게 되었다. 저자는 첫 연구 단계에서 '신제품 개발의 창의성'의 개념을 정립하기 위해서 미국 내 하이테크 기업에서 신제품 개발에 참여한 경험이 있는 15명의 마케팅과 제품 매니저를 선별하여, 탐색적 심층 인터뷰를 진행하였다. 인터뷰 결과, 두 가지의 놀라운 사실을 발견하게 되었다. 첫 번째는 15명 모두가 신제품의 창의성은 기존 제품에 새롭고 참신한 측면을 추가하여 독창적(novel)으로 만드는 것이라는 것에서 시작한다는 것에 동의한다는 것이었다. 두 번째는 응답자 중 대다수인 15명 중 13명의 매니저가 독창적이지만 대상고객에게 유용성, 용도의 적합성, 또는 니즈의 적절성을 제공하지 못하면 제품은 창의적일 수 없다고 아주 명확하게 이야기한 것이었다. 예를 들어 의료기기 회사에서 기침천식 환자를 돕기 위해서 신제품을 만들 경우, 간편한 투약용 휴대용 호흡기(portable inhaler)를 만든다면 제품이 독특하고 참신하면서도 고객이 필요로 하는 효과적인 치료를 할 수 있기 때문에 유용성 또한 높아져서 창의적인 제품이 된다는 것이다. 또 다른 예로는 당뇨병 환자를 위해 자가 주사보다 훨씬 효과적인 신제품을 만들 때 간편한 붙이는 패드를 만들면 독특하고 참신하면서도 환자에게 유용하고 편리하며 환자의 주사 맞는 고통을 덜어주어 제품의 의미성을 높여서 창의적인 제품이 된다는 것이다.

매니저를 대상으로 한 탐색적인 심층 인터뷰 결과는 흔히 창의성을 독창성(novelty)과 동일하게 여기는 일반 사람들의 견해와 달리 신제품의 창의성에는 독창성 이외에도 고객의 유용성, 적합성, 적정성의 개념을 포괄적으로 내포한 의미성이 꼭 포함되어야 한다는 것을 드러냈다. 이러한 답변을 준 매니저들에게 "그럼 제품에 의미성이 없으면 어떻게 되느냐?"라는 질문을 던지자 매니저들은 아주 명확하게 "그런 제품은 불합리하고, 기괴하고, 해괴하여 고객이 사고 싶어 하지 않는다"라고 공통적으로 이야기하였다. 심층 인터뷰를 통해서 창의성의 개념에 대한 의견을 수집한 뒤에, 저자는 문헌 연구를 통해서 인터뷰에 참여한 매니저의 목소리가 이론적으로 맞는지를 확인하는 과정을 거쳤다. 저자는 다행히도 하버드 대학의 조직 행동분야 교수인 테레사 아마빌리가 창의성 이론(Theory of Creativity)을 정립해 나가고 있는 과정임을 알게 되었다. 창의성의 이론은 두 가지의 창의성과 관련된 아주 중요한 내용을 다루고 있다. 첫 번째는 창의성의 구성요소인데 저자가 심층 인터뷰에서 찾아낸 것과 같이 창의성은 독창성과 의미성(유용성)의 하위 차원(sub-dimension)으로 구성된다는 것으로, 이는 저자의 탐색적 연구의 결과를 뒷받침해 주는 것이었다. 두 번째로 아마빌리 교수는 창의성을 정의하고 측정할 수 있는 다양한 네 가지 측면을 다음과 같이 구별하였다: (1) 창의적인 개인성향, (2) 창의적인 과정, (3)

창의적인 환경과 (4) 창의적인 결과물. 아마빌리가 시작한 창의성 이론은 많은 학자들이 다양한 연구를 통해서 현재 진행형으로 집대성해 나가고 있으며, 그 이론의 핵심은 창의성은 독창성과 의미성이라는 두 가지의 필수 하위개념으로 구성되어 있으며, 창의적인 성향의 개인이, 창의적인 환경에서 창의적인 과정을 밟았을 때, 궁극적으로 창의적인 음악, 조각작품, 신제품 같은 창의적인 결과물을 낸다는 것이다.

저자는 어느 정도 창의성이란 무엇인가라는 개념이 잡히게 되자, 그럼 "조직에서 창의성이 왜 중요하지?" 하는 흔히 회사 경영자들이 중요시 생각하는 "So what?"의 질문을 던지게 되었다. 사회심리학자들은 창의성을 연구함에 있어서 가장 창의적인 사람들이라고 고려되는 예술가들이 어떻게 그들의 창의적 성향을 창의적 작품으로 만들어 나가는가에 대해 우선적으로 알아보았다. 예술세계에서의 창의성은 예술가들이 음악을 만들고 그림을 그리고 조각을 만들고 안무를 구성할 때, 그들의 창의적인 개인성향을 반영하여 그 당대 사람들이 깜짝 놀랄 창의적인 작품을 구현해내며, 그 작품들은 오랫동안 많은 관객이 사랑할 수 있게 획기적이고 독창적인 측면을 제공하고, 더 나아가 세대를 넘어선 관객들에게 감흥, 영감이나 기쁨을 주는 것이라고 한다. 예를 들면 한국이 낳은 세계적인 재미 작가 백남준은 그 당대 사람들이 생각지 못했던 비디오 아트라는 새로운 장르를 개척하고, 그의 3차원적인 작품들은 조형적으로 독창적일 뿐만 아니라 이를 보는 관객에게 새로운 예술 세계에 대한 호기심과 많은 영감을 가져다주었기 때문에 아무도 그의 작품을 창의적인 작품이라 평가하는 것을 반대하지 않을 것이다. 결국 예술가들이 만드는 창의적인 작품은 음악, 미술품, 무용공연, K-Pop 공연 등 어떤 장르인지와 관계없이 독창성을 띠고 있어야 하며, 관객의 마음에 무언가 중요한 감흥이나 의미를 전달하는 메커니즘이 있어야 하는 것이다. 그래서 독창성과 참신성을 가진 예술 작품이 관객에게 특별한 의미를 줄 때 더 많은 관객층이 생기고 결국 상업적인 성공으로 이어지는 것이다.

경영학의 조직행동 분야의 학자들이 사회 심리학에서 창의성의 개념을 가져오면서 가장 관심이 많았던 것은 "어떻게 조직의 임직원들을 창의적 인재로 훈련시켜서 조직을 창의적으로 이끌어 갈 것인가?"에 대한 질문이었다. 조직 행동 분야에서 창의성 연구의 선구자인 하버드 대학교의 아마빌리 교수는 일찍이 1982년도에 창의성을 "어떠한 영역에서 독창적이고 유용한 아이디어를 생산해 내는 것"이라고 광범위하게 정의하였다.

아마빌리 연구팀에서는 "모든 혁신은 창의적인 아이디어에서 비롯된다. 개인 혹은 팀 단위의 창의성은 혁신의 시작점이다. 전자가 후자의 필요조건이지만 충분조건이라고는 할 수 없다"(1996, p. 1154)라고 주장하고 있다. 이는 성공적인 혁신품은 창의적인 아이디어에서 시작해서 만들어지기도 하지만, 그 이외에도 기술이전과 같은 활동을 통해 획득할 수 있는 아이디어에서 시작할 수도 있기 때문이다. 결국 창의성은 혁신의 전제 조건으로서, 조직 내에서 조직의 구성원들이 창의적인 활동을 할 수 있게 돕고 조직 환경을 바꾸는 것을 통해 창의적인 결과물인 혁신적 제품이나 서비스를 가져오게 하는 것이다.

이 책은 저자가 지난 25년간 창의성 딜레마를 풀기 위해 연구해 온 창의성에 관한 논문의 내용을 중심으로 구성되었다. 우선 이 책은 각 챕터의 앞부분에 경영진과 임직원들이 창의성의 실무적 활용방법에 대한 아이디어를 얻을 수 있도록 C-suite(Chief-executive Suite) Summary와 뒷부분에 연구 결과의 요약과 시사점을 포함하여서 핵심사항을 정리해 스타트업이나 중소기업 또는 대기업에서 창의성을 향상하기 위한 지침서로 이용할 수 있게 하였다. 각 챕터의 본문의 내용은 저자가 국내외 학술지나 동아비즈니스리뷰(DBR) 같은 경영 실무 전문지에 실었던 논문이나 글을 발췌 및 정리하여 기업의 경영진과 임직원들이 좀 더 심층적인 창조성을 통한 기업 운영방안을 고려해 볼 수 있게 구성하였다. 더 나아가 학구적인 호기심으로 창의성에 접근하여 활용하고자 하는 회사의 경영진이나 회사나 공공기관연구소의 임직원이나 학자, 학자 지망생들을 위해서 추가로 연구의 동기나 이론적 배경, 가설이나 방법론 등을 각 챕터 중간에 간략하게 추가하였다.

들어가는 글

제1장

창의성
딜레마

창의성이란?

1 창의성의 광의적, 협의적 정의: 창조성, 혁신성

들어가는 글에서 적었듯이, 조직행동 분야에서 창의성 연구의 선구자인 하버드 대학교의 아마빌리 교수는 창의성을 '어떠한 영역에서 독창적이고 유용한 아이디어를 생산해 내는 것'이라고 광범위하게 정의하였다. 이 광의의 창의성의 정의에서 두 가지를 주목해야 한다. 첫 번째는 창의성의 하부차원 구성 요소인 독창성과 유용성이 포함된 아이디어를 내는 것의 중요성을 강조했다는 점이고, 두 번째는 경영이나 마케팅, 혁신 제품 또는 신제품 개발 등의 제한된 영역 안에서 창의성을 본 것이 아니라 음악, 미술, 무용, 공연 등의 예술 영역이나 정치, 사회, 경영, 경제, 과학, 공학, 의학을 아우르는 모든 영역에서 창의성의 중요성을 고려한 것이다.

실제로 기업을 경영하고 기업의 이익을 추구하는 임직원들은 창의성 하면 창의적 인재가 만든 창의적인 제품이나 서비스를 떠올리겠지만, 병원에서의 창의성은 의사나 간호원들이 환자를 치료할 때 어떻게 하면 시간을 줄이고 치료 효과를 높일까라는 고민을 바탕으로 의료진들이 창의성을 발휘하여 창의적인 치료도구를 개발하고 이용하여 시간을 줄이면서 효과적인 치료방법을 선도해 나가는 것이다. 좋은 예로 실리콘 밸리에서 디자인 씽킹(Design Thinking)을 주도하고 있는 회사 아이디오(IDEO)의 사례를 들 수 있다. 산업 디자인 회사로 시작한 이 회사는 2000년도 초에 카이저(Kaiser-Permanante) 병원에서 수행하였던 창의성 제고 프로젝트에서 간호사들과 의사들로부터 획기적인 의료기기 및 의료서비스 한 가지를 찾아내게 된다. 첫째는, 이비인후과 의사들이 환자의 코나 목에 투입하여 간단한 병변을 제거하는 미세절삭기(Debrieder System)인데, 아이디오 컨설턴트가 의사들을 대상으로 미세절삭기를 쓰는데 어떤 불편한 점이 있는지와 어떤 모양과 형태로 미세절삭기를 개발하면 좋겠냐고 물어보았을 때, 의사들이 마커와 빨래 집게와 필름통(지금은 볼 수 없는 역사의 유물이 되었지만)을 가지고 아래 왼쪽 그림과 같은 미세절삭기의 아이디어를 주었다. 아이디오는 이 러프한 프로토타입을 바탕으로 실제 의료용 스프레이를 개발하였으며 이 스프레이는 지금은 어느 병원에 가도 의사들이 필수적으로 사용하는 흔히 볼 수 있는 의료기구가 되었다.

사진 1	아이디오(IDEO)의 미세절삭기 개발

출처 : https://medialist.info/en/2019/04/19/prototype-the-future-why-prototypes-are-crucial-in-the-innovation-process/

둘째는, 아이디오 컨설턴트가 카이저 병원에서 의료진과 환자의 심층 관찰을 통해서 제안한 창의적인 서비스 아이디어인데, 구체적으로는 간호사가 교대할 때 사용할 수 있는 환자에 대한 기록 소프트웨어이다. 이 소프트웨어는 지금은 거의 모든 병원의 컴퓨터 네트워크에 설치되어 있어 모두가 사용하고 있는 것이지만, 아이디오가 컨설팅 할 때만 해도 카이저 병원에서는 전임 간호사가 차트에 환자의 상태를 기록하여 교대로 들어오는 후임 간호사에게 브리핑을 통해 환자 상태를 전달하는 방법을 쓰고 있었다. 쉽게 예상할 수 있듯이 이러한 방법으로는 세 가지 문제가 발생하는데, 첫 번째는 시간이 많이 들고, 두 번째는 차트를 기록하고 전달하는 데 많은 노력이 들며, 세 번째는 기록의 정확도가 떨어진다는 것이었다. 이에 착안하여 아이디오는 당대 처음으로 교대 근무 전임자와 후임자가 공유할 수 있도록 환자 상태 기록을 전산화하여, 교대시간을 줄이고 설명에 많은 힘을 들이지 않으면서 환자의 정보를 정확하게 제공하는 새롭고 독창적이면서도 유용하게 사용할 수 있는 창의적인 서비스를 개발한 것이다.

예술 내에서도 순수 예술과 응용 예술에서 창의성의 관점이 다를 수 있는데, 회화나 조각, 클래식 연주와 같은 순수예술에서는 창의적인 예술가는 각자의 개성으로 예술을 해석하고 기존의 작품들과 차별화된 독창성이 높은 작품을 제공하여 관객이 감명을 받고 의미를 찾게 하여 창의성을 구현한다. 예를 들어, 피카소나 피아니스트 조성진은 기존의 화가나 음악가들이 시도하지 않은 독특한 기법으로 그림을 그리고 음악을 연주하며 그들의 독창성을 통해 관객은 새로운 자극과 감명을 받게 된다. 한편, 건축이나 산업 디자인과 같은 응용 예술에서는 건축가나 디자이너가 건물이나 제품을 만들 때, 창의성은 예술가들이 독창적인 외형과 내부 디자인을 하여 기존 틀을 벗어나는 것도 중요하지만, 건물이나 제품이 기능성과 효율성 등이 탁월하여 고객의 니즈를 만족시켜야 하는 것도 중요하다. 다음의 사진과 같이 2차대전 후의 세계 최고의 건축가임을 구가하였던 르코르뷔제(Le Corbusier)는 롱샹 성당같은 독창성을 강조한 건물도 설계했을 뿐 아니라 사보이 빌라(Villa Savoye) 같은 기능과 유용성을 강조한 건물도 설계하여 창의성을 발휘하였다.

사진 2
롱샹 성당(Notre Dame du Haut, Ronchamp, France)

사진 3
사보이 빌라(Villa Savoye, Poissy, France)

출처 : https://www.architecturaldigest.com/gallery/le-corbusier-best-buildings-slideshow

이와 같이 창의성은 어떤 영역에서 보는가에 따라서 협의의 의미에서 차이가 나타날 수 있다. 이 책에서 저자는 경영학 중에서도 마케팅, 마케팅 중에서도 신제품 개발의 영역에서 협의의 창의성 개념을 주로 다루고 있다. 특히, 이 책은 기업 경영인들이 신제품 개발을 하면서 가장 고민을 많이 하는 "어떻게 제품과 서비스에 창의성을 반영할 수 있을까?"라는 질문과, 마케팅 전문가들이 특히 관심이 많은 "어떻게 광고나 판촉, 유통 채널과 가격정책을 창의적으로 바꿀 수 있을까?"라는 질문에 답하고자 했다. 이를 위해, 특히 신제품과 새로운 마케팅 프로그램에 대한 창의성을 "우리 사내의 신제품과 프로그램이 경쟁사와 대비하여 고유한 차별성을 나타내고 목표 고객에게 의미성을 제공하는 것으로 인지되는 정도"로 정의하였다.

| 삽화 2 | 창의성의 두 가지 측면인 독창성과 의미성 |

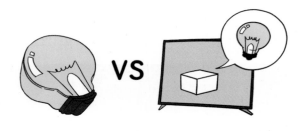

또 한 가지 중요한 것은 창의성은 혁신, 혁신성과 같은 용어와 의미의 차이가 불분명하여 혼재되어 사용하고 있기 때문에 해당 유사 개념의 용어들과의 차이점을 아는 것이 중요하다는 점이다. 아마빌리 교수 연구팀에서는 "모든 혁신은 창의적인 아이디어에서 비롯된다. 개인 혹은 팀 단위의 창의성은 혁신의 시작점이다. 전자가 후자의 필요조건이지만 충분조건이라고는 할 수 없다(1996)"라고 주장하고 있다. 이는 성공적인 혁신품은 창의적인 아이디어에서 시작해서 만들어지기도 하지만 그 외에도 기술이전과 같은 활동을 통해 얻을 수 있는 아이디어에서 시작할 수도 있기 때문이다. 결국 창의성은 혁신의 전

제1장 창의성 딜레마

제 조건으로, 조직 내에서 조직의 구성원들이 창의적인 활동을 할 수 있게 돕고 조직 환경의 변화를 통해서 창의적인 결과물인 혁신적 제품이나 서비스를 가능하게 하는 것이다. 좋은 예로 지금은 컴퓨터를 쓰는 모든 사람들이 최소한 한 개씩 가지고 있는 USB 저장 메모리(USB memory drive)는 처음에 개발 되었을 때는 기존의 CD나 더 오래 전의 플로피 디스크보다 독특하면서도 사이즈도 작아서 운반이 쉽고 사용이 편리한 창의적인 제품으로 인식이 되었는데, 실제로 컴퓨터 메모리 시장에서 CD나 다른 메모리 기기를 모두 교체하여 시장의 트렌드와 고객의 소비 패턴을 완전히 바꾸어 놓은 혁신품이 된 것이다. 또 다른 소비재의 예로는 미국의 오스카 마이어란 햄과 소세지를 만드는 회사에서 사용하기 시작한 재봉합이 가능한 플라스틱 백인데, 미국인들이 점심 샌드위치를 싸갈 때 쓰던 지퍼백을 응용하여 햄과 소세지가 사용하고 남았을 때 보관하는 백으로 2000년도경에 처음 사용한 것이었다. 이 백은 창의적인 마케팅의 결과물로 제품은 바꾸지 않고 포장지만을 바꾸어서 제품의 판매를 기하 급수적으로 성장시켰다. 또 국내기업 중에 아모레 퍼시픽은 화장품의 내용과 브랜딩을 창의적으로 개발했을 뿐 아니라 쿠션이라는 창의적인 화장품 케이스를 개발하여 고객들이 편하게 화장품을 바르고 보관할 수 있게 하여서 세계적인 회사로 발돋움할 수 있었던 것이다.

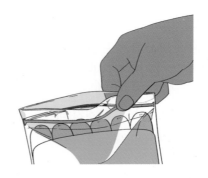

　　저자는 이 책에 수록한 연구에서, 창의성을 제품 개발팀(product development teams)이라는 보다 구체적인 뚜렷한 목적이 있는 작은 집단 속에서 살펴봄으로서 광범위한 전략 사업 단위(strategic business unit; SBU)나 전사적(company unit) 단위에서 혁신을 측정했을 때에 발생할 수 있는 지나치게 일반화된 답변을 미연에 방지하고자 하였다.

② 창의성의 2가지 하부차원(Sub-Dimension) 구성요소: 독창성(Novelty)과 의미성 (Meaningfulness)

　　위에서 본 광의의 정의와 협의의 정의에서 모두 창의성은 두 가지의 독립적이면서 상관관계가 있는 두 가지 측면에서 오는 것을 알 수 있다. 경영학에서 창의성 연구에 선두주자인 하버드 대학 경영대학의 조직행동학의 아미빌리 교수는 창의성을 '독창성(novelty)'과 '의미성(meaningfulness)'의 두 가지 측면에서 살펴보아야 한다는 것을 창의성 이론의 가장 중요한 근간으로 간주하고 있다. 특히 신제품과 마케팅 창의성의 경우에는 "경쟁자와 대비하여 신제품과 마케팅 프로그램이 고유한 차별성을 나타낸다고 인지되는 정도"로 정의되는 '독창성(novelty)'의 측면뿐만 아니라, "경쟁자와 대비하여 신제품과 마케팅 프로그램이 목표 고객에게 적절하고 유용하다고 인지하는 정도"로 정의되는 '의미성(meaningfulness)'의 두 측면을 모두 고려해야 창의성이라고 일컬을 수 있음을 알아야 한다. 어떤 신제품이나 마케팅의 아이디어가 참신하고 독특할 뿐만 아니라, 목표 고객에게 의미성을 제공하여야지만 창의적인 아이디어가 되며, 독창성은 높되 의미성이 적으면 아무도 사지 않는 제품을 내게 된다. 예를 들면 아기 옷에 걸레를 붙여서 아기가 길 때 바닥을 청소하게 하는 "베이비 배걸레" 같은 독특한 제품은 얼핏 보기에는 독창적이지만, 대부분의 부모가 불합리하고 괴상하다고 인지하게 되고 제품사용의 의미성과 유용성을 제시하지 못하여 고객을 끌지 못해, 흔히 말하는 쓸모없는 독창적이기만 한 해괴한 아이디어 제품으로 전락한다.

| 삽화 4 | "베이비 배걸레" |

독창성과 의미성의 두 가지 측면을 창의성을 구성하는 독립적인 핵심 하부

구조 차원으로 보는 것은 창의성 이론과 실천에서 가장 중요하다. 해당 두 가지 측면을 창의성의 단일 개념으로 결합해서 창의성이 신제품 차별화나 신제품의 성공 등에 영향을 미치는지를 조사하면 답이 일정치 않게 나오고 "때에 따라 그렇다"라는 애매모호한 결론을 내리게 될 수밖에 없다. 그래서 저자는 창의성을 총체적인 개념으로 보기보다는 독창성과 의미성을 별개의 하부 개념으로 따로 고려하고 그 두 개념이 회사 내에서의 결과뿐만 아니라 선행요소와 어떻게 차별화된 관계를 가지고 있는가를 연구하였다. 이것은 매니저의 관점에서 볼 때 신제품이나 마케팅 프로그램을 개발할 때, 제품의 성과를 극대화하기 위해 독창성 또는 의미성 중에 어떤 것에 더 많이 투자할지 여부를 결정하는 데 더 유용한 정보를 제공하였다.

3 창의성의 4가지 측면: Personality, Process, Environment, Outcome

아마빌리 교수의 창의성 이론에서 보면, 창의성은 독창성과 의미성의 두 가지 하부차원(Sub-Dimension)으로 구성된다는 중요한 내용이 있다. 또한 아마빌리 교수는 창의성이 발현되기 위해서 4가지 차원을 고려해야 한다고 주장하는데, 이는 (1) 창의적인 개인 성향(personality), (2) 창의적인 과정(process), (3) 창의적인 환경(environment)과 (4) 창의적인 결과물(outcome)로 구성이 되고 있다. 첫째, 창의적인 개인 성향은 창의적인 인재를 필요로 뽑을 때 회사나 공공기관뿐 아니라 예술기관과 교육 기관에서 꼭 먼저 체크하는 측면인데, 개인이 타고난 성향의 창의성을 나타내는 선천적인 창의성과, 개인이 교육이나 환경에 따라서 변화해서 만드는 성향인 후천적 창의성을 모두 고려해야 한다. 앞에서 소개한 저자가 전공을 건축에서 경영학으로 바꾸게 된 예에서 보듯이 건축 도면을 손으로 스케치해서 작품을 만드는 예술적 창의성은 주로 타고난 선천적 창의성에 더 지배를 많이 받게 되고, 건물의 기능과 효과적인 동선 등을 디자인하는 과학적인 창의성은 후천적인 창의성에 더 지배를 많이 받게 된다.

삽화 5 (1) 창의적인 개인 성향(personality), (2) 창의적인 과정(process),
(3) 창의적인 환경(environment), (4) 창의적인 결과물(outcome)

창의적인 개인 성향　　　창의적인 과정　　　창의적인 환경

창의적인 결과물

　둘째로, 창의적인 과정, 즉 창의적인 프로세스란 창의적인 활동을 할 수 있게 틀을 만들어 주고 그 틀 속에서 자유롭게 개인의 창의성을 발휘할 수 있게 도와주는, 때로는 정형화되고 때로는 정형화되지 않은 절차나 방법, 법칙을 말한다. 디자인 씽킹을 이끄는 아이디오에서는 창의성을 구현하기 위한 3단계의 창의적 프로세스를 제안하는데, 이는 소위 쓰리 아이(3 I's) 라고 불리는 Inspiration(영감 얻기), Ideation(아이디어 내기), 과 Implementation(실행)을 일컫는다. 특히 아이디오는 이 세 각각의 프로세스를 돕기 위해, 영감 얻기를 도와주는 인간 행동 관찰(observation of human behavior)과 아이디어 내기를 도와 주는 브레인스토밍(brainstorming)과 바디스토밍(bodystorming)[1], 실행을 도와주는 빠른 시제품 개발(quick prototyping)의 방법을 사용할 것을 권장한다. 아이

1　바디스토밍(bodystorming)은 행동관찰을 통한 아이디어를 내는 기법으로, 실제로 실험 대상자가 주어진 환경내에서 자연스럽게 행동하는 것을 관찰하고 공통적인 문제점과 개선점을 찾아내는 것이다. 아이디오에서는 실험실에 비행기 내부 모형을 만들어 놓고 비행기 내의 승객이 어떻게 행동하는지를 관찰하여 승객이 편히 여행할 수 있는 좌석과 공간을 새로 디자인하였다.

디오는 또 혁신적인 제품을 개발하기 위한 창의적인 프로세스를 크게는 두 개의 축으로 나누는데, 그것은 확산적 사고과정(Divergent Thinking Process)과 수렴적 사고과정(Convergent Thinking Process)이다. 확산적 사고과정은 제품 개발에 도움을 줄 수 있는 다양한 사람들로부터 열린 마음으로 열린 생각을 최대한 많이 얻어내는 과정으로 브레인스토밍을 통해서 주로 이루어지는 아이디어를 내는 사고를 하는 과정이며, 수렴적 사고과정(Convergent Thinking Process)은 확산적 사고과정에서 나온 많은 다양한 아이디어 중 불합리하고 유용하지 않은 아이디어를 추려내고, 이해 당사자들에게 합리적이고 적합하며 실제로 제품화 시 상품가치가 있는 아이디어를 찾아나가는 데 활용하는 아이디어를 평가하는 사고를 수렴하는 과정이다. 창의적인 신제품 개발을 할 때 위와 같은 두 과정을 반복적으로 되풀이하면서 신제품 개발 과정을 거치게 되면 창의적이면서도 시장 가치가 있는 독창적이고 의미성이 높은 제품을 출시할 수 있는 것이다.

　세 번째, 창의적 환경이란 창의적인 작업을 함에 있어서 참여자의 창의성을 높일 수 있는 환경으로 물리적인 공간뿐 아니라 조직의 문화나 특성을 통한 창의적인 분위기나 느낌을 포함한다. 이미 건축이나 인테리어 분야에서 공간과 인테리어 디자인이 창의성에 미치는 영향에 대해서 많은 연구가 진행되고 있다. 예를 들어, 창의적인 공간을 구성하는 데 있어서 오픈 스페이스를 제공해 주는 높은 천장 높이가 낮은 천장 높이에 비해서 직원들의 창의성을 높이며, 커튼월로 만든 통유리 창문이 격자로 나뉜 일반 창문보다 창의성을 높인다는 것이 밝혀졌다. 인테리어 디자인에 있어서는 추상화나 추상조각이 설치된 공간에서 일하는 사람들이 일반 회화나 일반조각이 설치된 공간에서 일하는 사람들보다 더 창의적이며, 실내 공간에서 사람들이 직선으로 움직이게 하는 동선을 중심으로 한 공간 배치보다는 유기적으로 곡선으로 움직이는 동선을 중심으로 한 공간 배치가 창의성을 높일 수 있음을 예상할 수 있다. 그 이외에도 실내 조명과 인테리어나 벽면의 색깔, 색감, 채도 등에 따라서 창의성이 달라진다는 연구가 진행되고 있다.

실제로 기업의 예를 들면, 아이디오에서는 일하는 공간을 자율적으로 디자인하게 하여 자유로운 정신으로 직원들의 창의성을 향상시키려고 하였는데, 일례로 아이디오에는 도르래를 설치하여 자전거를 천장에다 걸어 놓는 직원들이 있으며, 비행기 날개를 벽에 붙이거나 자리를 배정하지 않고 각자 바퀴 달린 사물함을 가지고 일할 곳을 알아서 찾아다니는 자유를 주고 있다. 또한 저자가 방문했던 팔로 알토 본사와 샌프란시스코 베이의 지사에서는 냉장고에 맥주를 채워 놓고 업무시간을 마치면 간단히 해피아워를 할 수 있는 공간을 마련해 두었다.

마운틴 뷰에 있는 구글 본사 내에는 직장인들을 위한 헬스장은 물론이고, 놀이터(playground)와 게임룸을 만들어 두어서, 어른들도 미끄럼과 그네를 타보고, 탁구나 당구를 치면서 정신노동에 지친 직원들이 기분 전환할 수 있는 기회를 제공하고 있다. 또한 구글과 애플 본사는 직원 식당을 고급 부페를 연상케 하는 고급의 다양한 음식을 선택할 수 있는 스테이션을 만들어 놓아서 일상적이고 반복적인 일에 지친 직원들에게 다양한 고급의 음식을 제공하여, 단조로운 구내식당 음식을 먹는 것을 피하고 다양한 선택을 가능하게 하여 보이지 않는 곳에서도 창의적인 환경을 제공하고 있다. 국내에서도 세계적인 건축가인 데이비드 치퍼필드(David Chipperfiled)가 설계한 아모레 퍼시픽 본사 건물은 한국의 달항아리를 모티브로 하여 정육면체에 가까운 건물을 지으면서 가장 중요하고 비싼 공간인 1, 2층을 오픈스페이스로 터서 건물 사방에서 접근이 가능한 아뜨리움을 만들었다.[2] 그리고 보통 옥상에 두는 야외 정원을 건물 중간층에 입방체로 뚫어 둠으로써 기존의 틀을 벗어나는 창의적인 공간을 조성하였다. 그리고 건물 외벽을 감싸는 수직 루버는 햇빛의 채광량을 조정하는 의미성 높은 기능을 제공할 뿐만 아니라, 건물의 이미지를 시간대별로 변화시

---

2   https://www.apgroup.com/int/ko/news/2018-01-09.html 참조

켜 심미성을 높이는 독창성으로 보는 이에게 감동을 주는 건물이다. 이러한 건물의 디테일한 설계는 틀에 박힌 회사건물의 이미지를 벗어나 창의적인 공간을 만들어서 창의적인 환경을 제공해 줌으로써, 임직원들이 창의적인 생각을 가진 창의적인 크리에이터가 될 수 있는 여건을 조성하게 도와주려는 서경배 회장님의 창의에 관한 경영철학과 의지를 반영하여 최고경영인의 창의성이 건물을 통해서 실현된 예라고 할 수 있다.

| 사진 4 | 아모레 퍼시픽 사옥 |

출처: 매일경제 , https://www.mk.co.kr/news/special-edition/8579088

마지막으로, 창의적인 결과물(outcome)이란 개인 성향이 창의적인 사람이 창의적인 환경에서 창의적인 과정을 거쳐서 창의적인 활동을 할 때 만들어 내는 최종 결과물이다. 예술 방면에서는 미술가나 조각가가 만든 회화나 추상화, 조각 작품이 창의적인 활동의 결과물로 도출되게 되며, 음악가가 만든 곡이나 연주 그 자체나, 무용가가 구성한 안무나 공연 자체를 창의적인 결과물로 볼 수 있다. 창의성을 추구하는 기업과 같은 조직에서는 창의적인 신제품이나 신서비스를 창의적 결과물로 출시한다. 이 결과물들은 관찰이 가능하기 때문에

제1장 창의성 딜레마

그 독창성과 의미성을 평가할 수 있게 되며, 이러한 제품 구현 전 단계의 제품화와 상용화가 안 된 창의적인 아이디어를 창의적 결과물로서 평가하기도 한다. 이제는 거의 모든 사람이 사용하는 생필품이 된 스마트폰은 2007년 1월에 미국 샌프란시스코 모스코니 센터(Moscone Center)에서 애플이 아이폰 출시하는 이벤트를 통해서 세상에 데뷔하게 된다. 아이폰이 혁신품으로 세상을 바꾸어 놓은 것은 버튼과 스위치가 점점 더 복잡해지고 있었던 휴대폰 시장에 모든 기능을 손가락으로 작동할 수 있는 100% 터치 폰을 만든 하드웨어의 창의적 결과물에 국한된 것이 아니라, 이미 사용하고 있던 아이튠즈를 통해서 개인의 정보와 음원 파일을 컴퓨터와 동기화시키고 세상에 없던 개념으로 개발한 앱스(어플)라고 하는 어플리케이션의 소프트웨어 서비스를 창의적인 결과물로 선보였기 때문이다. 이렇듯이 창의적인 결과물은 제품의 하드웨어뿐 아니라 소프트웨어를 통해서도 구현이 되지만, 애플이 연속적인 출시작품을 성공시키는 비결에서는 애플의 광고와 판촉의 창의성을 빼놓을 수 없다. 예를 들면 애플은 아이팟(iPod)을 광고하면서 검은 실루엣의 모델이 구태의연한 이미지의 검은색의 이어폰과 헤드폰을 획기적으로 바꾼 흰색의 이어버드(ear bud)와 아이팟을 부각시킴으로써 고객의 관심을 끌기에 충분한 창의적인 광고를 내놓았다. 그래서 회사를 경영하는 경영진이나 임직원들은 창의성의 결과물은 창의적인 제품의 하드웨어와 소프트웨어뿐만 아니라 창의적인 서비스와 창의적인 마케팅의 요소인 광고와 판촉, 가격과 유통채널 관리를 통해서도 발현된다는 것을 주지하여야 한다.

4 창의성 이론의 정리

위에서 본 듯이 아마빌리 교수가 선도적인 연구를 통해서 시작한 경영과 연관된 창의성 이론은 다음과 같이 세 가지로 정리될 수 있다. 첫 번째는, 창의성은 '독창성'과 '의미성'의 두 개의 하부차원을 동시에 살펴보아야 한다는 것이다. 두 번째는 창의성의 발현을 위해서는 창의적인 개인 성향, 창의적인 과정, 창의적인 환경과, 창의적인 결과물의 4가지 측면을 고려해야 한다는 것이다. 창의성 이론의 핵심은 창의적인 개인이나 팀이나 조직이 창의적인 환경을 조성하여 창의적인 과정을 도입하고 실행하면, 창의적인 활동을 통해서 창의적인 결과물을 도출한다는 것이다. 이 핵심적인 이론이 중요한 이유는 창의적 결과물의 '관찰 가능성'에 있는데, 이는 개인이나 팀, 조직의 창의성을 평가할 때, 무형의 개인의 성향이나 환경, 과정의 창의성을 평가하는 것이 복잡하고 어렵기 때문에 설문이나 계량적인 방법으로 측정할 경우 측정오차가 많아져서 통계적으로 신뢰도가 낮은 평가가 되기 쉽기 때문이다. 이와 같은 어려움을 극복하기 위해, 성향과 환경과 과정의 총합체인 관찰가능한 창의적인 결과를 평가하면 무형의 모든 창의적인 측면을 거쳐서 나오는 유형의 최종 결과의 창의성을 좀 더 객관적이고 통계적으로 신뢰성 있게 측정할 수 있다는 것이다.

마지막으로, 창의성 이론은 창의성과 혁신의 관계를 "창의성은 혁신의 필요조건이지만 충분조건은 아니다"라고 명확히 구분하고 있다. 많은 사람들이 창의성과 혁신을 동일시하고 있는데, 이와 같은 맥락에서 혁신이라 하면 경영학의 거두인 피터 드러커(Peter Drucker)가 주창하는 기존의 틀을 깨고 기존 제품이나 practice를 창조적으로 파괴하는 '창조적 파괴(Creative Destruction)'이기 때문에 창의성의 결과로 시장의 트랜드와 소비자의 소비패턴을 획기적으로 바꾸어 기존 제품을 시장에서 단절시키는 효과를 낸다. 이러한 혁신은 창의성의 구현에서 오는 경우도 있지만, 페니실린 같은 항생제의 새로운 발견이나 에디슨의 전구 같은 발명에서 오기도 하기 때문에 창의성은 혁신의 필요 조건만을 만족시키는 것이다. 조직이나 회사에서 혁신을 관리하는 데 있어서의 어려움은 혁신품이라 하면 성공한 신제품을 의미하기 때문에 제품이 출시되고 어느 정도 시간이 지난 다음에서야 우리 제품이 혁신품의 반열에 들었는지를 시간을 돌아보면서 평가할 수 있다는 것이다. 그래서 신제품 기획이나 개발과정에서 "우리가 혁신품을 시장에 출시해야지"라고 하는 생각은 시장에서 시간이 경과해서 검증받기 전까지는 잘못된 생각이라는 것이다. 그래서 창의성의 중요성이 부각되는데, 창의성은 신제품이나 신서비스나 새로운 절차나 알고리즘을 만드는 여러 과정에서부터 출시하기 전에 시제품의 결과물에 이르기까지 독창성과 의미성을 지속적으로 평가를 가능하게 하여 시장에 출시하였을 때 성공할 수 있는지를 예측 가능하게 한다.

이 책에서는 위의 세 가지 관점의 창의성 이론을 이론적 배경으로 하여, 저자가 진행해왔던 다음의 질문들에 답하는 연구들로 구성하였다. 첫째, 창의적인 개인, 팀, 조직에서의 창의성의 선행요소는 무엇인가? 둘째, 창의성은 과연 개인, 팀, 조직의 성과에 영향을 미치는가? 셋째, 창의성이 성과에 미치는 관계에 있어서 매개하는 요소나 조절하는 요소는 무엇인가? 위의 세 가지의 질문에 대해서 기존의 연구에서는 혼재된 답을 주고 있는데, 그 이유는 창의성에 대한 해석과 응용이 다르기 때문인데 그것이 창의성 딜레마를 가져오는 원인이 되고 있다.

창의성 딜레마

02

1 창의성의 딜레마란?

창의성의 딜레마는 광의적으로는 "왜 어떤 창의적인 회사는 성공하고 왜 어떤 창의적인 회사는 실패하는가?"에 대한 딜레마로 시작하지만 그 해답을 찾기 위해서는 협의적으로, "왜 어떤 창의적인 신제품은 성공하고 왜 다른 창의적인 신제품은 실패하는가?"에 대한 딜레마를 풀어 나가면 해답을 찾을 수 있다. 저자는 이 딜레마를 해결할 수 있는 방법을 다음과 같은 세 가지에서 찾아 보았다. 첫째는 위에서 잠시 언급하였던 창의성을 정의하는 구성요소이다. 저자가 아마빌리의 창의성 이론에서 제시한 것을 확인한 바로는 신제품의 창의성은 신제품 독창성과 신제품 의미성(유용성)의 두 개의 차원으로 구성된다는 것인데, 이 두개의 하부차원을 별도로 구분하여 선행요소와 결과물과의 관계를 보면 통합하여 창의성이라는 개념 하나로 볼 때와 다른 결론을 가져온다는 것이다. 둘째는 창의성의 하부차원 구성요소인 독창성과 의미성이 고객만족도, 시장점유율, 순이익과 같은 결과에 차별화된 영향을 미치며, 구체적으로 의미성은 단순한 다다익선의 선형적인 관계를 보이지만 독창성은 너무 적거나 너무 많을 경우 역효과가 나타나는 비선형적 관계를 보인다는 것이다. 세 번째로는 독창성과 의미성이 각기 신제품의 성공에 미치는 영향이 시기적으로 차이가 난다는 것으로 의미성은 단기적인 효과를 나타내어 당기의 순이익이나 투자수익율(Return on Investment)을 향상시키는 역할을 하지만 독창성은 장기적으로 효과를 나타내어 독창적인 아이디어는 단기적인 효과는 없지만 시장에서 검증을 받은 이후 장기적으로 순이익이나 투자수익율을 향상시키는 역할을 한다는 것이다. 마지막으로는, 혁신 확산 이론(Theory of Diffusion of Innovation)에 근거해서 회사가 창의적인 제품을 내어 놓았을 때 혁신성향이 높은 고객이 과연 혁신품을 더 많이 더 빠르게 사는가에 대한 딜레마이다. 이 마지막 문제를 풀기 위해, "왜 혁신적인 소비자가 창의적인 제품을 살 수 없는가"에 대한 조건과 이유에 대한 관찰이 필요하다. 이 질문에 답하기 위해, 혁신적인 기업이 어떻게 고객의 개인 성향을 기준으로 시장 세분화를 하여 목표고객을 정하는지, 또는 어떻게 구전이나 광고와 같은 프로모션 도구를 이용하여 소비자가 혁신품을 수용하게 하는지에 대한 제안을 하려고 한다.

이 책에서는 저자가 쓴 글에서 인용되었던 다음과 같은 여러 건의 회사의 사례 등을 통해서 창의성 딜레마의 근원을 고찰하고 그 딜레마를 어떻게 극복하고 회사에 이익이 되게 할 수 있는가에 대한 해결책을 제시하려고 한다.

2 창의성 딜레마와 혁신가의 딜레마: 차별점과 유사점

이 책의 3장에 실린 임수빈과 워크만(Im and Workman, 2004)의 연구에서는 신제품 개발팀 내에서 창의성이 신제품 성과에 미치는 영향을 살펴보는 과정에서 창의성 딜레마와 혁신가의 딜레마의 차별점과 유사성을 제시한다. 저자가 이 책에서 중점적으로 다루는 창의성 딜레마는 혁신가의 딜레마의 해결책을 제시한다. 하버드 대학 경영대학원의 클레이 크리스텐슨 교수가 주창한 '혁신가의 딜레마(The Innovator's Dilemma, 1997, Christensen, 1997)'는 창의성의 결과물인 혁신을 다루는 맥락에서 시작한 논의로, 혁신가의 딜레마는 혁신의 선행

요소인 창의성을 중심으로 한 딜레마와 구분이 되어야 하며 창의성의 딜레마는 혁신가의 딜레마가 왜 생기는지를 잘 설명해 주고 있다.

크리스텐슨의 혁신가의 딜레마는 과연 고객의 소리에 귀를 잘 기울이는 시장지향성이 높은 회사가 더욱 혁신적인 제품을 내어 놓는지 아닌지 여부에 대한 딜레마에 초점을 맞추었다. 시장지향성이 혁신에 긍정적인 영향을 미친다는 것은 많은 연구에서 지배적인 패러다임으로 지지가 되고 있다(e.g., Han, Kim, and Srivastava 1998; Slater and Narver 1998, 1999). 그러나 크리스텐슨 교수는 그의 책, 혁신자의 딜레마(The Innovator's Dilemma, 1997)에서, 기업에서 고객의 소리(Voice of Customer, VOC)에 귀를 기울여 제품개발을 하면 특히 지속성 기술(sustaining technology)의 혁신(파괴적 기술-destructive technology-와 비교하여)에 부정적인 영향을 미친다고 주장하며 시장지향성이 오히려 혁신에 해가 된다는 역발상을 제시하였다.

저자가 주창하는 창의성 딜레마에서는 창의성이 높은 회사가 왜 때로는 성공하고 때로는 실패하는지에 대해서 알아본다. 이 책의 3장에 실린 임수빈과 워크만(Im and Workman, 2004)의 연구에서는 시장지향성을 창의성의 선행 독립변수(antecedent)로 설정하여, 시장지향성이 혁신의 전신인 창의성에 미치는 영향을 봄으로써, 과연 시장지향성이 혁신을 용이하게 하는지 억제하는지를 둘러싼 혁신가의 딜레마의 논란(e.g., Lukas and Ferrell 2000)에 대한 실증적인 통찰력을 제공한다. 저자는 이 연구를 통해서 신제품 개발팀 내에서 창의성이 신제품 성과에 미치는 영향을 고찰한 결과, 기업이 창의성 중 의미성을 중심으로 투자하면 성공적인 신제품을 개발하게 되지만 독창성에 중심을 두면 오히려 실패하게 된다는 것을 밝혀냈다. 그래서 창의성을 독창성과 의미성으로 나누어 보았을 때 시장지향성은 독창성을 깎아내린다는 결론을 내는 창의성의 딜레마를 통해 크리스텐슨의 혁신가의 딜레마의 주장을 간접적으로 지지한다. 다시 정리하면 이 연구를 통해서 첨단기술기업(high-technology firms)에서는 소비자 지향성이 혁신적인 신제품을 만들어 내는 독창적인 아이디어를 제공하는 데 오히려 손해가 될 수 있음을 확인하였다. 이와 같은 시장지향성이 창의성의 딜레마를 가져오는 독창성을 해친다는 결과는, 시장지향성이 혁신적인 신제품을 내놓는다는 산업계의 지배적인 패러다임에 대한 반론을 제기한 크리스텐슨의 주장인 오히려 고객의 소리를 지나치게 귀담아 듣고 제품개발을 하면 특히 지속성 기술(sustaining technology)에 관한 혁신을 해친다는 주장을 실증적으로 지지하게 된다.

③ 창의성 딜레마의 핵심 질문: 과연 창의성이 회사의 성공을 가져올 수 있을까? 왜 창의적인 제품은 실패하는가? – 새한 미디어 케이스에서의 레슨

저자가 이 책의 서두에서 제시하였듯이 창의성의 딜레마에 대한 핵심을 두 가지의 질문에서 시작한다. 첫째는 "과연 창의성이 회사의 성공을 가져올 수 있을까?"이다. 둘째는 "왜 어떤 창의적인 제품은 성공하고 어떤 것들은 실패하는가?"에 대한 질문이다.

1990년대 후반부에 마케팅 분야의 학자들이 창의성에 관심을 갖기 시작하면서 처음 던졌던 광범위한 질문은 "과연 창의성이 회사의 성공을 가져오느냐?"라는 것이었다. 우리는 이제껏 너무나 많은 일화와 성공 신화를 통해서 "창의성은 회사의 성공을 위해서 필수불가결한 초석이다"라는 지배적인 이론을 많이 접하게 되었다. 또 한편으로는, "아니다. 오히려 창의성은 위험을 높여서 회사의 성공을 방해하는 큰 걸림돌이기에 차라리 지속경영이 가능한 제품이 회사의 장기적인 성공을 가져온다"라는 반론을 펼치는 예를 접하게 된다. 이렇게 두 개의 상반된 의견이 공존하는 것은 예상치도 못했던 창의적인 신제품이 갑자기 고객의 반향을 일으켜 크게 성공하기도 하고 또한 회사에서 심혈을 기울여 만든 획기적이라고 판단되었던 창의적인 신제품이 고객에게 충분한 혜택을 주지 않는데도 시장선점을 위해 출시했다가 결국 낭패를 보는 경우가 많았기 때문이다. 저자는 이러한 창의적인 제품이 실패하고 오히려 평범한 제품이 성공하는 아이러니를 '창의성 딜레마'라고 칭하고 왜 창의성 딜레마가 생기는가, 어떻게 이 딜레마를 극복할 수 있겠는가에 대하여 생각을 나누고자 한다.

4 창의성 딜레마의 이해: 매직박스인 독창성과 다다익선인 의미성

저자는 창의성 딜레마를 풀기 위해서 지난 25년간 기업고객 대상의 B2B 회사와 소비자 대상의 B2C 회사를 대상으로 진행한 대부분의 연구에서 창의성과 혁신성이 과연 회사의 성과나 고객의 구매행동에 어떻게 영향을 미치는가를 중심으로 고찰해왔다. 이러한 연구는 세계시장의 중심인 미국에서 시작하였지만, 창의성과 혁신의 새로운 진원지로 등장한 한국, 일본, 중국에서도 진행이 되어서 다른 국가나 지역의 문화에서 창의성의 역할을 찾아보았다. 창의성의 딜레마를 해결하는 답은 미국의 B2B 기업을 대상으로 한 임수빈과 워크만(2004)과 임수빈, 몬토야, 워크만(2013)의 연구에서 우선적으로 발견할 수 있었지만, 한국과 일본, 중국이라는 극동지역의 B2B 기업을 대상으로 한 나카다, 루베라, 임수빈(Nakata, Rubera, Im, 2018) 외의 연구에서 최종적으로 확인하고 결론을 정리할 수 있었다. 결론적으로, 창의성이 새로운 예술품이나 제품을 만들어 내는 개인의 독창성을 추구하는 특성이라는 지배적인 패러다임에서 탈피하고, 창의성의 두 가지 측면인 독창성과 의미성을 필수불가결하게 연관되지만 독립적인 개념으로 보고 이 두 가지가 각각 선행요인이나 결과요인과 어떤 관계를 갖는가를 보아야 한다는 것이다. 나카다, 루베라, 임수빈의 연구에서는 회사의 경쟁적 우위나 성과를 때로는 항상시키지만 때로는 향상시키지 못하는 매직 박스인 독창성 개념과 보편적으로 많을 수록 좋은 다다익선의 개념인 의미성을 따로 구분하여 회사 경영에 적용시켜야 한다는 점을 시사하고 있다.

나카다, 루베라, 임수빈 외의 연구를 요약해 보면 다음과 같다. "기업은 어떻게 창의성을 신제품에 융합시킬 것인가" 또는 "과연 이 창의성을 어떻게 회사의 성과에 영향을 주도록 하는가"에 대한 질문을 해결하는 문제에 항상 직면하고 있다. 이 연구에서는 이러한 질문을 해결하기 위해 신제품 매니저를 대상으로 창의성의 주요 선행 요소와 그의 성과에 대한 설문조사를 실시했다. 창의성과 관련된 신제품 연구에서 간과되어 왔던 질문에 답하기 위하여 본 연구는 조직 문화(예: 시장 지향성), 리더십 요소(예: 최고 경영진의 신제품 개발 참여도 및 위험도 감수 장려책), 국가 문화(예: 세속주의 및 생존주의 문화)를 선행 요소로 조사하고 신제품 성과를 결과의 요소로 조사하였다. 이 연구에서 중요하게 본 것은 이전 연구에서 간과되었던 창의성 딜레마의 역학관계에서 나타난 잠재적인 복잡한 뉘앙스를 설명하기 위해서 창의성을 독창성과 의미성 두 개의 차원으로 분해하고 선행조건과 성과와의 선형적인 관계를 초월한 비선형의 U자형이나 역 U자형(∩) 관계의 가능성을 조사하고자 한 것이다. 본 연구는 또한 이제껏 북미나 유럽 내의 단일 국가를 대상으로 한 연구를 뛰어넘어서, 극동권에 있는 한국, 일본, 중국 세 나라의 클러스터를 한 지역으로 보고 조사한 최초의 창의성 연구이다.

이 연구에서는 아마빌리의 창의성 이론에 근거하여, 창의성을 독창성과 의미성의 두 개의 요소로 분리한 후, 해당 요소들이 선행요소와 결과와 어떠한 독립적이고 차별적인 관계를 갖는지를 밝혀냄으로써 신제품 개발과 관련된 지식기반의 확장에 기여하였다. 이를 통해 창의성의 역할에 대해서 사람들이 가지고 있던 흔히 '창의성 딜레마'로 불리는 문제와 관련되는, "과연 창의성이 신제품의 성공을 가져오는지"와 같은 논란에 대한 해결책을 제시하게 된다. 결론적으로 저자는 의미성과 독창성이 서로 아주 다른 방법으로 신제품 성과에 영향을 미치는 것을 발견하였다. 유용성이 신제품 시장수용도에 중추적 역할을 한다는 이론과 일치하게 제품의 의미성은 높아질수록 성과에 좋은 영향을 끼친다. 하지만 독창성은 신제품의 성과와 역 U자형 관계를 보이는데, 이는 이전 연구에서 독창성이 왜 신제품 성과에 직접적인 영향을 주지 못했나에 대한 이유를 설명하는 데 도움이 되는 연구 결과이다(예 : Pullen et al., 2012). 다시 말하면, 회사에서 신체품의 독창성을 증가시키면, 중간 정도의 임계점까지는 제품성과를 향상시키지만 임계점을 넘어서도 독창성을 증가시키면 오히려 제품 성과를 해치게 되는 결과를 가져온다는 것이다. 창의성의 구성 요소인 독창성과 의미성이 서로 다른 차별화된 방법으로 신제품 성과에 영향을 미친다는 점은 왜 어떤 창의적인 제품이 실패하는가라는 창의성 딜레마에 대한 이론적인 해답을 준다는 것이다.

혁신 관리에 있어서 가장 우선적으로 제품 개발자와 경영자와 매니저가 주지하여야 하는 것은, 창의성의 두 가지 핵심 요소, 즉 독창성과 의미성이 자율적, 독립적이면서 차별적으로 작동한다는 점을 알고 이 두 가지를 분리하여 주의 깊게 관리해야 한다. 독창성과 의미성이 선행요소와 제품 성과와의 관계에서 각기 차별화된 결과를 가져옴을 감안하여, 제품개발 시에 획일적인 전략인 "one-size-fits-all"의 접근 방식을 탈피하여야 한다는 것이다. 다시 말하면, 흔히들 하는 실수는 창의적인 제품을 개발하면서 눈에 띄는 독창성을 강조하면서 의미성은 배제하거나 무시하는 경향이 있는데, 이러한 단순한 접근 방식이 창의성 딜레마를 가져와서 창의적인 제품이 시장에서 실패하는 결과를 가져오게 하는 이유를 설명한다.

5. 창의성의 장기적인 효과를 통한 창의성 딜레마의 해결책: 어떻게 창의성의 딜레마를 극복할 것인가? 매직박스인 독창성은 창의성의 미운 오리 새끼인가?

위에서 저자는 창의성 딜레마의 핵심 질문을 시발점으로 하여 창의성의 두 가지 측면인 독창성과 의미성은 필수불가결로 연관되지만 독립적인 개념으로 보아야 한다는 주장을 하였다. 그러나 아직도 풀지 못한 문제는 어떻게 이 창의성의 딜레마를 해결하여 예술계에서는 가치가 높은 예술품을 창작하고, 기업에서는 이익을 창출할 수 있는지에 관한 것이다. 저자는 여기에서 이 풀지 못한 문제에 대한 해결책을 현재 진행중인 연구를 통해서 제시하려고 한다. 위의 나카다, 루베라, 임수빈 외의 연구에서 밝혔듯이 의미성은 다다익선의 개념으로 회사가 더 유익하고, 용도에 적절하고, 더 많은 가치를 높이는 신제품을 제공하면 회사의 이익과 판매, 시장점유율, 고객만족도와 같은 성과에 더 높은 영향을 미친다는 결론에 도달하였다. 하지만, 신제품의 독창성은 매직 박스와 같아서, 어느정도 높아질 때까지는 참신함으로 시장에 어필을 하게 되어 회사에 유익한 성과를 가져오지만, 임계점을 넘어서 높아질 경우에는 오히려 해괴하고 괴상한 제품으로 인식하게 되어 회사 성과에 악영향을 주는 미운 오리새끼가 된다는 것이다. 그럼, 창의성을 추구하는 회사에서의 고민은 "우리가 과연 독창적인 신제품을 내기 위해서 그 많은 인력과 자원과 자본을 R&D(Research & Development)를 위해서 투자해야 하냐?" 하는 것이다. 그 답은 대부분 경영자들이 원하지 않는 "경우에 따라 다르다" 는 것이다. 이 정답으로 인하여 왜 어떤 창의적인 제품은 실패하는지에 대한 창의성의 딜레마가 시작되는 것이며, 어떤 경영자들은 독창성을 잘 관리하여 기업을 크게 성공시킬 수도 있고 다른 경영자들은 기업을 존폐의 위기로 내몰 수 있다는 점이다.

이러한 창의성 딜레마를 가져오는 독창성의 역할을 정확하게 이해하기 위해서 저자는 창의성이 회사의 단기적인 성공뿐만 아니라 장기적인 성공에 어떻게 영향을 미치는가에 대한 시계열의 데이터를 모으고 분석하는 연구를 진행하였다. 현재 진행 중인 이 연구에서는 미국의 하이테크 기업에서 신제품 개발에 참여했던 100명의 상품 매니저와 마케팅 매니저를 대상으로 최근에 개발된 신제품 창의성의 두 측면인 독창성과 의미성과 그 제품의 수익성, 판매액, 시장점유율과 고객 만족도를 1년 간격으로 두 번을 측정하도록 시계열 설문조사를 진행하였다. 이 연구에서는 저자가 진행하였던 기존 연구의 결과와 마찬가지로 첫해의 신제품 의미성(신제품 T1, 의미성 T1)은 단기적으로 당해년도의 신제품 성과(신제품 성과T1), 즉 제품의 수익성, 판매액, 시장점유율과 장기적으로 다음 해의 신제품 성과(신제품 성과 T2)를 향상시켜서 다다익선의 의미성은 단기적으로나 장기적으로 회사에 유익한 결과를 가져다 준다는 결론을 제시하였다. 미운 오리새끼로 여겨졌던 첫해의 신제품 독창성(신제품 독창성 T1)은 단기적으로 고객 만족도만 향상을 시키고 나머지 제품의 수익성, 판매액, 시장점유율과 같은 당해의 신제품 성과(신제품 성과 T1)에는 아무런 영향을 주지 않았으나, 첫해의 신제품 독창성(신제품 독창성 T1)은 장기적으로 다음 해의 신제품 성과(신제품 성과 T2)를 향상시켜서 흔히 말하는 장기적인 지연효과(long-term lagged effect)가 있는 것으로 밝혀졌다. 역설적으로 첫해의 신제품 의미성(신제품 의미성 T1)은 당해의 신제품 성과(신제품 성과 T1)에는 강한 상승효과를 가져다주지만, 장기적으로 다음해의 신제품 성과(신제품 성과 T2)에는 유효하나 상대적으로 약한 상승효과를 초래한다.

이러한 결과는 회사를 경영하는 경영자들에게나 신제품팀을 꾸리는 매니저들에게 무척 중요한 시사점을 갖는다. 특히 신제품을 개발할 때는 다기능의 부서에서 참여하는 신제품 개발팀을 구성하게 되는데, 이 팀은 마케팅이나 사업개발팀 같은 비즈니스 쪽 전문가와 R&D, 디자인, 엔지니어와 같은 제품개발 전문가로 구성이 된다. 비즈니스 쪽 전문가와 제품개발 전문가들은 서로에 대한 오해로 태생적으로 팀 내의 이견과 불협화음을 가져오게 되는데 그 이유는 두 분야의 전문가들의 시야와 초점이 다르기 때문이다. 비즈니스 쪽 전문가들은 회사 운영의 기저인 제품이 수익을 가져오느냐에 가장 큰 관심을 가지고 있기 때문에 당기적으로 회사의 성과에 도움을 주지 못하는 독창성을 줄이고 당해년도 수익성, 판매액, 시장점유율과 같은 재무제표에 반영되는 지표를 향상시킬 수 있는 의미성을 강조해야 회사 내에서 성과를 인정받게 된다. 한편, 장인 정신을 가진 제품개발 전문가들은 단기적인 성공을 위한 모방을 꺼려하며, 당장은 성과를 못 내더라도 장기적으로 본인의 자긍심을 발현시킬 수 있는 참신하고 새로운 독창적인 세상을 바꿀 새 아이디어를 개발하여 신제품에 구현하려고 하는 것이다.

제품개발을 통해서 회사를 성장시키고 더 성공시키려는 경영자들은 이러한 신제품 팀 내에서의 갈등을 통상적인 비즈니스의 관례(Business as usual)로 여기고, 단기적인 성공을 가져오는 의미성과 장기적인 성공을 가져오는 독창성을 향상시키는 신제품 개발을 독려해야 하는 것이다. 다시 말하면, 단기적으로 회사의 이익을 내고 운영하기 위해서 제품의 성공을 가져다주지 못하는 독창적인 아이디어를 내는 디자이너나 R&D담당 엔지니어들을 신속하게 성과를 내지 못한다고 저평가해서는 안 되는 것이며, 단기적인 성공에 더 높은 관심을 가져 장기적으로 회사의 이익을 주게 할 수 있는 의미성을 강조하는 비즈니스 담당 매니저들도 장기성과가 약해졌다고 저평가해서는 안 된다는 것이다. 결론적으로, 회사 경영자들은 다다익선인 신제품의 의미성을 높일 수 있는 아이디어와, 당장은 미운 오리새끼 같은 존재인 매직 박스, 즉 신제품의 독창성을 잘 조합해서 운영하는 것이 경영을 과학을 기초로 한 예술로 승화시키는 길임을 명심하고 회사를 운영하기를 바라는 바이다.

제2장

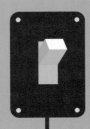

창의성 딜레마 (Creativity Dilemma): 왜 창의적인 제품이 실패하는가?

01

새한미디어는 실패하고, 애플은 성공한 이유[3]

🔅 들어가는 글

창의적인 제품이 반드시 성공하는 것은 아니다. 1998년 MP3플레이어를 최초로 출시한 새한미디어가 그 대표적인 사례이다. 새한미디어는 MP3 기술을 소비자들에게 효과적으로 전달하지 못해 결국 시장에서 외면당했다. 그러나 수년 후 애플이 내놓은 MP3플레이어의 결과는 완전히 달랐다. 애플의 아이팟(iPod)은 세련된 디자인과 창의적인 마케팅 기법을 활용해 시장에서 성공을 거뒀다. 이는 기업이 창의성을 어떻게 정의하고 달성해야 하는지를 보여주는 좋은 사례이다. 창의성을 단순히 기존에 없는 참신하고 독창적인 제품을 개발하는 것으로 이해하면 시장에서 성공하기 어렵다. 오히려 소비자에게 유용하고 소비자의 필요에 부합하는 제품을 개발하는 것이 시장에서 단기적으로 더욱 효과적이다. 또한 창의적인 제품을 소비자들에게 제대로 부각시키고 효과적으로 전달하는 것도 매우 중요하다. 그러기 위해서는 창의적인 마케팅 전략도 함께 수반돼야 한다.

---

3   임수빈(2017), 동아 비즈니스 리뷰 DBR No.237. November, Issue 2 102-105

2 퍼스트 무버(first mover) 새한 미디어의 실패와 퀵 팔로어(quick follower) 애플의 성공사례

창의적인 아이디어는 반드시 기업의 성공으로 이어질까? 실상은 그렇지 않은 경우가 더 많다. 디지털 음원 기술의 원조 격인 MP3 원천 기술을 개발한 새한미디어가 대표적이다. 새한미디어 사례는 아무리 새로운 아이디어가 제품으로 이어졌다고 해도 소비자의 니즈를 제대로 파악하지 못하거나 소비자들에게 효과적인 방식으로 제품을 전달하지 못하면 성공하기 어렵다는 것을 보여준다.

1967년 이창희 회장이 설립한 새한미디어는 비디오와 오디오 테이프, 섬유소재 등의 산업에서 승승장구했다. 새로운 기술이나 제품을 내놓으며 '7080' 시대의 혁신을 이끌었다. 특히 1998년 출시한 MP3플레이어의 원천기술은 새한미디어 기술력의 절정을 보여줬다. MP3 원천기술은 지금 모든 스마트폰에 장착된 MP3플레이어의 효시다. 그러나 당시 소비자들은 이 창의적인 제품에 호응하지 않았다. 소비자들은 디지털 음원을 다운로드받을 수 있는 MP3보다 이미 익숙한 워크맨과 CD플레이어를 선택했다. 1997년 외환위기 이후 새한미디어는 무리한 사업 확장으로 경영난을 겪었고, 결국 이 원천 기술을 매각하기로 결정했다.

새한미디어가 개발한 기술은 수년 후 진가를 발휘했다. MP3 원천기술이 들어 있는 이 음악 기기가 출시되자 사람들은 열광했다. 바로 애플이 개발한 아이팟이다. 음악광이었던 스티브 잡스는 2001년 MP3플레이어를 장착한 아이팟을 출시하여 소니가 워크맨과 CD플레이어로 주도해 온 휴대용 음악기기 시장의 판도를 뒤집었다. 또한 애플은 아이팟이라는 디지털 음악기기를 지원해주는 소프트웨어인 아이튠즈(iTunes)를 개발해 제품 서비스를 확장해 나갔다.

애플은 아이팟을 홍보하고 마케팅하는 과정에서도 차별화 전략을 택했다. 검은 실루엣의 모델이 하얀색 아이팟을 드는 모습을 연출해 신제품의 독특한 매력을 강조했다. 제품 포장도 차별화했다. 정비가 잘된 완벽에 가까운 직사각형 모양의 '매력적인(cool)' 박스에 패키징했다. 목표고객이 이 흰 박스만 보더라도 아이팟 제품 자체에 포함된 기능과 사양에서 창의성을 기대하게끔 만든 것이다. 마케팅과 브랜드의 이미지 자체에서 소비자들이 제품의 창의성을 인지해 충성도가 높은 애플 마니아 고객 집단을 형성해 나갔다.

많은 학자와 실무자들은 새한미디어의 실패와 애플의 성공을 퍼스트 무버(first mover)와 퀵 팔로어(quick follower)의 관점에서 해석하고 있다. 퍼스트 무버는 창의적인 신제품을 경쟁사보다 빨리 출시해 시장 선점효과를 달성할 수 있다. 하지만 퍼스트 무버의 성공에는 전제 조건이 있다. 신제품 출시 전에 시장수요를 정확히 조사하고 예측해 소비자 니즈를 만족시켜야 하는 것이다. 새한미디어는 음원을 디지털화하는 획기적인 기술로 사양길을 걷고 있던 비디오산업의 공백을 메우려 했다. 당시 시장에서 성공을 거뒀다면 국내는 물론 세계적인 선도기업으로 우뚝 설 수 있었을 것이다. 하지만 새한미디어는 신제품에 대한 기본적인 수요(primary demand)를 형성해야 하는 퍼스트 무버의 장벽을 넘을 수 없었다. 시장의 니즈를 제대로 파악하지 못했고 소비자에게 효과적으로 신제품의 특징을 전달하지 못했다. 즉 광고나 판촉 전략이 부족했던 것이다. 이로 인해서 그 당시 소비자들은 MP3플레이어라는 창의적인 제품군을 이해하지 못했다. 반면 애플의 상황은 달랐다. 애플이 아이팟을 출시한 2001년 당시 소비자들은 MP3 기술을 이해하기 시작하였으며 심지어 일부는 이미 사용하고 있었다. 애플은 아이팟이라는 브랜드의 장점을 알리고 소비자들의 브랜드 선호도를 높여 소비자들을 끌어들였다. '선택적 수요(selective demand)'만 충족시키면 되는 퀵 팔로어의 장점을 충분히 활용한 것이다.

그러나 필자는 새한미디어의 실패를 조금 다른 각도에서 바라보고자 한다. 창의적인 제품을 개발하는 기업이 왜 실패하는가에 대한 이유를 면밀히 분석해 보았다. 창의성은 무조건 회사의 성장과 성공을 가져오는 만병통치약이 아니다. 창의성의 본질을 잘 이해해야 성공하는 기업이 될 수 있다. 그뿐만 아니라 개발된 제품이 성공하기 위해선 소비자에게 제품을 홍보하고 마케팅하는 영역에서도 창의성이 필요하다. 광고와 PR, 브랜딩, 유통, 가격전략 등에도 창의적인 접근이 필요하다는 것이다.

3 창의성 딜레마

창의적인 신제품이 성공하고 실패하는 원인을 규명하기 위한 시도는 오랫동안 이어졌다. 신제품 성공 요소를 벤치마킹한 기존 연구에 따르면 시장에서 경쟁우위를 누리기 위해 기업이 가장 먼저 달성해야 하는 것은 창의적인 신제품 개발이다.

하지만 창의성에 대한 개념은 광범위할 뿐만 아니라 정확하게 정의를 내리기 어렵다. 창의성의 정도를 수치로 가늠하기도 힘들다. 조직행동론 중 창의성 연구를 주도하는 하버드 대학의 아마빌리 교수의 이론에 따르면 창의성은 독창성(또는 참신성, novelty)과 의미성(meaningfulness)의 두 가지 핵심 요소로 구분해서 봐야 한다. 독창성은 경쟁회사가 만들어 낸 기존의 관습과는 고유하게 다르고 구별되는 정도를, 의미성은 목표 고객(target customer)이 인지하는 유용성과 적합성, 가치성의 정도를 일컫는다.

창의성을 통찰함에 있어서 의미성을 무시하고 독창성(또는 참신성)만 지나치게 강조한 신제품은 기이하거나 호기심만 끄는 제품이 되는데 이는 목표 시장 내의 결정적 다수(critical mass)가 이 신제품을 왜 사야 하는지에 대한 정당성을 부여할 수 없기 때문이다. 예를 들어, 한 일본 기업은 아기들이 기어 다닐 때 바닥을 청소할 수 있는 유아복을 만들었다. 이 제품은 참신성은 높으나 부모들에게는 아기를 청소에 이용한다는 부정적인 의미를 주어 실패하고 말았다. 어떤 부모도 아기가 기어 다니면서 집 안 청소를 하는 것에 의미를 두지 않기 때문이다. 기존의 많은 기업이 창의적인 신제품을 개발하고도 실패하는 이유도 이와 유사하게 참신한 아이디어지만 의미 없는 것이기 때문이다.

필자가 진행한 한 연구에서 신제품 개발에 참여했던 마케팅 매니저들에게 신제품 팀에서 R&D를 통해 출시한 창의적인 신제품과 이를 판매하기 위해 수반된 창의적 마케팅 프로그램(광고, PR, 패키징, 브랜딩, 유통 채널, 가격정책 등)이 과연 회사의 성공에 영향을 미쳤는지를 살펴보았다. 이를 위해 하드웨어, 소프트웨어, 의료기기, 정밀계측기기 등 미국 내 하이테크 회사 312곳을 대상으로 설문 조사(우편 및 팩스)를 실시했다. 특히 창의성을 측정할 때 독창성과 의미성의 두 가지 측면을 합쳐서도 평가해 보고 각각 따로 분리해서도 살펴봄으로써 기존 연구와의 차별화를 시도했다. 분석 결과, 독창성과 의미성 두 가지 측면을 합쳐 측정했을 때 창의성은 재무적 성과와 마케팅 성과, 정성적 성과 등 세 가지 측면을 모두 높이는 효과를 나타냈다. 구체적으로 창의적인 신제품과 마케팅 프로그램으로 인해 투자자본수익률(ROI)과 영업이익(이상 재무적 성과)이 높아졌고, 판매액과 시장점유율(이상 마케팅 성과)이 증가했으며, 고객만족도 및 기술혁신에 대한 평가(이상 정성적 성과) 역시 상승했다.

하지만 독창성과 의미성을 따로 분리해서 창조성을 측정하자 조금 다른 결과가 나왔다. 신제품과 마케팅 프로그램의 독창성은 기술 혁신에 대한 평가와 고객만족도를 반영한 정성적 성과를 향상시켰지만 예상과 달리 회사의 성공에 직결된 재무성과와 마케팅 성과에는 영향을 끼치지 않았다. 한편 신제품과 마케팅 프로그램의 의미성은 재무, 마케팅, 정성적 성과에 모두 긍정적인 효과를 미쳤다.

즉, 해당 연구의 결과를 통해 신제품의 창의성과 신제품 마케팅 프로그램의 창의성을 동시에 고려했을 때 제품과 마케팅 프로그램의 '독창성' 측면보다는 '의미성' 측면이 신제품 성공에 더 중요한 영향을 미친다는 점을 밝힐 수 있었다. 이 연구는 흔히 회사에서 창의성을 추구할 때 더 강조하게 되는 '독창성'이 오히려 단기적인 이익이나 시장점유율에 큰 영향을 주지 못한다는 결과를 찾아냈다. 반면 창의성 개념에서 많이 주목받지 못하던 의미성이 목표 고객에게 유용성, 적합성, 가치성을 제공해 신제품의 단기적 성공을 가져온다는 결과를 찾았다.

위의 결과를 토대로 보면 신제품과 마케팅 프로그램의 독창성과 참신함이 단기적으로는 회사 성과에 큰 영향을 미치지 못하는 것처럼 보인다. 이에 기업가들과 매니저들은 "그럼 신제품 개발에서 독창성은 배제해야 하나"라는 의구심이 들 것이다. 하지만 이는 섣부른 결론이다. 필자는 후속 연구에서 시계열 데이터(longitudinal data)를 분석해 "독창성이 장기적으로는 신제품 성과에 영향을 미치는가"라는 질문에 대한 답을 찾아보았다. 연구 결과, 첫해에 단기적 성과에 영향을 주지 못했던 독창성은 2년 차부터 회사의 중장기 재무 및 마케팅 성과에 영향을 미쳤다. 의미성 있는 신제품과 마케팅 프로그램은 고객들이 제품 출시 즉시 바로 수용하고 구매를 합리화시켜 수용하기 때문에 단기간에 성과를 거둘 수 있다. 반면 독창성이 높은 신제품과 마케팅 프로그램은 고객들이 제품이나 프로그램을 이해하고 합리화하여 수용하고 구매하기까지는 시간이 오래 걸릴 수 있다.

4 창의성 딜레마에서 무엇을 배울까?

필자는 과연 창의성이 회사에 득이 될지, 아니면 독이 될지에 대한 딜레마를 실증분석을 통해 풀어봤다. 이를 토대로 신제품 개발과 출시 전략에 대한 다음과 같은 시사점을 제공하려고 한다.

첫 번째, 경영자들은 창의성이 회사의 성공을 이끄는 만병통치약(panacea)이라는 생각을 경계해야 한다. 창의성의 구성요소 중 독창성보다는 의미성이 단기 성과에 더 긍정적인 효과를 가져온다는 것을 유념해야 한다. 과거에는 창의성이 회사 성과에 긍정적인 영향을 미치는가에 대해 "경우에 따라 다르다"라는 애매모호한 답이 나오는 경우가 많았다. 창의성을 독창성과 의미성의 두 요소로 구분하여 신제품 사업 성과와의 관계를 살펴보지 못했기 때문이다.

두 번째, 신제품 개발과 신제품 마케팅에 있어서는 독창성보다 의미성이 단기적으로 회사의 성과에 더 큰 영향을 준다. 기업이 희망하는 재무와 마케팅의 목표를 달성하는 데 우리가 흔히 창의성과 동일시하고 있는 독창성보다 의미성이 더 큰 도움이 된다는 것을 실증적으로 확인했다. 기업이 신제품으로 성공하기 위해선 목표 고객에게 유용한 제품을 유용하고 효과적인 마케팅 프로그램을 통해 소비자에게 전달하는 데 집중해야 한다.

세 번째, 필자는 하이테크 시장에서도 신제품 창의성과 더불어 마케팅 프로그램의 창의성이 신제품 성과에 긍정적인 영향을 미친다는 점을 발견했다. 창의적인 광고와 패키지 및 브랜드 디자인, 창의적인 채널과 가격전략을 포함한 새로운 마케팅 프로그램을 개발할 때에도 투자를 소홀히 해서는 안 된다. 애플 사례를 통해서도 잘 드러나듯 고객이 한 회사와 브랜드로부터 인지하는 창의성은 창의적인 제품뿐 아니라 창의적인 광고 및 홍보와 패키징 등을 통해서도 향상됨을 기억해야 한다.

요약하면, 신제품의 단기적인 성공을 위해서는 의미성 있는 신제품과 마케팅 프로그램을 개발하는 것이 중요하지만 중장기적인 성공을 위해서는 독창성이 높은 신제품과 마케팅 프로그램을 개발해야 한다. 이것이 바로 창의성의 시너지 창출을 통해 창의성 딜레마를 풀어나갈 수 있는 방법이다. 독창성이 뛰어난 MP3 원천기술을 개발해 놓고도 당시의 고객들에게 의미성을 전달하는 데 실패하고 마케팅 전략에서도 독창성과 의미성을 동반하지 못해 결국 역사 속에서 잊힌 새한미디어 사례를 잊지 말아야 한다.

첨단 기술 산업에서의 시장지향성과 창의성이 신제품 성과에 미치는 영향[4]

C-Suite Summary

시장의 니즈(Needs) 변화에 따른 신제품(New Products; NP)과 이와 관련 된 마케팅 프로그램(Marketing Program; MP)에서 새로운 아이디어를 생산하 고 마케팅하는 능력은 기업이 성공하는 열쇠이다. 본 연구에서는 고객과 경 쟁사를 중시하는 시장지향성(market orientation)과 신제품 성공의 관계에서 신제품과 마케팅 프로그램의 창의성이 가지는 매개 역할을 살펴보고자 한다. 이 연구에서는 첫째, 시장지향성이 창의성을 향상시키는지 아니면 오히려 억 제하는지, 둘째, 과연 창의성이 신제품 성과에 이득이 될지 오히려 해가 될 지, 그리고 셋째로, 신제품 개발 및 출시단계에서의 창의성을 어떻게 정의하 고 측정하는지를 알아본다.

혁신(innovation)이 과연 시장지향성과 조직 성과 간을 중재하는 역할을 하는가에 대한(e.g., Deshpandé, Farley, and Webster, 1993; Han, Kim, and Sri- vastava, 1998) 많은 연구가 있었음에도 불구하고, 해당 관계에 대한 명확한

4　　Im Subin and John Workman (2004), "Market Orientation, Creativity, and New Product Performance in High-Technology Firms," Journal of Marketing, 68 (2), 114-132.

설명은 아직까지 밝혀지지 않았다. 특히 혁신에 관한 선행 연구의 기본적인 문제점은 '혁신'의 정의와 측정 방법이 모호하다는 한계가 있다는 점이다 (Wind and Mahajan, 1997). 이러한 한계는 '혁신'의 정의 자체가 이미 시장에서 성공적인 신제품(NP)을 전제로 하는 경우가 많아서 혁신은 성공한 제품이라는 인식이 들게 하기 때문에, 혁신과 조직 성과 간의 관계를 살펴보고자 할 때 문제가 된다. 따라서 본 연구에서는 시장지향성과 신제품 성공의 관계를 설명하는 매개 변수로 혁신에 비해서 명확하게 정의와 측정이 가능하여서 혁신의 선행 개념으로 알려진 '창의성'을 사용하였다. 구체적으로, 하버드 대학의 아마빌리 교수(Amabile, 1996)의 연구에서는 "모든 혁신은 창의적인 아이디어에서 비롯되기에 개인 혹은 팀 단위의 창의성은 혁신의 시작점이 되는 것이다. 그래서 창의성은 혁신의 필요조건이지만, 충분조건은 아니다"라고 주장하고 있다.

본 연구에서는 특히 신제품(NP)뿐만 아니라 신제품을 출시하는 데 필요한 광고나 포장, 유통과 가격정책 등의 마케팅 프로그램(MP)의 창의성도 경쟁우위를 가져옴을 고려하는 연구모델을 개발하고 입증하였다. 예를 들면 애플은 아이팟이나 아이폰과 같은 창의적인 제품으로 성공한 것도 있지만, 검은 실루엣의 모델이 흰색 제품을 들고 있는 창의적인 광고를 통해 더 큰 성공을 거둘 수 있게 된 것이다.

우리는 연구 분석 결과를 통해 시장지향성과 신제품의 성공 간의 관계를 설명하는 데에 있어 창의성의 '독창성(novelty)'의 측면보다는 '의미성(meaningfulness)'의 측면이 더 중요한 역할을 함을 밝히고 있다. 회사의 중역들과 매니저들은 성공하는 신제품을 개발하고 출시하기 위해서는 제품과 마케팅 프로그램의 독창성보다 의미성을 높이는 것에 노력을 경주해야 하며, 이런 의미성을 높이기 위해서는 시장지향성의 여러 측면에서 경쟁사지향성보다는 고객지향성과 다기능 부서 간의 융합을 위해서 자원을 분배해야 한다.

출처: https://www.extremetech.com/internet/
196055-the-apple-ipod-antitrust-law-
suit-did-apple-play-fair-with-its-fair-
play-drm

출처: https://www.digitalspy.com/tech/
a811886/the-ipod-just-turned-15-
heres-the-original-ipod-ad/

1 연구동기

많은 과거 연구가 시장지향성(market orientation)이 조직의 성과 개선으로 이어진다는 사실을 밝히고 있다(e.g., Jaworski and Kohli, 1993; Narver and Slater, 1990). 최근의 연구에서 혁신(innovation)이 과연 시장지향성과 조직 성과 간을 중재하는 역할을 하는가에 대한(e.g., Deshpandé, Farley, and Webster, 1993; Han, Kim, and Srivastava, 1998) 많은 연구가 있었음에도 불구하고, 해당 관계에 대한 명확한 설명은 아직까지 밝혀지지 않았다. 과거의 연구들은 혁신이라는 광범위한 개념(construct)과 의미에 초점을 맞추고 특허나 신제품의 개수를 혁신의 척도로 재는 제한점이 있었으며, 연구 분석의 단위로 조직 내에서의 실제로 창의적인 혁신 활동을 하는 신제품팀보다 전략 사업팀(strategic business unit; SBU)에서의 창의적 활동을 조사했다는 것에 문제가 있다. 또 다른 하나의 연구 방법론적인 문제점은, 기존의 연구에서는 한 명의 응답자가 독립변수인 혁신과 종속변수인 성과를 모두 평가하게 하여, 두 변수들 간의 관계가 과도하게 높게 평가되는 동일방법편의(common method bias) 문제가 존재해서 혁신이 높은 제품은 성공할 확률이 높은 제품으로 인식하고 측정이 된다는 한계점이 있다.

우리의 연구에서는 데이와 웬슬리(Day and Wensley, 1988)의 자원-경쟁우위-성과관계(source-position-performance, SPP) 이론을 기반으로, 연구의 핵심 개념인 창의성(creativity)이 시장지향성과 신제품 성공 간의 관계에서 매개 역할을 함을 밝혔다(Han, Kim, and Srivastava, 1998; Song and Parry, 1997a 참고). 우리는 시장지향성과 신제품 성공 간의 매개 변수로 혁신보다 명확히 정의와 측정이 가능하고 혁신을 선행하기로 알려진 개념인 '창의성'을 사용하였다. 구체적으로, 아마빌리 교수의 연구에서는 "모든 혁신은 창의적인 아이디어에서 비롯되기에 개인 혹은 팀 단위의 창의성은 혁신의 시작점이 되는 것이다. 그래서 창의성은 혁신의 필요조건이지만, 충분조건은 아니다"라고 주장하고 있다. 더불어 우리는 창의성을 제품 개발팀(product development teams)이라는 보다 구체적인 뚜렷한 목적이 있는 제품개발팀 레벨에서 살펴봄으로써, 광범위한 전략 사업 단위(strategic business unit; SBU) 레벨에서 혁신을 측정했을 때에 발생할 수 있는 회사가 창의적이고 혁신적이면 성공적인 제품을 낸다는 지나치게 보편화된 관념을 미연에 방지하였다.

혁신과 창의성을 다루는 기존 연구와 비교했을 때, 우리의 연구는 네 가지 다른 측면을 보여주고 있다. 우선, 이 연구에서는 시장지향성을 창의성의 선행 독립변수(antecedent)로 설정하여, 시장지향성이 과연 혁신을 용이하게 하는지 억제하는지를 둘러싼 논란(e.g., Lukas and Ferrell, 2000)에 대한 실증적인 통찰을 제공하였다. 시장지향성의 긍정적인 영향은 많은 연구에서 지지가 되고 있다(e.g., Han, Kim, and Srivastava 1998; Slater and Narver, 1998, 1999). 하지만, 하버드 경영학과의 크리스텐슨(Clayton Christensen) 교수는 그의 책 〈혁신자의 딜레마(The Innovator's Dilemma, 1997)〉에서, 회사에서 고객의 소리(Voice of Customer, VOC)를 귀담아듣고 제품개발을 하면 지속성 기술(sustaining technology)에 비해서 파괴성 기술(disruptive technology)의 혁신에 부정적인 영향을 더 미친다는 반론을 제기하고 있다. 둘째로, 우리 연구에서는 신제품 개발팀 내에서 창의성이 신제품 성과에 미치는 영향을 살펴보았다. 비록 보편적으로 혁신은 기업의 성장과 성공에 중요한 열쇠라는 지배적인 패러다임이 있지만(Andrews and Smith, 1996; Sethi, Smith, and Park, 2001), 몇몇 연구에서는 실패율이 높은 혁신보다는 안정된 성장을 표방하는 모방을 통해서 기업의 성공을 보장한다고 주장하기도 한다(Nelson and Winter, 1982; Schnaars, 1994). 셋째로, 우리는 신제품(New Product, NP)뿐만 아니라 광고나 포장, 유통과 가격정책 등의 마케팅 프로그램(marketing program, MP)의 창의성도 경쟁우위(positional advantage)를 가져옴을 고려하는 연구모델을 개발하고 입증한다. 예를 들면 애플은 아이팟이나 아이폰과 같은 창의적인 제품으로 성공한 것도 있지만, 검은 실루엣의 모델이 흰색 제품을 들고 있는 창의적인 광고를 통해 더 큰 성공을 거둘 수 있게 된 것이다. 미국의 식료 업체인 오스카 마이어(Oscar Meyer)는 일개의 육가공하고 햄을 판매하는 업체 중 하나였지만, 1990년대에 업계 최초로 재개봉과 봉합이 가능한 지포백을 사용함으로써 획기적인 매출 성장을 하게 되고, 굴지의 육가공 회사로 자리매김하게 되었다. 네 번째로, 우리는 신제품 개발(new product development; NPD)에 특화된 창의성 측정척도를 개발하여 신제품이나 새로운 프로그램의 창의성의 정도를 잴 수 있게 하였다.

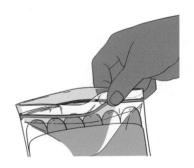

　이 연구에서는 미국의 첨단 기술 산업 기업을 대상으로 한 회사에서 신제품 매니저와 신제품 개발팀 리더로부터 복수의 회신을 받는 2단계 샘플링(two-stage sampling frame)이라는 방법으로 312세트의 설문을 수집하고 가설을 검증하였다. 이 방법으로 창의성과 신제품 성과를 동시에 측정하는 데에 문제가 되었던 창의적이고 혁신적이면 성공한다는 편견을 가져오는 동일방법편의(common method bias)의 문제를 해소하였다. 실증적 연구를 위해서 구조 방정식(Structural Equestion Model) 통계 기법을 이용하여 가설을 분석하고 검증하였다. 연구 결과는 신제품과 마케팅 프로그램의 창의성은 시장지향성과 신제품 성과 간의 간접적인 매개 역할을 하는 것으로 나타난다. 더 나아가서, 결론적으로, 이 논문에서는 시장지향성과 신제품의 성공 간의 관계를 설명하는 데에 있어 창의성의 '독창성(novelty)'의 측면보다는 '의미성(meaningfulness)'의 측면이 더 중요한 역할을 함을 밝힌다. 본 논문의 실증적인 결론은 신제품 전략에 있어 유의미한 이론적이고 실천적인 시사점을 내포하고 있다.

2 이론적 프레임워크

신제품과 마케팅 프로그램의 창의성이란?

본 연구에서는 하이테크 기업의 15명의 마케팅 매니저를 대상으로 실시한 사전 탐색적 심층 인터뷰(exploratory in-depth field interview)와 문헌고찰(i.e., Amabile, 1983, 1988; Andrews and Smith, 1996; Sethi, Smith, and Park, 2001)을 기반으로, 신제품과 마케팅 프로그램의 창의성을 다음과 같이 정의하였다. "해당 회사의 신제품과 마케팅 프로그램이, 경쟁사와 대비하여서 고유한 차별성을 나타내고, 목표 고객에게 의미성을 제공하는 정도"이다. 이 정의는 아마빌리 교수의 창의성을 '독창성(novelty)'과 '의미성(meaningfulness)'의 두 가지 측면에서 살펴보는 창의성 이론(Theory of Creativity)에 기반을 두고 있다. 즉, 위 정의에 의하면 경쟁자와 비교하여 신제품과 마케팅 프로그램이 고유한 차별성을 나타낸다고 인지되는 정도로 정의되는 '독창성(novelty)' 측면뿐만 아니라, 경쟁자와 대비하여 신제품과 마케팅 프로그램이 목표 고객에게 적절하고 유용하다고 인지하는 정도로 정의되는 '의미성(meaningfulness)'의 측면이 동시에 같이 있어야 창의성이라고 일컬을 수 있음을 알아야 한다. 아마빌리 교수의 창의성 이론에서는 어떤 아이디어라도 목표 고객에게 의미와 유용성을 부여하지 못하고, 참신하고 독특한 면만 부각한다면 궁극적으로 그 아이디어는 이상하거나, 불합리하고 더 나가서는 괴상하다고까지 인지되기 때문에, 반드시 창의성의 개념에는 위 두 가지 측면이 포함되어야 한다고 주장한다. 이 책의 서론에서 예시로 들었던 "베이비 배걸레"가 이런 예가 되는 것이다.

우리 연구에서는 신제품의 개발뿐 아니라 도입과 출시에 있어서 창의성의 역할에 대한 보다 넓은 이해를 위해서, 신제품의 창의성과 마케팅 프로그램 창의성을 동시에 연구하였으며, 창의성을 신제품의 독창성, 신제품의 의미성, 마케팅 프로그램의 독창성, 마케팅 프로그램의 의미성의 4개 측면으로 분리해서 연구모델을 만들었다. 마케팅 프로그램은 제품과는 별도의 포장, 홍보와 광고, 가격과 유통 정책 등의 부가적인 요소를 지칭하는 것으로 핵심 제품의 판매를 촉진하고 차별화하려는 마케팅의 요소들을 대변한다. 특히 신제품의 출시와 더불어, 제품의 신속한 보급과 확산(rapid dissemination)과 시장 침투의 최대화(maximum penetration)를 위해서는 마케팅 프로그램을 창의적으로 고안하고 관리해야만 한다(Robertson and Gatignon, 1986).

마케팅 전략에서 창의성은 왜 중요한가?

창의적인 아이디어의 개발 및 그를 통한 신제품의 개발과 마케팅 프로그램의 실현이 혁신 전략의 핵심적인 요소(Zaltman, Duncan, and Holbek, 1973)로 꼽히는 데에는 세 가지 이유가 있다. 첫째, 창의성은 새로운 아이디어 생성의 동기가 되는데, 새로운 아이디어는 혁신의 핵심적인 결정 요인 중 하나이기 때문이다(Amabile, 1988; Amabile et al., 1996). 혁신은 창의적인 아이디어를 성공적으로 개발하고, 수용하고, 출시함으로 정의한다(Rogers, 1983; Scott and Bruce, 1994; Van de Ven, 1986). 즉, 새롭고 의미 있는 아이디어의 생성과 관련된 창의성은 혁신의 선행 조건인데, 단 필요조건이지만 충분조건은 아니다(Amabile, 1988; Amabile et al., 1996; Scott and Bruce, 1994).

둘째, 창의성은 제품 차별화(product differentiation)를 가져오는데, 제품 차별화는 기업 성과에 중요한 결정 요인이 되기 때문에 창의성은 기업 성과에 간접적인 영향을 미치게 된다(Andrews and Smith, 1996; Song and Montoya-Weiss, 2001; Song and Parry, 1997a, 1999). 제품의 창의성은 목표 고객에게 의미성이 높은 차별성을 제공하고 이 제품 차별화를 통해서 고객의 충성심(loyalty)과 만족도(satisfaction)를 향상시킴으로써 그리고 기업의 성과를 개선함으로써, 궁극적으로는 회사에 경쟁우위를 제공한다(e.g., Andrews and Smith, 1996; Sethi, Smith, and Park, 2001; Song and Montoya-Weiss, 2001; Song and Parry, 1997a, b, 1999).

셋째, 기업에 대한 자원 기반 이론(resource-based theory of the firm)에 의하면, 조직 안에 내재된 창의성은 무형 자산(intangible resource)으로, 경쟁우위를 제공하는 원천이 된다(Barney, 1991; Hunt and Morgan, 1995). 더 나아가서, 기업이 창의성의 역량을 가치가 높고(valuable), 유연하며(flexible), 희귀하고(rare), 대체 불가능한(imperfectly imitable or substitutable) 전략적 자원(strategic resource)으로 관리하면, 궁극적으로 창의성이 기업에 지속가능한 경쟁우위(sustainable competitive advantage)를 제공할 수 있다.

3 연구 모델의 제안과 연구 가설의 개발

본 연구에서는 데이와 웬슬리(Day and Wensley, 1988)의 자원-경쟁우위-성과관계(source-position-performance, SPP) 이론을 기반으로, 시장지향성을 자원으로 보고, 창의성(creativity)을 경쟁우위를 가져오는 매개 변수로 보고, 신제품의 성공을 성과로 보는 아래 그림 1과 같은 연구모델을 개발하였다(Han, Kim, and Srivastava, 1998; Song and Parry, 1997a 참고).

| 그림 1 | 신제품과 마케팅 프로그램 창의성의 개념적 모형 |

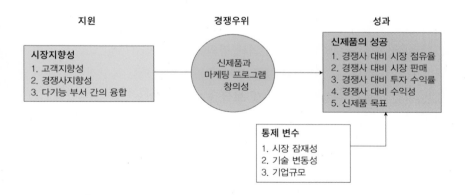

기존 연구에서 시장지향성은 시장의 정보와 지식을 창조하고 확산시키고 시장의 요구를 반영하는 데 중점을 두고 있기에 창의성을 향상시키는 역할을 한다고 주장하고 있다(Kohli and Jaworski, 1990; Slater and Narver, 1995). 선행 연구를 바탕으로(예: Deshpandé et al, 1993; Han et al., 1998; Slater and Narver, 1995), 본 연구에서는 시장 지향성의 3가지 차원(고객지향성, 경쟁사지향성, 다기능 부서 간의 융합)이 신제품과 마케팅 프로그램 창의성에 미치는 긍정적 영향을 제시하고 있다.

시장지향성의 첫 번째 차원인 고객지향성은 고객이 요구하는 바와 원하는 바를 만족시키기 위해서 고객에 관한 정보를 모으고 대응하는 것에 초점을 두고 있다. 따라서 고객지향성의 긍정적인 효과가 부정적인 효과를 넘어서 창의성에 긍정적인 영향을 줄 것으로 예상해 보았다.

시장지향성의 두 번째 차원인 경쟁사지향성은 경쟁사의 장단점을 식별하고 분석하여 경쟁사의 행동에 대응하는 기업의 능력으로 정의된다(Narver & Slater, 1990). 경쟁사 지향적인 회사는 지속적으로 경쟁 기업에 관한 정보의 수집을 하고 동향을 모니터함으로써 경쟁사의 제품과 차별화된 보다 창의적인 제품과 프로그램을 개발하는 능력을 갖출 수 있다(Han et al., 1998). 따라서 경쟁사지향성이 창의성에 긍정적인 영향을 줄 것으로 예상해 보았다.

시장지향성의 세 번째 차원인 다기능 부서 간의 융합은 회사 내 다른 부서 간의 상호 작용과 의사 소통 정도, 정보 공유 및 조정의 정도와, 신제품 개발과 출시에 공동 참여하는 정도에 의해 정의된다(Song and Parry, 1997a). 우리는 다기능 부서 간의 융합이 서로 다른 부서를 통해서 나오는 독창적이고 의미성 있는 시장 정보를 취합하고 수집 및 보급을 하는 역할을 한다고 보았다. 따라서 다기능 부서 간의 융합이 신제품과 마케팅 프로그램의 창의성에 긍정적인 영향을 줄 것으로 예상해 보았다.

마지막으로, 신제품과 마케팅 프로그램의 창의성은 독특하고 의미 있는 방식으로 다양한 아이디어를 제공하게 되는데 이러한 창의성은 신제품 개발과 관련된 문제를 해결하고 신제품의 성공적인 출시를 보장한다(Cooper, 1979). 또한 신제품과 마케팅 프로그램의 창의성은 경쟁사와의 차별화를 통해서 우수한 제품을 고객들에게 제공하고 조직 내 지식으로 축적되어 독특한 시장의 요구를 의미 있게 해결해주고, 결국 기업에 경쟁우위를 가져다준다. 따라서 신제품과 마케팅 프로그램의 창의성이 신제품 성공(즉, 경쟁사 대비 시장점유율, 시장 판매, 투자수익률, 수익성 및 신제품이 목표를 달성하는 정도)에 긍정적인 영향을 줄 것으로 예상해 보았다. 구조방정식을 이용한 연구의 결과는 그림 1B에 정리되어 있다.

| 그림 1B | 신제품과 마케팅 프로그램 항의성의 실증적 모형: 구조방정식 결과 모형 |

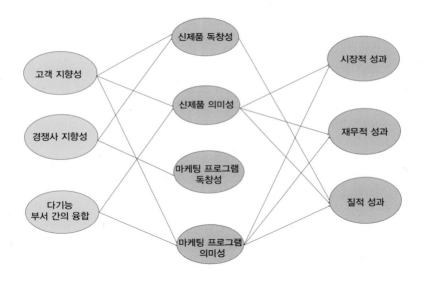

연구의 결과 정리

● 본 연구는 이전에 제시된 모형에서 시장지향성과 창의성의 요소를 조금 더 구체화하여, 시장지향성을 3가지 차원(고객지향성, 경쟁사지향성, 다기능 부서 간의 융합)으로 분류하고, 창의성을 4가지 요소(신제품의 독창성, 신제품의 의미성, 마케팅 프로그램의 독창성, 마케팅 프로그램의 의미성)로 분리하여 연구모델을 개발하였다. 구조방정식을 이용한 연구의 결과는 그림 1B에 정리되어 있다.

● 시장지향성의 3가지 다른 측면이 신제품과 마케팅 프로그램 창의성의 4가지 요소에 미치는 영향과 최종적으로 3가지 측면의 신제품 성과에 미치는 영향에 대해서 검증함으로써 중요하고 흥미로운 결과의 패턴을 찾아내었다.

● 고객지향성을 높이면 고객에게 더 유용하고 가치가 있는 신제품(예: 빠르고 용량이 큰 반도체칩)과 마케팅 프로그램(예: 할인 혜택)에서 창의적인 아이디어를 개발할 수 있다. 따라서 고객지향성은 신제품 의미성을 높이고 마케팅 프로그램의 의미성을 향상시킨다.

● 고객들은 자신들이 가지고 있는 제품에 대한 자부심과 만족도를 유지하려는 내성이 있기 때문에 독창적인 새로운 제품의 아이디어를 인정하기를 꺼려한다. 따라서 고객지향성이 신제품 독창성을 낮춘다.

● 경쟁자의 동향과 활동 사항을 긴밀히 모니터하는 회사들은 경쟁자와 차별화된 독창적인 제품과 프로그램의 개발에 집중하다 보니, 정작 더 유용하고 가치 있는 제품들을 제공하는 데는 관심을 소홀히 하는 경향이 있다. 따라서 경쟁사지향성은 신제품 독창성을 높이고 마케팅 프로그램의 독창성을 향상시키는 반면 신제품과 마케팅 프로그램의 의미성에 아무런 영향을 미치지 않는다.

● 다른 부서와의 융합과 교류를 중요시하는 회사 내에서는 다기능의 신제품 개발팀 내의 멤버들이 서로 불합리하고 의미 없는 아이디어들을 체크하고

제거하는 역할을 하기 때문에 유용성과 가치를 높이는 신제품과 마케팅 프로그램을 개발하게 된다. 그러나 다기능 부서 간의 융합이 잘 되는 신제품 개발팀에서는 개인적으로 친해진 다른 팀원들에 대한 의존도가 높아지고 새로운 제품 아이디어를 낼 때 동료들의 아이디어에 의존하여 독창적인 생각을 줄이게 되는 '집단사고(group thinking)'와 '사회적태만(social loafing)'의 딜레마에 빠지게 된다. 따라서 다기능 부서 간의 융합은 신제품 의미성을 높이고 마케팅 프로그램의 의미성을 향상시키지만 이와 반대로 신제품과 마케팅 프로그램의 독창성에는 전혀 영향을 미치지 않는다.

● 신제품과 마케팅 프로그램의 독창성은 신제품의 성과에 영향을 주지 않았지만, 신제품과 마케팅 프로그램의 의미성은 시장적 성과, 재무적 성과, 그리고 질적인 성과를 향상시킨다. 따라서 회사가 재무적 성과, 마케팅 성과, 정성적 성과가 높은 제품을 개발하기 위해서는 독특하고 튀는 독창성보다는 유용하고 가치가 있는 의미성이 높은 아이디어를 창출하도록 인적, 물적, 재무적 자원을 투자하여야 한다.

　　실무적인 시사점을 제공하는 것에 앞서 본 연구는 창의성 측면에 커다란 이론적 틀을 제공하고 있다. 본 연구에서는 창의성을 독창성과 의미성의 두 가지 하부차원을 통합한 하나의 상위 개념으로 보기보다는 독창성과 의미성을 두 개의 분리된 차원임을 통계적인 검증 작업을 통해서 밝혀내었다. 또한 마케팅 프로그램의 창의성과 제품의 창의성을 구분 지어 연구 조사가 진행되었다. 제품의 창의성은 제품의 품질, 스타일, 디자인 요소 등의 개발에 유용한 역할을 하지만, 마케팅 프로그램의 창의성은 의미 있고 독창적인 광고, 홍보, 프로모션과, 가격과 유통 정책 등을 통해서 실행단계에서 신제품을 상품화하고 상용화하는 데 큰 도움을 준다.

　　본 연구는 회사의 경영진과 임직원들에게 다음의 실무적 시사점을 제공한다. 첫 번째로, 경영자들은 시장지향성이 창의성을 향상시키는 만병통치약(panacea)이라고 생각하기보다는, 시장지향성의 여러 다른 요소가 창의성의 두 가지 다른 차원에 어떠한 효과를 미치는지에 관한 평가를 균형 있게 해 보아야 한다. 다시 말하면, 우리는 혁신을 가져다줄 핵심 결정 요인으로 창의성을 고려함에 있어서 독창성과 의미성의 두 개의 차원으로 구분하여 시장지향성과의 관계를 살펴보아야 한다. 기업이 고객의 소리에 귀 기울여 반응하고, 다기능 부서 간에 정보 공유를 위해 활발하게 소통하려고 노력할 때, 기업은 독창적인 것보다는 의미 있는 제품과 프로그램을 제공하는 경향이 있다. 반대로, 경쟁자의 활동을 항시 모니터하려고 노력하는 기업은, 보다 획기적이고 독특한 속성에 초점을 맞추어서 독창적인 제품과 프로그램을 제공하려는 경향이 있다.

　　두 번째로, 신제품의 성공은 신제품과 마케팅 프로그램의 독창성 측면보다는 의미성 측면으로부터 영향을 더 크게 받는 경향이 있다. 신제품과 마케팅 프로그램의 차별화된 효과를 살펴봄으로써, 우리는 기업이 성취하려는 재무/마케팅의 목표를 성취하기 위해서는 독창성보다는 의미성이 더 큰 도움이 된다는 것을 실증적으로 확인할 수 있었다. 본 연구의 분석에서 밝혀진 바와 같이, 창의성과 신제품의 성공 간에는 유의미한 관계가 있는데, 이는 신제품과 마케팅 프로그램의 창의성을 구성하는 두 차원 중에서 독창성 측면이 아닌 의미성 측면이 신제품 성공에 강력한 영향을 줌으로 인한 것임을 아는 것이 중요하다.

세 번째로, 혁신자의 딜레마로 유명한 하버드의 크리스텐슨 교수(Christensen, 1997)의 주장과 일관되게 우리 연구에서는 첨단기술기업(high-technology firms)에서는 소비자 지향성이 신제품을 위한 독창적인 아이디어를 제공하는 데 오히려 해가 될 수 있음을 확인하였다. 결론적으로 이 연구에서 독창성이 신제품 성과의 세 가지 측면에 영향을 거의 미치지 못하였기에 소비자 지향성이 독창성에 미치는 부정적인 영향은 제품의 성과에 큰 영향을 미치지는 않는다고 할 수 있다.

네 번째로, 본 연구에서는 마케팅 프로그램의 창의성보다는 신제품의 창의성이 신제품 성공에 영향을 미칠 가능성이 더 크다는 것을 밝혀냈다. 실증 연구의 결과에서 신제품의 독창성과 의미성이 마케팅 프로그램의 독창성과 의미성보다 시장적, 재무적, 질적 제품 성과에 미치는 영향이 더 크다는 것을 확인할 수 있었다. 이는 소비자들이 신제품 구매 시에 마케팅 프로그램의 창의성보다는 신제품의 창의성에 적용되는 참신하고 의미 있는 아이디어를 더 중요한 핵심 요소로 인지하는 경향이 있다는 것을 의미한다.

다섯 번째로, 첨단기술기업에서는 마케팅 프로그램의 창의성이 신제품의 창의성을 도와서 신제품이 시장에 효과적으로 출시되고 판매가 확대되도록 돕는 유의미한 중요한 역할을 함을 알아야 한다. 많은 제조업체가 R&D 를 통한 신제품 개발에 더 많은 자금과 인력을 투자하려는 경향이 강하지만, 시장에서 제품의 차별화된 정착을 위해서, 창의적인 마케팅 프로그램을 위한 기업의 자원 투자의 중요성을 간과해서는 안 된다. 제품이 처음 시장에 소개될 때, 고객들은 신제품의 창의성을 단순히 그 제품에 포함된 창의적인 기능과 특성뿐만 아니라 해당 제품과 관련된 마케팅 프로그램의 창의성을 통해서도 평가한다. 예를 들어 애플 아이팟의 창의성에 대한 인지는 이를 최초 출시할 때 사용한 독특하고 유의미한 검은 실루엣의 모델이 흰 아이팟을 들고 있는 광고와 홍보 방법이나, 유통과 가격정책을 통해서 형성될 수 있었다는 것이다.

결론적으로, 이 연구에서는 고객지향성과 다기능 부서 간의 융합이 창의성의 두 개의 차원 중에서 의미성을 통해 신제품의 성공을 이끈다는 것을 발견하였다. 한편, 고객지향성은 신제품 독창성을 오히려 감소시키는 역할을 하지만 독창성은 궁극적으로 신제품 성과에는 영향을 미치지는 않는다. 또한 경쟁사 지향성은 창의성의 측면 중 독창성에 유의미한 영향을 미침에도 불구하고 신제품 성과에는 영향을 미치지 못하였다. 더 나아가, 우리는 시장지향성이 신제품 성공에 미치는 직접적인 영향보다 의미성을 통해 미치는 간접적인 영향이 더 지배적이라는 것을 발견하였는데, 이는 창의성의 의미성 측면이 시장지향성과 신제품 성과 간의 관계를 매개하는 역할을 한다는 주장을 뒷받침할 근거가 된다.

제3장

단순함으로
승부하라.
실패하는 시장
개척자 vs
성공하는 시장
모방자

전기차의 성공, 구호 요란한 테슬라 vs 니즈 파악한 닛산 (DBR): 왜 닛산이 초기에 더 성공하였는가?[5]

01

1 시장 개척자와 시장 모방자, 누가 더 성공할 가능성이 높을까?

위의 질문에 답하기 위해서, 최근 최신 디지털 기술을 활용해 혁신적인 서비스나 제품을 개발한 기업들의 사례를 보면 전자가 훨씬 더 성공 가능성이 높아 보인다. 실제로 학계에서 수행한 실증에서는, 새로운 산업을 만들고 새로운 시장을 만들어 시장의 표준과 규정을 만들어내고 시장을 선점할 수 있는 시장 개척자(파이오니어)들이 더 성공할 확률이 높다는 의견이 지배적이다. 구글, 우버, 에어비앤비, 아마존과 같은 기업이 시장 개척자로서 오랜 시간 경영계 선두를 유지했던 IBM, 3M, GE와 같은 전통 블루칩 기업들의 영향력을 능가하는 것만 봐도 납득이 간다.

그러나 최근엔 이 의견에 반론을 제기하는 사람들이 늘어나고 있다. 일명 퀵 팔로어라고 불리우는 시장 모방자들이 오히려 시장 개척자들보다 시장에

---

5   임수빈 황장석(2019) 동아 비즈니스 리뷰(DBR), January, Issue 1 DBR No.264. 111-113
    황장석 작가: 전 동아일보 기자. 정치부, 사회부, 문화부 기자로 근무했다. 2012~2013년 스탠포드대학교 후버연구소 객원연구원을 역임했다. 실리콘밸리에 거주하며 한국 언론을 통해 실리콘밸리와 IT기업 소식을 전하고 있다. 2017년 실리콘밸리의 과거와 현재를 조명하고 미래를 조망한 책 〈실리콘밸리 스토리〉를 냈다. 기술변화와 그에 따른 사회변화에 관심을 갖고 글을 쓰고 있다.

서 성공할 확률이 높다는 것이다. 후발주자들은 새로운 상품이나 서비스에 대한 고객의 니즈를 더 깊게 이해하고 있기 때문에 자신들이 개발한 새로운 기술이나 서비스에만 집중해 고객의 니즈를 간과할 수 있는 선발주자보다 훨씬 더 유리한 위치에 있다고 보는 것이다.

그 핵심 요인은 '단순함'이다. 후발주자들은 복잡한 요소들을 모두 버리고 소비자들이 원하는 핵심 요소에 집중해 선발주자보다 더 경쟁력 있는 제품을 만들어낸다. 아직 사용자나 고객을 안정적으로 확보하지 못한 상태에서는 조직과 제품을 단순화하고 효율적으로 운영하는 것이 매우 중요하다. 필자는 시장 모방자가 시장 개척자를 이긴 고전적인 사례를 다음과 같이 열거하고 심층 분석해 이 주장을 증명해보려 한다.

① PDA 전자수첩: 팜 파일럿(Palm Pilot) vs 애플 뉴턴(Newton)

시장 개척자가 실패한 사례를 설명할 때 빼놓을 수 없는 사례가 바로 1993년 애플사가 야심차게 내놓은 신제품 애플 뉴턴이다. 뉴턴은 당시 애플 최고경영자였던 존 스컬리(John Scully)가 심혈을 기울여 개발, 출시한 제품인데 이는 최초의 PDA(Personal Digital Assistant, 전자수첩) 성격의 기기라고 볼 수 있으며, 스마트폰의 효시라 볼 수 있을 정도로 혁신적인 전자제품이었다. 뉴턴은 컴퓨터를 통해 사람들이 하는 가능한 많은 업무를 손바닥 안에서 할 수 있는 디바이스를 만들자는 취지에서 시작됐다. 실제로 이 기기를 사용해 전화번호, 주소록, 메모 기능, 스케줄 관리 등의 수첩의 기능뿐 아니라, 당시 PC에서나 가능했던 워드, 엑셀, 계산기 등의 프로그램도 탑재되었고, 현재 우리에게 익숙한 전자펜 기능도 포함되어있을 만큼 당대의 혁신적인 기술들이 대거 반영됐다.

아쉽게도 뉴턴은 성공하지 못했다. 뉴턴은 고객 입장에서 생각하지 않은 엔지니어 중심의 제품이었다. 소비자들이 어떻게 하면 편리하게 이용할 수 있을지보다는 어떻게 하면 더 많은 기능이 들어가도록 기술을 구현할 수 있을지에 더 관심을 두었다. 문제는 당시의 소비자들이 이 전자수첩에서 구동 가능한 모든 기능을 원하지 않았다는 것이다. 그 당시의 소비자들은 단순히 기존의 수첩 사용 시 불편을 느꼈던 스케줄 관리, 주소록과 전화번호부 관리를 효율적으로 할 수 있는 간단한 디바이스를 원했을 뿐이다. 이에 반해 뉴턴은 당시의 컴퓨터에서 구현했던 지나치게 다양한 기능을 제품에 포함시켰기 때문에 사용이 오히려 복잡했다. 설상가상으로 전자펜과 디바이스를 연결하는 사용자 인터페이스(UI, user interface) 기능도 제대로 작동이 되지 않아 제품 품질의 완성도마저 떨어졌다. 따라서 소비자들이 복잡하고 불편하다고 느끼는 기계를 600달러나 주고 선뜻 사긴 어려웠다. 결국 뉴턴 프로젝트는 실패하게 되고 스컬리가 애플에서 해고되는 큰 빌미를 주게 되었다. 스컬리 사퇴 이후 1997년 애플에 복귀한 스티브 잡스는 뉴턴을 애플의 비즈니스 포트폴리오에서 완전히 제거했다.

반면 1996년 출시된 3Com의 팜 파일럿(Palm Pilot)은 뉴턴의 복잡함을 제거하고 소비자가 원하는 기본적인 기능만을 살려 성공했다. 오랫동안 전자펜 기술을 핵심역량으로 키우던 이 회사는 애플 뉴턴의 출시를 주시하였고, 실패 사례를 보면서 전자펜의 공학적인 문제뿐만 아니라 고객이 원하지 않는 과도한 기능을 탑재한 뉴턴의 복잡성을 해결해야 함을 시장조사를 통해 쉽게 알아내게 되었다. 그래서 이 회사는 제품의 단순함과 전자펜의 성능향상에 초점을 두고 팜 파일럿을 개발하게 되었으며, 팜 파일럿은 달력으로 된 스케줄 관리, 주소록과 전화번호부, 해야 할 일 목록, 일반 메모 등 4개의 기능을 구현하는 버튼만으로 구성되어서 당대의 고객들이 꼭 필요하다고 생각하는 수첩의 기능을 충실히 수행할 수 있는, 소비자들의 마음에 쏙 드는 매우 단순한 기기였다. 또한 이 회사는 자회사의 주력품이던 전자펜 기술을 활용하여, 전자펜과 단말기 필기인식 사용자 인터페이스 기능도 원활히 사용할 수 있었다. 당시에 종이 수첩을 이용해서 일과를 관리하던 주고객들은 이 기기에 쉽게 적응했고, 복잡한 비즈니스 스케줄이나 업무 관리를 심플하게 바꾸고자 하는 자신들의 니즈도 충족했다. 이 회사는 HP로 인수된 후에도 2007년까지 꾸준히 팜 시리즈가 출시될 정도로 인기가 높았다. 미국에선 여전히 PDA와 팜이 동의어로 쓰일 정도로 그 파급력은 대단했다. 신제품을 개발한 파이오니어는 애플의 뉴턴이었지만 혁신적인 제품으로서 시장을 리드하는 위치는 퀵팔로어로 후발주자인 팜 파일럿이 차지한 것이다.

소셜 네트워크:
② 페이스북(Facebook) vs 식스디그리즈(Six Degrees)

다음으로 소셜 네트워크 서비스(SNS)의 선두주자인 페이스북의 사례로 넘어가보자. 페이스북이 폭발적으로 성장하기 전, 원조 SNS 기업은 따로 있었다. 물론 혹자는 이때 페이스북을 훨씬 앞섰던 2003년 한국에서 시작된 싸이월드(CyWorld)나 2004년 미국 실리콘밸리에서 시작한 마이스페이스(MySpace)를 떠올릴지도 모르겠다. 하지만 이보다 훨씬 더 먼저 시작한 SNS 기업이 존재했다. 1997년 초 뉴욕에서 시작한 식스디그리즈(Six Degrees)라는 회사다. 이 회사는 6단계(Six Degrees of separation)를 거치면 세상 사람 모두가 연결된다는 의미를 지닌다. 변호사 출신 창업자인 앤드류 와인라이크(Andrew Weinreich)는 웹사이트를 만들어 지인이나 가족이 웹사이트에 또 다른 지인이나 가족을 초대하는 형식으로 가입자를 늘려나갔다. 친밀도에 따라 메시지나 게시 내용을 볼 수 있는 권한도 분류했다. 이렇게 세를 확장한 식스디그리즈는 1999년 기준 350만 명의 회원을 모집할 수 있었고 1억 2,500만 달러에 Youth Stream Media Networks라는 회사에 매각됐다. 하지만 매각 이후 불과 1년 만에 식스디그리즈는 조직 내부의 비효율과 복잡한 업무 프로세스를 해결하지 못해 폐업 수순을 밟았다.

사실 페이스북을 포함한 많은 후발주자들은 식스디그리즈의 방식을 차용해 회원을 모집하고 웹사이트를 활성화하려고 노력하였고, 이 방식으로 큰 성공을 거뒀다. 그런데 원조격인 식스디그리즈가 3년 만에 문을 닫게 된 이유가 무엇일까? 조직 및 업무 프로세스의 복잡성을 제대로 관리하지 못했기 때문이다. 우선적으로, 이 회사가 공들여서 만든 웹사이트가 고객들에게 복잡하다고 인식이 되어서 무용지물이었던 것이다. 그 당시에 대부분의 인터넷 사용자들은 다이얼 모뎀을 사용하고 있던 터라 지금과 같이 인터넷 속도가 빠르지도 않고 많은 데이터 양을 한꺼번에 받기도 어려운 시절이어서, 빠르게 회신을 주고받아야 하는 소셜 네트워크 서비스의 특성을 지원할 인터넷 서비스의 인프라가 잘 구축되지 못했던 것이었다. 특히 식스디그리즈에서 마련한 사진 업로드 서비스가 큰 문제로 부각되었다. 디지털 카메라를 사용하는 사람도 별로 없던 시대에 식스디그리즈가 요구한 사진 업로드 기능은 고객들에게는 그야말로 귀찮은 일이었다. 그래서 사용자들은 이 웹서비스를 이용하는 것이 매우 불편하고 복잡하다고 여겼다. 오죽하면 와인라이크가 대안으로 인턴들을 활용하여 회원들이 보낸 사진을 스캔해서 업로드하는 서비스까지 생각해 냈지만 회원들이 사진을 찍고 메일로 보내는 것 자체도 복잡한 일이었다. 결국 당시의 기술 수준으로 신속하게 지원할 수 없는 과도한 사양으로 구축된 이 웹사이트는 사용자와 회원들에게 불편을 주었고 점차 그들로부터 외면받기 시작했다. 이 웹서비스는 일반 사용자와 회원들이 본인들이 지닌 디바이스로 즐길 수 없는, 겉으로만 세련되고 고도화된 무용지물이 되어버렸다.

또 다른 문제는 스타트업 성격이 강했던 식스디그리즈의 고비용 구조에 있었다. 우선 인건비가 문제였다. 창업자가 제품 서비스의 성공에 대해 지나친 자신감을 갖고 독선적으로 판단하여, 창업 성공 신화를 믿고 단기간에 너무 많은 사람을 고용해 한때 이 작은 창업기업에 일하는 직원이 100여 명이 넘는 수준까지 이르렀다. 게다가 과도하게 많은 비용을 들여 인프라 투자를 한 것도 문제가 됐다. 일반적으로 신생기업이 하지 않는 불필요한 스펙을 포함한 서버를 사들이고, 보통 창업기업이 하는 자체 웹개발도 직접 하지 않고 위탁하면서 수백만 달러를 써서 외주를 주었고, 오라클과 같은 대기업의 비싼 소프트웨어 라이선스를 사들였다. 물론 사업을 확대하기 위한 인프라 투자는 필요하다. 그러나 창업회사의 잠재력과 시장 확장성을 넘어가는 과도한 투자는 회사의 존립 자체를 위태롭게 할 수밖에 없었다. 혁신 서비스나 제품을 개발하는 스타트업 회사는 제품을 구매하거나 사용하는 일정 수준 이상의 고객을 확보할 때까지 스스로 R&D에서 오는 고비용 구조를 버텨내야 한다. 그러기 위해선 조직을 과도하게 늘리거나 필요 이상의 인프라를 투자해 회사를 비효율적으로 운영하는 것을 경계해야 한다. 식스디그리즈는 이 원칙을 제대로 지키지 못해 회사 내 재무적 부담을 감당하지 못하게 되어 역사의 뒤안길로 가게 된 것이다.

반면 식스디그리즈의 실패를 보고 배운 이후에 등장한 페이스북을 선두로 한 2세대 SNS기업들은 극도의 효율성을 추구했다. 저렴한 서버를 사용해 비용을 아끼고, 소프트웨어 프로그램도 오픈소스 프로그램을 위주로 사용했고, 아웃소싱 비용도 최소화하면서 투자를 늘려 가며 비용을 안정화시키고 성공하게 되었다.

③ 스마트폰: 블랙베리 vs 아이폰

다음 예에서 시장 개척자가 제품의 복잡성과 불확실성 때문에 실패하고 시장 모방자가 위험을 감소하여 성공한 다른 사례를 소개해 보려고 한다. 스마트폰의 효시에 관한 견해는 분분하다. LG전자가 출시했던 터치 스크린 폰인 프라다폰(Prada Phone)을 스마트폰의 시작으로 보는 견해도 있지만, 명실상부하게 많은 기능을 통합하는 스마트폰으로 출시된 휴대폰은 캐나다 리서치인모션(Research In Motion)사의 블랙베리(BlackBerry)이다. 이 회사는 1996년에 당시에 의사나 의료계 종사자들이 응급용으로 쓰던 삐삐(pager)를 대중화해서 생산하는 회사로 시작하여, 1999년에 삐삐를 포함한 휴대 전화를 처음 시장에 도입했고, 2002년에 이미 휴대 전화의 기능에다 무선 인터넷, 이메일, 문자 등을 할 수 있는 다기능의 블랙베리 모델(BlackBerry 850)을 출시하여, 긴급상황이 많은 의사뿐 아니라 촌각을 쪼개서 쓰는 변호사들이 많이 사용하여, 많은 사람들에게 변호사 폰으로 알려지기도 했다. 이 휴대폰은 시장 개척자로서 전화 이외의 많은 기능을 구현할 수 있는 플랫폼으로 스마트폰의 효시가 되었다. 이 휴대폰이 변호사 폰이라고 알려진 또 다른 측면에는 제품이 데이터 보안을 강조하고 쿼티키를 이용한 키보드 자판을 사용하여 소비자의 효율성과 생산성을 제고하였기 때문이기도 하지만, 기기가 복잡하여 기기 사용법을 배우려면 변호사같이 복잡한 업무를 다루고 해결하는 직업군의 소비자가 적합하다는 것을 빗대어 이야기한 측면도 있다. 이 휴대폰이 대중화가 시작되면서 많은 인기를 끌기 시작했으나, 2003년 이후에 노키아, 모토롤라, 삼성, LG의 전통적인 사양의 휴대폰과 경쟁하면서 인터넷 팩스와 같은 더욱 복잡한 사양과 기능을 추가시켰다. 하지만, 제품이 추가 사양과 기능을 용이하게 사용할 수 있는 인터페이스를 제공하지 못하고 사용자 친화적이지 않은 블랙베리 자체의 복잡한 운영체계를 고집하면서 대중의 인기를 잃기 시작하여 하향세를 타게 된다.

당시에는 휴대폰 회사들이 차별화를 위해서, 어떻게 해서든 다양하고 복잡한 사양을 추가해서 부가가치를 높일 수 있을지 고민하고 경쟁하던 휴대폰 시장의 춘추전국 시대였는데, 이 복잡해져 가는 휴대폰 시장에 역발상으로 승부수를 던진 것이 아이폰이었다. 2007년 1월에 샌프란시스코 모스코니 센터(Moscone Center)에서 출시 이벤트를 열고 세상에 빛을 본 이 제품은, 당시의 경쟁사와 블랙베리가 추구하던 더 많은 버튼과 스위치를 통해 많은 사양을 추가하여 구동할 수 있는가 하는 경쟁 트랜드의 역발상으로 홈 버튼 하나로 모든 사양을 구동할 수 있는 간단한 앱 기반의 운영체제를 활용하여 스티브 잡스의 모토인 미니멀리즘을 구현한 스마트폰이었다. 아이폰이 새로운 사양으로 포함한 홈버튼은 기기를 켜고 끄는 심플한 기능밖에 없지만, 켜진 상태에서는 터치 스크린에 나타나는 앱을 사용하여 기존에 사용하고 있던 전화 기능과 텍스트, 음악 재생, 위치추적, 이메일, 무선 인터넷 등 기존의 랩탑이 구현하던 수많은 기능을 수행할 수 있게 만들어져서 미니멀리즘으로 최대의 효용과 효과를 낼 수 있는 제품이었다. 실제로 이 제품은 획기적인 사양이나 기능을 탑재한 첨단 기술을 기초로 개발한 혁신품이 아니었으며, 기존에 있던 사양과 기능을 잘 조합하여 편리하게 사용할 수 있게 하는 운영체제를 만들고 터치 스크린 상의 앱을 구동시키는 단순한 아이디어를 바탕으로 한 사용자의 편의를 최고의 가치로 두고 개발된 스마트폰이었다. 특히 아이폰은 블랙베리가 중점을 두었던 키보드 자판의 복잡성을 제거하기 위해 손가락 터치를 인식하는 인터페이스에 중점을 두고, 터치의 민감성 때문에 나오는 오타를 줄이기 위해서 손가락으로 터치하는 글자를 확대해서 보여주는 사양을 추가하여 고객 편의성의 향상을 도모하였다. 지금 돌아보면 최근에 시장에 나와 있는 휴대폰의 대부분이 아이폰을 벤치마킹해서 만든 스마트폰이기 때문에 많은 사람들이 아이폰을 스마트폰의 시장 개척자로 생각하기 쉬우나, 아이폰은 스마트폰의 효시라고 볼 수 있는 블랙베리가 시장 개척자로서 만들어 놓은 텃밭에서 자란 제품으로 디자인의 최소화와 제품의 간편성과 용이성에 중점을 두어 큰 수확을 거두어 애플을 주식 시장 시가 총액이 가장 큰 회사로 키운 시장 모방자였다.

실무적 시사점

혁신품을 내놓는 파이오니어가 성공하는 경우는 비일비재하게 많이 찾아볼 수 있다. 전통적인 소비재 중에는, 3M의 스카치 테이프나 포스트잇, 코카콜라가 그러하며, 스마트 디지털 혁신을 이끌고 있는 애플의 아이패드, 애플워치와 가전제품의 새 장르를 개발한 LG 스타일러(Styler)와 딤채가 리바이벌로 시작한 김치냉장고도 여기에 해당된다.

이 글에서는 시장 개척자(파이오니어)가 내어놓은 혁신적 제품이었던 애플 뉴턴, 식스디그리즈와 블랙베리가 실패하고 흔히 퀵 팔로어라고도 부르는 시장 모방자였던 팜 파일럿, 페이스북과 아이폰이 성공한 사례를 통해 혁신적이고 첨단 기술에 의존한 신제품이나 신서비스가 왜 실패한 케이스가 되었는지 그 이유를 살펴봤다. 우리는 위의 예를 통해서 소비자는 현재 소유하고 있는 제품에 만족하려 하고 획기적인 아이디어를 탑재한 신제품을 수용하지 않으려는 관성의 법칙에 따라 행동하기 때문에 고객의 소리(Voice of Customer)를 반영하지 않고 지나치게 세상을 앞서간 혁신적인 제품을 내어서 실패한 케이스를 살펴보았다. 신제품 개발을 회사 성공의 핵심으로 고려하는 경영진과 매니저들은 고객은 항상 단순하고 쉽게 사용할 수 있는 간편한 서비스나 제품을 추구하고 새로운 기술과 사용법을 배우기를 꺼려하는 속성이 있어서 첨단 기술로 복잡하고 혁신적인 신제품을 내세우는 시장 개척자가 항상 성공하는 것이 아니라는 것을 잘 알아야 한다. 또한 시장 개척자가 내어놓는 혁신적 신제품은 고비용 개발비 구조하에 생산되고 제품군에 관한 생산 인프라와 제품 판매와 상용화의 생태계를 구축해야 하며 앞서가는 복잡한 첨단 제품에 대하여 수용의사가 낮은 고객들이 신제품에 대하여 이해할 수 있도록 안내와 홍보를 해야 하는 부담이 있음을 고려해야 한다. 그래서 시장 개척자는 새로운 기술을 기반으로 한 신제품뿐만 아니라, 신시장을 안정적으로 장악하기 전까지 스스로 버텨야 하는 재정적 뒷받침이 있어야 성공할 수 있다.

이와 반대로, 첨단 기술개발을 하기에 역부족인 후발주자는 시장 개척자가 소비자를 교육시키고 유통채널을 안정시키는 데 투자하는 역할에 도움을 받아서 오히려 더 쉽게 안정된 성공을 성취할 수 있다. 특히 시장 모방자는 R&D 비용에 대한 부담이 적어 제품 가격을 낮추기가 쉽고, 친근감과 편의성이 높은 제품을 출시하고, 제품을 소개하는 광고와 홍보의 부담이 적기 때문에 이들 기업이 시장에서의 위험도를 낮추고 고객의 수용 의사를 높여서 더 안정된 매출을 이끌어낼 수 있음을 알아야 한다.

혁신적인 상품을 내놓는 시장 개척자(파이오니어)가 성공하는가, 아니면 시장 개척자들이 위험을 감수하고 시장을 구축한 후에 진입하는 시장 모방자(퀵 팔로어)가 성공하는가에 대한 답은 무엇일까? 혁신전략의 대가인 챈디와텔리스 교수(Chandy & Tellis)의 역사적 사례 실증 고찰(historical analysis)에 의하면, 그래도 혁신품을 내놓는 시장 개척자(파이오니어)가 모방하는 제품을 내놓는 시장 모방자(퀵 팔로어) 기업보다 성장 속도가 빠르고 성공할 확률이 높다는 결론을 내고 있다. 하지만 기술개발비가 부족하고 자본과 자원이 부족한 시장 모방자들이 시장 개척자의 높은 장벽에 자괴감을 느낄 필요는 없다. 시장 개척자는 제품군의 모든 인프라와 제품 생태계를 개척해야 하고 고객들에게 제품의 개념에 대해서 알리고 교육시켜야 하는 부담이 있기 때문에 분명 예상치 못했던 장벽에 부딪힐 수밖에 없고, 이러한 시장 개척자의 단점을 잘 살펴보고 보완하는 제품을 개발 출시하는 시장 모방자들은 시장 개척자보다 오히려 장기적으로 안정적인 성장을 도모할 수 있음을 주시하여야 한다. 시장 모방자들의 성공을 위한 핵심 단서는 '단순한 서비스, 단순한 기능의 제품, 단순한 조직'에 있고 단순화를 통한 차별화를 제공해야 하는 쉽지 않은 과제가 있음을 명심해야 할 것이다.

미세먼지, 전기차에서 답을 찾자: 중국에서 성공한 전기 자동차[6]

필자는 실리콘밸리에 가면 항상 들르는 곳이 있다. 스탠포드 대학이다. 스탠포드 대학은 교육과 연구의 질 모두 세계 최고의 대학이라고 하는 하버드 대학과 쌍벽을 이루고 있으며, 스탠포드를 중심으로 한 창업교육이 실리콘밸리의 창업 생태계를 이끌어 간다는 점에서 세계에서 가장 혁신적인 대학교이다. 스탠포드 대학은 실리콘밸리의 중추로서 전통적으로 HP, 구글, 야후 등의 우량기업과 최근에는 스냅챗, 인스타그램 등의 미국을 이끄는 혁신적인 신생기업들의 창업을 돕고 성공까지 이끈 창업 신화의 진앙지이다. 게다가 쭉쭉 뻗은 야자수가 도열해 있는 팜 드라이브를 축으로 로댕 조각공원과 메모리얼 교회의 웅대함으로 대표되는 캠퍼스는 세계에서 가장 아름다운 캠퍼스 중의 하나로 명성을 떨치고 있다. 아름다운 캠퍼스와 최상급의 교육 인프라를 갖춘 스탠포드 대학은 세계의 인재들이 선망하는 대학이고, 방문객의 입을 벌어지게 하고, 세계에서 몰려드는 관광객들에게 감탄을 자아내게 하고 있다.

---

6   임수빈, 동아일보 2018-11-20 연재

출처: https://www.forbes.com/sites/michaeltnietzel/2023/07/07/stanford-university-graduate-work-ers-vote-to-unionize/?sh=738d3bcf4e59

이 글에서는 필자는 스탠포드 내에서 최근에 몇 년 동안 바뀌었지만 많은 사람이 채 눈치채지 못한 인프라 측면에 대해서 이야기해보려 한다. 광활한 캠퍼스에서 주변의 기차역과 캠퍼스 인근 타운에 있는 스탠포드 소속 건물이나 사무실과 연결해 주는 마가리트(Margarite)라는 빨간 띠를 두른 버스에 관한 이야기이다. 멀리서 봐도 디자인이나 이미지가 깨끗하고 독특하여 전기 버스라는 것을 쉽게 알 수 있고 '100% 전기차'라는 레이블을 볼 수 있다. 언젠가 차를 운전하고 가다가 한 대의 마가리트 버스를 따라서 학교로 향한 적이 있는데 그때 익숙하지 않은 'BYD'[7]라는 버스 회사의 로고가 눈에 띄었다. 필자는 그 로고를 보고 무심코 전기차를 선도하는 테슬라의 자회사이거나 전기차 기술을 가지고 있는 실리콘밸리 회사이겠거니 생각하고 지나갔는데, 그 이후에 학교 버스 차고지를 거쳐 가다가 거의 사십 대의 버스가 모두 그 로고가 적혀 있는 동일한 브랜드임을 발견하고 이 브랜드에 대해서 궁금증이 생겨서 찾아보게 되었다.

---

7   https://en.wikipedia.org/wiki/BYD_Auto

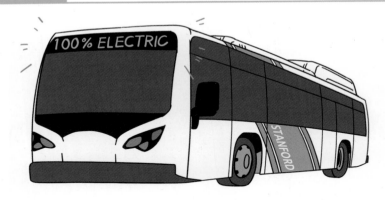

　　놀랍게도 이 회사는 '비야디(BYD)'라는 중국의 전기 자동차 회사였는데 나중에 알고 보니 오마하의 현인 워렌 버핏(Warren Buffet)이 그 잠재력을 파악하고 발 빠르게 투자한 회사였다. 중국이 인공위성이나 드론 등의 첨단기술에서 한국을 앞선 부문이 늘어나고 있고 G2로서 우리의 많은 산업을 추월하고 있다는 소식을 듣는 것이 어제오늘의 일은 아니지만, 전기자동차가 가장 발달되고 상용화된 미국 실리콘밸리의 핵심인 스탠포드 대학에 중국 회사가 최첨단의 전기 버스를 대량으로 공급했다는 것은 놀라운 일이다. 비야디는 배터리 회사로 시작한 모회사에서 2003년 전기차 회사로 독립 설립해서 전기차의 최강자로 자리매김한 회사로, 2013년 자동차 평가의 권위지인 J. D. Power의 조사에서 최고의 품질의 전기차로 뽑히기도 하였고, 2016년에는 10만 대 이상 출시하여 세계 최대의 플러그인 전기자동차 회사에 선정되기도 하였다. 필자는 중국의 전기차 회사인 비야디의 성공을 보고 우리가 걱정하는 미세먼지 문제를 전기차에서 해결할 수 있지 않을까 하는 생각이 들어 전기차에 대하여 이야기하려 한다.

　　우리는 오래전부터 중국의 사막화 현상으로 초래된 황사 시즌을 봄에 한때 왔다가 금세 지나가는 수준으로 생각하며 살아왔다. 그러나 이렇게 눈에 보이지 않는 하찮은 먼지로만 인식되던 미세먼지가 발암성이 있어서 사람들의 건강을 위협한다는 사실이 알려지면서 우리 국민들은 중국산 미세먼지 때문에 패닉 상태까지 가고 있다. 실제로 좋지 않은 공기로 인한 아토피 피부염에 민감해 있던 부모들은 폐에 부착되어 떨어지지 않는 미세먼지에 관한 불편한 진실을 듣고 나서부터 아이들을 밖에서 놀지도 못하게 하고 학교에서도 실외 체육수업을 자제하는 등, 온 나라가 비상 상태이다. 대한민국은 한때 아파트 공화국 소리를 들었지만 이제 공기청정기 공화국이 되어 가는 것 같다. 국내에서 발견되는 미세먼지의 상당량은 세계의 굴뚝인 중국에서 발생하며 편서풍을 타고 황사를 동반하여 한반도에 들어오는 것은 자명한 사실이다. 이처럼 중국발 산업 매연과 생활 매연이 황사와 함께 한반도로 날아오기 때문에 최근 심각해진 미세먼지의 원인을 중국의 산업화라고 생각하고 있다.

서울대학교 환경대학원 김호 교수 연구팀에서 이미 중국 대기의 미세먼지 성분이 국내의 미세먼지 성분과 일치함을 밝혀내었기 때문에, 중국에서 날아오는 미세먼지를 줄이는 것이 국내 미세먼지 문제 해결에 중차대한 해결책임은 의심의 여지가 없다. 따라서 중국 공장에서 나오는 배기 매연을 정화하여 미세먼지 발생을 근본적으로 차단하게 하는 정부의 외교적 노력이 필요하다. 하지만, 아직 한반도의 미세먼지 중에서 얼마나 많은 양이 중국에서 날아온 것인지 얼마나 많은 양이 국내에서 발생한 것인지를 정확히 알 수 있는 연구가 없다. 또한, 미국과의 무역만큼 중국과의 무역이 많아지고 이에 따라 중국에 대한 경제 의존도가 높아지고 있는 대한민국 현실에서, 미세먼지 정화에 필요한 공동의 노력을 위해 중국에 비용 분담을 하라고 주장하기는 쉽지 않은 상황이다. 그렇다면 우리는 우선적으로 국내에서 발생하는 미세먼지를 줄이기 위해 어떠한 대책을 마련해야 할까 고민해 보고, 국내에서 발생하는 미세먼지를 정화시키는 자구책이 필요하다고 본다. 그럼 국내에서 우리가 할 수 있는 일은 무엇인가? 최근 국내 뉴스에서 산업단지 쪽이 다른 지역보다 미세먼지 농도가 통계적으로 유의할 정도로 높다는 보도를 하면서 그 원인을 공장에서 나오는 매연 때문이 아니라, 공단에 출입하는 디젤 화물 자동차의 매연 때문이라고 하였다. 대한민국에서 대부분의 SUV가 디젤차이고 대부분의 택시가 LPG차인데 특히 디젤차의 불완전 연소에서 나오는 검은 그을음은 미세먼지의 원흉으로 알려져 있다.

우리가 공장의 인프라나 산업의 구조를 크게 건드리지 않고 미세먼지 문제를 해결할 수 있는 가장 좋은 방법 중 하나는 전기 자동차를 상용화하고 보급하여 미세먼지를 동반한 매연을 감소시키는 것이다. 필자는 1990년대 신입사원으로 서울 시내 경복궁 근처에 있던 하이닉스의 전신인 현대전자 사무실에 다닐 때를 기억한다. 와이셔츠를 하루 입으면 목 주변이 시커멓게 되어 한 번 입고 나서 바로 세탁을 해야 했다. 그러나 2000년대를 거치면서 서울과 대도시의 공기는 현격히 좋아졌다. 그것은 시민들이 이용하는 발인 버스가 디젤에서 천연가스(LNG)로 바뀌면서부터이다. 승용차, 승합차와 상용차를 모두 천연가스차로 바꾸면 미세먼지의 문제가 상당히 해결되지 않을까 하는 생각이 들지만, 천연가스의 공급과 분배에 관한 인프라 시스템을 구축하는 것이 쉽지 않

아서 비용대비 효과가 크지 않다. 그 대안으로, 현재 상용 트럭과 SUV 자동차가 많이 쓰는 디젤이나 택시가 많이 쓰는 LNG를 휘발유로 바꾸는 정책과, 궁극적으로 휘발유 자동차의 상당수를 전기 자동차로 바꾸는 민관의 노력이 필요하다. 디젤은 휘발유보다 최근까지 국내에서 가격이 저렴하게 공급되지만, 불완전 연소에서 나오는 그을음 때문에 도시공해의 한 축으로 비난받아 왔고 국내에서 발생하는 미세먼지의 근원이 되어 왔다.

한편, 전기차는 전기료가 비교적 비싼 우리나라에서도 휘발유 정유 비용의 9분의 1의 비용으로 운영할 수 있고, 감속 시 에너지를 회수하여 에너지 효율을 휘발유 차보다 3배나 올릴 수 있는 등의 많은 장점이 있는데 그중에 가장 주목해서 보아야 하는 것은 주행 중에 배기가스 배출을 하지 않아서 휘발유의 불완전 연소에서 나오는 그을음이나 이산화탄소, 질소 등의 매연 배출이 없다는 것이다. 물론, 전기차는 충전소가 부족하고, 충전 시간이 오래 걸리며 한 번 충전으로 갈 수 있는 거리가 제한되는 문제가 있고 배터리의 방전과 교체에 대한 문제 등도 해결해야 하지만, 궁극적으로는 환경 오염을 유발하는 휘발유 자동차를 대체하는 친환경차로서 자리 잡을 것이 명약관화하다. 세계 자동차 시장을 이끄는 미국에서도 전기차는 2018년 8월에 미국 전체 자동차 시장의 2.1%의 시장점유율을 넘길 정도로 전기차는 아직은 도입기에서 성장기로 가는 단계에 있다. 국제 에너지 기구(International Energy Agency)의 리포트는 2030년까지 전기차가 세계 시장에 1억 3천만 대 정도 팔리게 되어 전체 시장의 30%의 시장점유율을 차지할 것으로 전망하는 것에서 잘 드러나듯 앞으로 전기차가 자동차 시장의 변화에 큰 획을 그을 것이라는 것은 누구도 부인할 수 없게 되었다. 미국에서는 전기 자동차 시장을 선도하고 있는 일론 머스크(Elon Musk)라는 비전제시자(visionary)가 이끄는 테슬라가 모델 S(전기차 세단), 모델 X(전기차 SUV), 모델 3(전기차 중형 세단)와 모델 Y(전기차 소형 SUV)를 차례로 성공시키면서, 2008년 리먼 사태 이후 몰락해 가는 디트로이트 자동차 산업의 패러다임을 바꾸어 미국의 자동차 산업을 부활시키며, 쉐보레도 볼트(Chevy Bolt)와 같은 대중적인 전기차가 만들어져 인기를 끌고 있다.

사진 6 테슬라 3

사진 7 테슬라 Y

민간 기업 주도로 전기차 개발과에 앞장선 미국과는 다르게, 중국은 정부
의 주도로 도시공해를 줄이고 유류에 대한 의존도를 낮추려는 절박한 노력으

로 전기차 개발과 상용화에 집중 투자를 해왔고, 2019년에 이미 미국보다 많은 전기차를 생산하는 전기차의 선도 국가가 되어 있었다. 중국 정부는 보조금 지급을 통해 전기 자동차의 연구개발과 생산을 독려할 뿐 아니라, 적절한 정책으로 소비를 촉진하여 전기차의 상용화를 선도하는 나라이다. 고급 자동차 산업을 선도하는 독일을 축으로 유럽에서도 전기차 시장의 확충을 예상하고 고급차인 벤츠(Mercedes Benz), 비엠더블유(BMW), 아우디(Audi) 등의 회사에서 전기차의 개발과 상업화에 총력을 기울이고 있다. 유럽 전체의 전기차 판매도 올해에 지난해보다 40% 이상 증가하여,[8] 한 해 판매량이 백만 대를 돌파해서 전기차 시장에서 중국과 미국과 어깨를 나란히 하고 있다. 일본도 차별화된 전기차 개발에 집중하여 닛산 리프와 도요타 프리우스를 앞세워 대중적인 중저가 전기차 시장을 공략하고 있다.

안타깝게도 국내에서는 전기차의 중요성과 세계적인 추세에 대한 인식이 늦어짐에 따라 정부 주도하에 전기차에 대한 정책을 세우고 전기 충전소 같은 인프라를 포함한 생산, 관리, 유지의 생태계를 구축하는 것이 늦어졌고 기업 차원에서도 전기차의 개발, 생산, 상용화를 위한 전략적 접근이 다른 나라보다 많이 뒤처지게 되었다. 이처럼 전기차 시장에 큰 관심이 없었던 국내에서도 늦은 감은 있으나, 하이브리드용 기아 솔을 개발 판매하고, 2018년 5월부터 기아자동차의 니로와 현대자동차의 코나 일렉트릭이 전기차 시장에 발을 들이게 된 것은 고무적인 일이다. 특히 최근 미국 유수의 CNET 등의 매체에서 코나를 최근 최고의 인기를 몰고 있는 테슬라 3의 3분의 1 가격에, 한 번 충전에 300km 이상을 갈 수 있는 중소형 전기차 시장을 주도할 수 있는 차로 호평하고 있는 것은 고무적인 일이다. 하지만 지금까지 우리의 휘발유 자동차에 관한 핵심기술을 도용해 간 중국을 비난해 왔지만, 우리는 전기차 시장에서 후발주자로서, 우리보다 훨씬 앞서서 전기차를 개발하고 미국 같은 세계 주요 시장에

---

8 "유럽, 전기차 100만대 돌파…상반기 판매 40%이상 '급증'" 연합뉴스, 2018.8.27

서 상용화를 이루어 낸 중국으로부터 전기차의 핵심기술을 배워와야 하는 일이 생길까 우려하지 않을 수 없다. 자동차 산업에서 후발주자로 출발하였지만 미래의 추세를 잘 예측하여 전기자동차 산업을 선도하게 된 중국과 달리, 한국이 세계 6대 자동차 생산 국가이지만 미래의 핵심기술을 파악하지 못하여 전기자동차 산업에서 밀려나는 일이 발생하면 안 될 듯하다.

| 사진 8 | 기아자동차의 니로 |

| 사진 9 | 현대자동차의 코나 일렉트릭 |

다시 친환경 캠퍼스를 추구하는 스탠포드 대학 이야기로 돌아가려 한다. 스탠포드 경영대학원은 2011년에 동문인 나이키의 필 나이트(Phil Knight) 회장으로부터 거액의 기부를 받아 오랜 숙원이었던 새 경영대학원 복합단지를 개관하였고 이를 나이트 경영 센터(Knight Management Center)라고 명명하였다. 이 빌딩에는 지하 4층짜리 지하 주차장이 있는데 그 입구에 써있던 경고글을 본 적이 있다. "이 주차장에는 발암물질이 있습니다(This lot may contain arsenic air)"라는 경고문이었다. 새로 지은 건물이라도 지하 주차장에 휘발유와 디젤이 뿜어낸 암을 유발하는 독성물이 있음을 경고하는 것이다.

대한민국은 언제부터인가 미세먼지 때문에 패닉 상태다. 필자도 주변의 권유로 최근에 휴대폰에 설치한 미세먼지 농도 경보 앱을 보고 그날그날 산책을 할지 말지 고민해 보는 새로운 버릇이 생겼다. 지난봄에는 다행히 하루가 멀다 하고 비가 와주어서 미세먼지에 대한 걱정 없이 지나겠다 싶었는데도, 미세먼지 경고는 비만 그치면 계속 나쁨-아주 나쁨-최악을 벗어나지 못하면서, "외출하지 마세요"라는 경고문을 토해내었다. 대한민국 전체가 미세먼지가 암을 유발한다는 이유로 미세먼지에 지나치게 민감해져 있지 않은가 싶다. 중국에서 날아오는 매연만 탓하지 말고 그 근본적인 해결책을 국내에서 발생할 수 있는 미세먼지의 원인을 줄이는 데에서도 찾아야 할 듯하다. 위에서 살펴본 전기 자동차의 많은 장점 중에 우리가 직면한 문제를 해결할 수 있는 가장 중요한 장점은 전기 자동차 사용을 통해 디젤이나 휘발유에서 나오는 미세먼지의 원흉인 그을음이나 이산화탄소, 질소 등의 매연가스 배출을 현격하게 줄일 수 있다는 점이다. 필자는 전기자동차의 사용이 미세먼지의 모든 문제를 해결한다고 생각하지는 않지만, 단거리 이동이 많고, 심한 교통체증으로 초래된 대기 오염이 많은 국내 상황에서, 전기자동차 상용화 및 보급이 미세먼지에서 유발하는 상당한 문제를 해결해주리라 믿으며 이 글을 맺고자 한다.

제4장

혁신팀에서의
창의성

신제품 혁신팀에서의 창의성에 영향을 미치는 선행요인 및 후속결과[9]

C-Suite Summary

제품 혁신개발팀의 핵심적인 혁신활동은 창의적인 아이디어를 내고 이를 실제 제품으로 만들어 실현시키는 것이다. 제품혁신 과정 중 퍼지 프론트 엔드(fuzzy-front-end)라고 불리는 방향이 불명확한 제품개발 전반부(즉, 실현가능한 제품들의 콘셉트를 전반적으로 도출하고 평가하고 분석하는 단계)에서는 창의적인 아이디어의 발굴이 중요함에도 불구하고, 그동안 제품혁신팀에서의 창의성에 영향을 미치는 선행요인 및 후속결과에 대한 이해가 부족한 상황이었다.

본 연구는 쉐인과 얼리치(Shane and Ulrich, 2004)의 혁신에 대한 조직설계 관점을 바탕으로, 창의성이 신제품 개발팀의 역학(Dynamics)과 제품의 경쟁우위 사이에서 매개역할을 담당할 수 있는지 조사하고자 하였다. 본 연구는 팀 내부와 외부의 역학이 신제품 창의성과 마케팅 프로그램 창의성에 미치는 영향을 살펴보는 동시에, 신제품 창의성과 마케팅 프로그램 창의성이 전략적 혁신의 결과로서 제품의 경쟁우위에 미치는 영향에 대해 조사하는 모

---

9   IM, Subin, Mitzi Montoya-Weiss, and John Workman(2013), "Antecedents and Consequences of Creativity in Product Innovation Teams." Journal of Product Innovation Management, 30 (1); 170-185.

제4장 혁신팀에서의 창의성

델을 개발하였다. 임수빈과 워크만(Im and Workman, 2004)의 연구와 동일한 데이터를 사용하였으며, 구조방정식을 이용하여 실증적으로 가설 검증이 이루어졌다. 참고로 연구에서 사용한 변수에 대한 용어의 정의는 논문 4장의 100쪽부터 포함되어 있다.

실증분석 결과, 팀의 역학이 창의성의 두 가지 차원인 독창성(Novelty)과 의미성(Meaningfulness)에 다르게 영향을 미친다는 점이 드러났다. 예를 들어, 신제품에 대한 새롭고 독특한 아이디어를 모으는 발산적 과정을 통해 영향을 받는 신제품 독창성은 '시장성과 기반 보상체계' 및 '신제품 기획과정의 공식화'와 같은 팀 외부 요소의 영향을 주로 받는다. 반면에, 적합하고 적절한 아이디어를 통합하는 수렴하는 과정을 통해 영향을 받는 신제품 의미성은 '사회적 결속력''초월적 정체성'과 같은 혁신개발팀 내부의 요인에 의해 지배적인 영향을 받는다.

그리고 마케팅 프로그램의 독창성은 사회적 결속력, 초월적 정체성, 신제품 기획과정의 공식화, 최고 경영진의 위험도 감수 장려책(Encouragement to take risks)에 의해서 결정되는 반면에 마케팅 프로그램의 의미성은 사회적 결속력과 신제품 기획과정의 공식화에 의해 영향을 받았다. 특히, 사회적 결속력과 창의성의 관계에서는 딜레마가 생기는데 다기능 부서 간의 융합이 잘 되는 신제품 개발팀에서는 일반적으로 창의성이 높게 나타나지만, 사회적 결속력이 지나치게 되면 개인적으로 친해진 다른 팀원들에 대한 의존도가 높아지고 새로운 제품 아이디어를 낼 때 서로의 아이디어에 의존하여 독창적인 생각을 줄이게 되는 '그룹 사고(group thinking)'와 '사회적 태만(social loafing)'의 딜레마에 빠지게 된다.

결론적으로, 본 연구에서는 신제품과 마케팅 프로그램의 독창성과 의미성이 제품의 경쟁우위를 결정하는 데 중요한 매개역할을 한다는 점을 밝혔다. 또한 본 연구는 제품 혁신개발팀의 역학이 창의성에 미치는 영향에 대해 조사할 뿐만 아니라, 창의성을 전략적 혁신의 결과와 연결함으로써 관련 문헌에 존재하는 학문적 공백을 좁히는 데 기여하고 있다. 우리는 본 연구를 통해 창의적인 신제품과 마케팅 프로그램을 창출하기 위해 팀의 역학을 관리하는 회사의 능력이 경쟁환경에서 경쟁우위를 제공할 수 있는 동적 역량(Dynamic Capability)이 될 수 있다는 점을 보여주고 있다.

1 이론적 배경 및 모델 개발

본 연구는 신제품 독창성, 신제품 의미성, 마케팅 프로그램 독창성, 마케팅 프로그램 의미성을 창의성의 네 가지 개별 차원으로 개념화하고 있다. 우선 창의성을 신제품과 마케팅 프로그램의 두 가지 유형으로 구별하고 있는데, 여기에서 신제품 창의성은 신제품의 기술개발과 관련이 있고 마케팅 프로그램 창의성은 신제품의 상품화와 관련이 있다. 또한 본 연구는 창의성을 독창성(즉, 경쟁사와 대비하여 신제품이 고유한 차별성을 나타낸다고 인지되는 정도)과 의미성(즉, 경쟁사와 대비하여 신제품이 목표 고객에게 적절하고 유용하다고 인지하는 정도)의 두 가지 차원으로 식별하고 있다. 신제품 개발 맥락에서 창의성은 문제를 급진적으로 해결하기 위해 새로운 아이디어, 인센티브, 자극을 창출하려는 발산적 사고의 결과인 독창성과 문제를 점진적으로 해결하기 위해 의미, 이유, 논리를 제공하는 수렴적 사고의 결과인 의미성 간에 상호 보완적인 역할이 반영되어야 한다.

본 연구는 임수빈과 워크만(Im and Workman, 2004)의 확장 연구로서, 제품 매니저가 혁신개발팀이 조직 문화를 변화시켜서 창의적인 제품 및 마케팅 프로그램을 개발할 수 있도록 돕는 데 중점을 두었다.

본 연구는 제품개발의 조직설계 관점(Shane and Ulrich, 2004)을 바탕으로 혁신개발팀의 역학이 창의성에 영향을 미치고 창의성은 전략적 혁신결과에 영향을 미치는 모델을 제안하고 있다(그림 2 참조). 구체적으로, 이 모델은 혁신개발팀의 내부 및 외부 요인이 팀의 구조, 의사소통 역학, 팀의 특성을 좌우하여 신제품 및 마케팅 프로그램 창의성을 통해 제품의 경쟁우위에 영향을 미친다는 것을 보여준다.

| 그림 2 | 연구의 이론적 모형 |

① 창의성의 선행요인: 혁신개발팀 내부 및 외부의 역학

본 연구는 신제품 및 마케팅 프로그램 창의성에 영향을 미치는 선행요인으로 두 가지의 혁신개발팀의 내부적 역학 요인들(사회적 결속력 및 초월적 정체성)과 세 가지의 팀 외부적 역학 요인(시장성과 기반 보상체계, 신제품 기획과정의 공식화, 최고 경영진의 위험도 감수 장려책)에 중점을 두고 있다.

본 연구는 기존 연구(Ford, 1996; Woodman et al., 1993)의 주장처럼 팀 내부의 사회적인 요인과 팀 외부의 맥락적인 상황을 창의성의 중요한 선행요인으로 간주한다. 첫째, 소셜 네트워크 이론은 "서로를 잘 알고, 같은 종류의 기회를 가지고, 같은 종류의 자원에 접근하고, 같은 종류의 인식을 공유하는" 개별 행위자에 의해 지배되는 팀 내부 역학의 중요성을 제시한다(Burt, 1983, p. 180). 우리 연구모델은 혁신개발팀 내부적 특성의 감정적인 관점을 나타내는 '사회적 결속력'과 집단의 목표를 성취하기 위해 개인의 인지적인 관점을 조정하여 반영하는 '초월적 정체성'을 중요 선행요소로 포함하고 있다(Ford, 1996).

둘째, 팀 외부의 역학은 조직설계 및 구조적인 맥락의 영향을 반영한다. 우리 모델은 혁신개발팀의 창의성에 상당한 영향을 미치는 인센티브 시스템, 공식적인 구조, 고위 경영진의 지원도를 포함하고 있다(Brockman and Morgan, 2003; Brown and Eisenhardt, 1995; Ford, 1996; Hargadon and Sutton, 1997; Shane and Ulrich, 2004; Van de Ven, 1986).

1 사회적 결속력

사회적 결속력은 '제품혁신팀이 팀원들 간의 대인관계에서의 매력도와 동료애를 유지하는 정도'로 정의된다(Scott and Bruce, 1994). 팀의 사회적 결속력과 창의성에 관한 연구의 맥락을 살펴보면, 사회적 결속력은 종종 의사소통의 장벽을 허물고, 갈등을 해결하며, 사회적 유대를 통해 공유된 정보의 양을 증가시켜 창의적인 아이디어를 창출한다고 제안한다(Brown and Eisenhardt, 1995;

Ford, 1996; Scott and Bruce, 1994; Taggar, 2002). 빈번한 의사소통과 상호작용을 통해 형성된 소셜 네트워크는 팀이 의미 있는 자극에 대한 정보를 탐색하고 전파함으로써 발산적 대안을 창출하도록 돕는다. 또한 사회적 결속력이 높은 팀은 긴밀한 상호작용과 협력(e.g., Hargadon and Sutton, 1997)을 통해 부적절하고 관련 없는 아이디어를 내는 것을 방지하며 다양한 문제 해결을 제공하여 신제품 및 마케팅 프로그램의 의미성을 향상시킨다. 그러나 이와 반대로 사회적 결속력이 높은 신제품 개발팀은 오히려 창의적인 아이디어를 냄에 있어서 타인에게 크게 의존하는 사회적 태만함의 경향과 타인과의 갈등을 두려워해 새로운 아이디어에 대한 표현과 평가를 꺼려하는 저평가에 대한 근심, 그리고 타인의 생각을 경청하다가 자신의 창의적인 아이디어 내는 것을 오히려 중단하는 생산적인 생각의 차단 현상에 의해 부정적인 효과가 더욱 커질 수 있다는 것이다(Diehl and Stroebe, 1987).

따라서 본 연구는 사회적 결속력이 신제품과 마케팅 프로그램의 의미성은 향상시키지만 신제품과 마케팅 프로그램의 독창성은 향상시키지 않는다고 제안한다.

2 초월적 정체성

초월적 정체성은 '팀의 구성원이 자신을 자신이 속한 팀과 동일시하고, 팀의 중요한 목표에 집중하고 전념하며, 팀의 성공과 실패에 대해 이해관계를 느끼는 정도'로 정의된다(Mackie and Goethals, 1987; Sethi et al., 2001). 초월적 정체성은 협동과 공동의 목적을 장려하고, 대인관계와 협력을 통해 그룹 구성원 간의 갈등을 억제하며, 혁신개발팀이 프로젝트에 대한 통합과 방향을 제공하는 전체적인 관점을 개발하는 데 도움이 된다.

높은 초월적 정체성은 혁신개발팀 구성원을 혁신 프로젝트의 성공에 전념하도록 장려함으로써 서로 다른 기능적 과제(Van de Ven, 1986)를 통합하여 신제품 및 마케팅 프로그램에 대한 독특하고 독창적인 아이디어와 적절하고 유용한 아이디어를 모두 창출한다. 따라서 본 연구는 초월적 정체성을 창의성의 두 가지 다른 차원과 연관시키는 데 있어서 초월적 정체성이 신제품과 마케팅 프로그램의 독창성과 의미성을 모두 향상시킨다고 제안한다.

3 시장성과 기반 보상체계

시장성과 기반 보상체계는 '한 조직이 조직의 장기적인 시장성과 기반 결과에 영향을 미치는 요인에 따라 팀원의 성과를 평가하고 보상하는 인센티브 시스템'으로 정의된다. 조직이 경쟁자 및 고객에 대한 시장정보의 제공 또는 고객관계 및 고객만족에 대한 기여와 같이 장기적인 시장성과 결과에 따라 직원에게 보상하는 경우에는 직원이 신제품과 마케팅 프로그램에 대해 발산적이고 독창적인 아이디어를 창출하고자 하는 내재적 동기부여를 할 수 있다(e.g., Amabile, 1988; Amabile et al., 1996; Jaworski and Kohli, 1993). 시장성과 기반 보상체계는 위험하지만 독창적인 신제품 및 마케팅 프로그램 개발에 대한 혁신개발팀의 위험 인식을 낮추는 경향이 있지만, 유용하고 적절한 제품 및 프로그램을 개발하는 데 반드시 많은 재무적 위험이 수반되는 것은 아니기 때문에 의미성 차원에는 영향을 주지 않는다. 시장성과 기반 보상체계는 또한 직원들이 독창적인 아이디어를 탐색하고, 기술을 발전시켜 독창성을 향상시킬 수 있는 새로운 방법을 찾도록 서로 다른 기능을 수행하는 집단의 구성원들과 더 많이 의사소통을 하도록 동기를 부여할 수 있다.

따라서 본 연구는 시장성과 기반 보상체계가 신제품 및 마케팅 프로그램의 독창성에는 영향을 주지만, 의미성에는 영향을 주지 않는다고 제안한다.

4 신제품 기획과정의 공식화

신제품 기획과정의 공식화는 '신제품의 기획과정 동안에 팀의 활동과 관계가 규칙, 절차, 계약에 의해 좌우되는 정도'로 정의된다(Andrews and Smith, 1996). 높은 수준의 신제품 기획과정의 공식화는 혁신 관련 문제에 대해서 논리적 해결을 통한 합리성을 장려하기 위한 규칙, 규범, 규정을 부과한다. 그렇기 때문에 본 연구는 기획과정의 공식화가 높은 기업이 신제품을 개발하기 위해 독창적이고 의미 있는 아이디어를 확산시키는 데 필요하다고 생각하는 규칙과 절차를 벗어나기 어렵게 만든다고 예상한다. 공식화된 기획과정은 수렴적 사고를 강요함으로써 혁신개발팀이 신제품에 대한 독창적이고 다양한 아이디어를 창출하기 위해 획기적으로 사고하는 것을 방해한다고 여겨진다. 그래서 본 연구는 신제품 기획과정의 공식화가 신제품 독창성과 의미성에 부정적인 영향을 미칠 것으로 예상한다. 그러나 공식화와 마케팅 프로그램의 독창성 및 의미성 사이에는 긍정적인 관계가 존재할 것으로 기대된다. 마케팅 프로그램은 판촉, 가격책정, 유통과 관련된 다양한 활동을 구현하기 위해 잘 조직된 구조적 조정이 필요하다. 제품의 마케팅 및 출시와 관련된 복잡한 활동을 하기 위해서는 다기능의 여러 부서(즉, 디자인, 엔지니어링, 마케팅)의 구성원들은 자신들의 역할과 책임을 정하고, 수용 가능한 위험수준을 식별하며, 갈등관리를 위한 메커니즘을 개발하게 하는 등의 서로 간의 상당한 조정 및 협력을 필요로 한다. 그런 상황에서 기획과정을 공식화하려는 기업의 노력은 혁신개발팀이 마케팅 프로그램을 만드는 데 있어서 독창적이고 의미 있는 정보를 전달하는 데 도움이 될 것이다(e.g., Moenaeart et al., 1994).

따라서 본 연구는 신제품 기획과정의 공식화가 신제품 창의성에 부정적인 영향을 미치고 마케팅 프로그램 창의성에 긍정적인 영향을 미친다고 제안하고 있다.

5 최고 경영진의 위험도 감수 장려책

최고 경영진의 위험도 감수 장려책은 '최고 경영진이 혁신과 관련된 위험과 불확실성을 이해하고, 신제품 개발에서 직원들이 위험을 감수할 것으로 기대하고 장려하는 정도'로 정의된다(Amabile, 1983; 1988). 최고 경영자의 위험 감수 성향은 직원이 혁신개발팀에서 신제품 및 마케팅 프로그램에 대해 독창적이고 참신한 아이디어를 창출하도록 장려한다(Amabile, 1983; 1988; Amabile et al. ,1996; Cummings and Oldham, 1997; Woodman et al., 1993). 최고 경영진이 위험을 기꺼이 감수하고 실패를 정상적인 비즈니스 관행의 일환으로 받아들이면, 직원들이 신제품 및 마케팅 프로그램에 대한 독특하고 즉시 사용 가능한 아이디어를 떠올리기 위해 몰두하고 획기적으로 생각하고자 하는 경향이 높아진다. 이와 반대로, 최고 경영진이 위험을 싫어하고 실패를 용납하지 않으면, 직원들이 상당한 재무적 위험을 수반하는 새롭고 독특한 아이디어를 창출할 가능성이 적어지게 된다. 그러나 독특한 제품과 비교해서 의미 있는 제품과 프로그램은 재무적 위험을 적게 수반하기 때문에 경영진의 위험 감수에 대한 격려는 의미 있는 아이디어와는 관련이 없다.

따라서 본 연구는 최고 경영자가 위험을 감수하도록 장려하는 것이 신제품 및 마케팅 프로그램의 독창성에는 긍정적인 영향을 미치지만, 신제품 및 마케팅 프로그램의 의미성에는 영향을 미치지 않을 것이라 제안하고 있다.

2 창의성의 결과: 제품의 경쟁우위

우리의 연구모델에서는 신제품과 마케팅 프로그램의 창의성이 제품 경쟁우위를 직접적으로 향상시킨다고 가정하고 있다. 제품의 경쟁우위를 확보한다는 것은 고객이 한 기업의 제품과 서비스에 더 큰 가치를 인지하고, 고객이 경쟁사보다 그 기업으로부터 구매하게 되는 것을 의미한다(Song and Mon-

toya-Weiss, 2001; Song and Parry, 1997). 자원기반 관점이론에서 살펴보면, 창의
적인 아이디어를 무형자산으로 축적하는 기업의 능력은 고객에게 우수한
가치를 제공함으로써 제품 경쟁우위를 향상시킨다. 그래서, 조직적인 정보
로 축적된 창의성은 흥미진진하고 예상치 못한 제품과 프로그램을 창조하
는 핵심역량을 구축함으로써 기업의 제품 경쟁우위를 향상시킨다(Hargadon
and Sutton,1997).

따라서 본 연구는 창의성이 경쟁사 대비 품질, 비용 효율성, 차별화 면에
서 우수한 신제품 및 마케팅 프로그램을 제공함으로써 제품 경쟁우위를 향상
시킬 수 있다고 제안한다.

- 본 연구는 기업 내에서의 효과적인 지원, 통제 시스템, 그리고 조직구조의 개선을 통한 혁신개발팀 내부 및 외부의 역학에 대한 관리가 신제품 및 마케팅 프로그램 창의성의 차원을 다르게 향상시킬 수 있다는 결과를 제시하고 있다.

- 사회적 결속력은 신제품 의미성과 마케팅 프로그램 의미성에 긍정적인 영향을 미치지만, 신제품 독창성과 마케팅 프로그램 독창성에는 영향을 미치지 않는 것으로 나타났다.

- 초월적 정체성은 신제품 의미성과 마케팅 프로그램 독창성에 긍정적인 영향을 미치지만, 신제품 독창성과 마케팅 프로그램 의미성에는 영향을 미치지 않는 것으로 나타났다.

- 시장성과 기반 보상체계는 신제품 독창성과 마케팅 프로그램 독창성에 긍정적인 영향을 미치지만, 신제품 의미성과 마케팅 프로그램 의미성에는 영향을 미치지 않는 것으로 나타났다.

- 신제품 기획과정의 공식화는 신제품 독창성에는 부정적인 영향을 미치고, 마케팅 프로그램 의미성과 마케팅 프로그램 독창성에는 긍정적인 영향을 미치는 것으로 나타났다. 그러나 신제품 기획과정의 공식화가 신제품 의미성에는 영향을 미치지 않는 것으로 나타났다.

- 최고 경영진의 위험도 감수 장려책은 마케팅 프로그램 독창성에는 긍정적인 영향을 미치지만, 신제품 독창성과 신제품 의미성 및 마케팅 프로그램 의미성에는 영향을 미치지 않는 것으로 나타났다.

- 신제품 독창성과 의미성은 제품 경쟁우위를 향상시키는 반면에, 마케팅 프로그램 독창성과 의미성은 제품 경쟁우위에 영향을 미치지 못한 것으로 드러났다. 즉, 신제품 독창성이 신제품 성과를 직접적으로 향상시키지는 못하지만, 신제품 성공의 중요한 선행요인인 제품 경쟁우위를 통해 신제품 성공에 간접적인 영향을 미칠 수 있기에 신제품 매니저들이 신제품 독창성을 무형자산으로 관리할 필요가 있음을 보여준다.

실무적 시사점

본 연구는 다음과 같은 실무적 시사점을 제공한다.

첫째, 본 연구결과는 사회적 결속력이 신제품 및 마케팅 프로그램의 독창성에 기여하지 않지만, 신제품 및 마케팅 프로그램의 의미성에는 기여하고 있다는 것을 밝혔다. 이 결과는 더 높은 수준의 사회적 결속력을 가진 팀은 긴밀한 상호작용과 협력을 통해 비효율성과 부적절함을 제거하기 때문에 (Hargadon and Sutton, 1997), 신제품(예: 더 빠른 컴퓨터용 프로세스 칩) 및 마케팅 프로그램(예: 할인을 통한 더 나은 판촉)을 위해 더 가치 있고 유용한(즉, 의미 있는) 아이디어를 제공한다는 것을 보여준다. 그러나 예상대로 사회적 결속력은 신제품과 마케팅 프로그램을 위해 독창적인 새로운 아이디어를 창출하는 과정에는 영향을 미치지 않았다. 사회적 결속력이 높은 팀은 잠재적으로 창의적인 아이디어를 도출함에 있어서 타인에게 크게 의존하는 사회적 태만 경향을 보인다. 또한 사회적 결속력이 높은 팀은 타인과의 갈등을 두려워해 새로운 아이디어에 대한 표현과 평가를 꺼리며 타인의 생각을 경청하다가 자신의 창의적인 아이디어를 내는 것을 오히려 중단하는 생산성 차단현상을 보인다. 따라서 더 높은 수준의 사회적 결속력을 가진 팀은 신제품 및 마케팅 프로그램의 독창성에 더욱 부정적인 영향을 줄 수 있다(Diehl and Stroebe, 1987). 그래서, 이러한 부정적인 경험을 겪는 혁신개발팀은 신제품 및 마케팅 프로그램을 위한 독창적인 아이디어를 창출하지 못할 수 있고, 이로 인해 신제품 및 마케팅 프로그램의 독창성에 대한 사회적 결속력의 긍정적인 효과가 상쇄된다고 추측된다. 이러한 결과는 매니저가 팀의 결속력이 창의성의 두 가지 차원에 대한 차별적인 효과가 있음을 인식하고 혁신개발팀 내에서 결속력 수준의 균형을 잡을 필요가 있음을 시사한다. 매니저는 팀의 결속력을 향상시키기 위한 여건을 만드는 동시에 지나친 결속력이 생겼을 때 이를 조정하는 역할을 해야 한다. 매니저의 핵심 관리 과제는 적정 수준의 사회적 결속력을 통해 의사소통의 장벽과 비생산적인 갈등을 식별하고 제거하는 것이며, 이는 효과적인 의사소통, 사회적 유대 정도, 팀의 시민의식을 통해 신제품 및 프로그램에 의미 있는 결과를 가져올 수 있다(Brockman and Morgan, 2003; Scott and Bruce, 1994; Sethi et al., 2001).

둘째, 초월적 정체성은 신제품 의미성과 마케팅 프로그램 독창성을 향상시키는 것으로 밝혀졌다. 본 연구결과는 높은 수준의 초월적 정체성을 가진 제품 혁신개발팀이 더 가치 있고 유용한 제품(예: 대용량 소형 컴퓨터 하드 드라이브)과 더 독창적이고 독특한 마케팅 프로그램(예: 눈길을 사로잡는 새로운 포장, 독특한 판촉전략)을 개발하는 경향이 있음을 보여준다. 혁신개발팀은 팀 내의 높은 정체성과 중요한 공통 목표달성에 대해 전력투구함으로써, 다기능 팀이 시장의 요구를 의미 있는 신제품(예: 작지만 큰 용량의 하드 드라이브)과 독창적인 마케팅 프로그램(예: 독특한 포장)으로 개발할 수 있도록 협업하고 공조할 수 있게 해준다. 이는 공통 목표와 비전에 대한 명확성과 강조가 조직 성공의 핵심 결정요인이라 밝힌 조직행동분야의 연구를 뒷받침한다. 신제품 혁신개발팀에 대한 중요한 관리 과제는 팀이 프로젝트 결과에 대해 긴급함을 인지하고, 분명한 주인의식을 갖도록 도움을 주는 것이다. 이는 프로젝트를 시작할 때, 개발팀들이 팀 정체성을 통합하고 개발할 수 있도록 하는 것이 특히 중요할 수 있음을 시사한다.

셋째, 시장성과 기반 보상체계는 신제품 및 마케팅 프로그램 독창성에 긍정적인 영향을 주지만, 신제품 및 마케팅 프로그램의 의미성에는 영향을 미치지 않는 것으로 나타났다. 본 연구결과는 기업 수준에서 널리 받아들여지고 있는 개념인 '혁신가의 딜레마(Christensen, 1997)'에 대해 추가적인 팀 수준에서의 창의성 기반 관점을 제시할 수 있다. 크리스텐센(Christensen)에 따르면, 성공적인 기성 제품을 보유하고 있는 기업은 고객에 대한 관심에도 불구하고 실패하기가 쉽다고 한다. 그러나 혁신개발팀 수준에서 살펴본 본 연구의 결과는 시장 친밀도가 실제로 신제품과 마케팅 프로그램의 독창성의 측면에 긍정적인 영향을 미치고, 이후 제품 경쟁우위로 연결될 수 있음을 보여준다.

넷째, 신제품 기획과정의 공식화는 신제품 독창성에 부정적인 영향을 미치고 신제품 의미성에는 유의미한 영향을 미치지 않았지만 마케팅 프로그램 독창성과 의미성에는 긍정적인 영향을 미치는 것으로 확인되었다. 본 연구결과는 프로젝트를 관리하는 관점에서 공식화된 제품 기획은 중요하지만, 규칙과 절차가 혁신 활동의 모든 측면에 동일하게 적용되어서는 안 된다는 것을 시사한다. 신제품 독창성에 대한 부정적인 효과는 공식적인 기획과정의 규칙과 같은 루틴, 규범, 절차가 신제품을 위한 독창적인 아이디어를 가로막는다는 제도 이론 관점(Institutional Theory, DiMaggio and Powell, 1983; Ford, 1996)을 뒷받침한다. 이는 역설적으로 혁신개발팀 구성원이 규범 및 규정 준수에 대한 걱정 없이 제품에 관한 새로운 아이디어를 창출할 수 있도록 매니저가 혁신과정 전반에 대한 실험적 접근방식을 장려하고 지원해야 함을 시사한다. 반면에, 제품 기획과정의 공식화는 마케팅 프로그램의 독창적이고 의미 있는 관점의 향상에는 직접적으로 기여한다. 이는 마케팅 활동이 신제품 개발 활동에 비해 평균적으로 조직 내에서 더 다양하게 분산되어 진행되기 때문에 어느 정도의 공식화가 필요함을 알 수 있다. 본 연구결과는 매니저가 마케팅 프로그램 설계 및 개발과 관련된 다양한 기능의 구성원 간의 상호 의존성과 복잡성을 조정할 수 있는 메커니즘을 마련할 필요가 있음을 시사한다.

다섯째, 본 연구의 가장 놀라운 발견 중 하나는 최고 경영진이 위험을 감수하도록 혁신개발팀을 격려하는 것이 신제품 독창성, 신제품 의미성, 마케팅 프로그램 의미성에는 영향을 미치지 않지만 마케팅 프로그램 독창성에는 긍정적인 영향을 미친다는 점일 것이다. 이는 위험감수에 대한 격려와 창의성 사이에 긍정적인 관계를 입증한 이전 연구들과는 상반되는 결과다(Amabile, 1983; 1988; Andrews and Smith, 1996). 이와 같은 결과는 최고 경영진이 위험을 감수하도록 팀을 장려하는 것이 제품 혁신개발팀에게 항상 분명하게 전달되지 않음을 나타낼 수 있다. 예를 들어, 본 연구에서는 위험감수 장려 수준을 평가한 프로젝트팀의 리더가 최고 경영자와 직접 소통할 가능성은 적기 때문에 최고 경영진의 격려에 직접 영향을 받지 않았을 수 있다. 만일 팀의 리더 대신 프로젝트 매니저를 대상으로 위험감수에 대한 장려 수준을 평가한다면 연구결과가 다를 수 있을 것이다. 이는 프로젝트 매니저가 최고 경영진의 혁신 방향과 팀을 이어주는 매개자로서 중요한 역할을 담당하고 있음을 짐작하게 한다.

마지막으로, 신제품의 독창성과 의미성은 제품 경쟁우위에 기여하지만, 마케팅 프로그램의 독창성과 의미성은 제품 경쟁우위에 큰 영향을 미치지 않는 것으로 밝혀졌다. 본 연구의 결과는 창의성이 제품 경쟁우위에 정말 중요한지에 대한 의문의 답으로, 매니저들은 제품 경쟁우위가 주로 마케팅 프로그램이 아닌, 신제품 독창성과 의미성에 의해 영향을 받는다고 해석할 수 있다는 점을 이해해야 한다. 이는 "첨단기술 기업에는 마케팅 프로그램의 창의성보다 신제품의 창의성이 상대적으로 더 중요하다"라는 임수빈과 워크만(Im and Workman, 2004)의 주장을 뒷받침한다. 이러한 결과는 시장에서 핵심 제품의 창의성이 마케팅 프로그램의 창의성보다 제품 경쟁우위에 더 많이 기여한다는 것을 의미하며, 핵심 제품의 창의성이 고객에게 두드러진 가치를 제공하는 주요 원천임을 시사한다. 따라서 창의적인 마케팅 프로그램에 대한 투자보다는 비용 효율성, 품질 개선, 제품 차별화의 향상으로 혁신에 대한 고객의 수용도를 증가시킴으로 제품 경쟁우위를 더 높여야 한다.

우리의 기대와는 달리, 마케팅 프로그램의 역할이 경쟁우위의 원천으로 강조되었음에도 불구하고 마케팅 프로그램의 창의성은 제품 경쟁우위에 직접적인 영향을 미치지 않았다. 이 결과는 제품 경쟁우위가 첨단산업 환경에서는 마케팅 프로그램 기반의 창의성이 아닌 제품 기반의 창의성에 의해 영향을 받는다는 것을 보여준다. 그러므로 매니저는 신제품 개발 과정에서 제품 경쟁우위를 향상시키기 위해 마케팅 프로그램 창의성보다 신제품 창의성의 역할이 더 중요하다는 사실을 인지할 필요가 있다. 따라서 매니저는 첨단산업에서 창의적인 광고, 판촉, 포장, 가격책정, 유통전략을 통한 마케팅 프로그램이 신제품의 제품차별화, 품질우위, 비용 효율성을 다루는 제품 경쟁우위에는 즉각적인 영향을 미치지 않음을 이해해야 한다. 아마도 이 결과는 소비재나 서비스와 같은 다른 산업에서 조사가 되었을 때는 다른 결과를 도출했을 것이라고 사료된다.

제5장

창의성 딜레마: 독창성은 매직박스인가?

신제품 창의성의 선행 조건과 및 결과:
한국, 일본, 중국회사를 중심으로[10]

C-Suite Summary

보스턴 컨설팅 그룹(Boston Consulting Group)은 연례 혁신 보고서에서 Apple을 10년 이상을 연속으로 세계에서 가장 혁신적인 회사로 선정했다(Ringel et al., 2015). Apple은 iPod에서 iPhone, iPad에서 MacBook Air에 이르기까지 놀라운 신제품 개발에 성공했으며, 독창적이고 사용자 중심의 혁신적 제품을 제공하기 위해 지속적으로 창의력을 강화하고 있다. 두 번째로 가장 혁신적인 회사로 최근에 회자되는 기업은 한국 기업인 삼성이다. 삼성은 다방면의 산업에서 창의적인 신제품을 개발하여 최근 몇 년간 획기적인 실적을 기록했다. 태블릿과 휴대폰을 결합한 최초의 '패블릿'을 포함한 스마트폰은 이 회사를 스마트폰 판매의 글로벌 리더로 만드는 데 도움을 주었고, 삼성은 또한 구부릴 수 있는, 휘는 초고화질 TV, 의료 기기 및 에너지 절약형 LED 기술, 새로운 홈 엔터테인먼트 제품을 설계하고 상용화한다(Wagner et al., 2013). 애플과 삼성 모두 창의적인 신제품을 시장에 소개하는 데 탁월한

---

10 Cheryl Nakata*, Gaia Rubera*, IM, Subin*, Jae Pae, Hyunjung Lee, and Naoto Onzo(2018), "New Product Creativity Antecedents and Consequences: Evidence from South Korea, Japan, and China," Journal of Product Innovation Management, 35(6), 939-959. (*Primary authors)

제5장 창의성 딜레마: 독창성은 매직박스인가?

능력을 가지고 있다. 그렇다면, 기업은 어떻게 창의적인 신제품을 개발하며 또한 어떻게 창의성이 반드시 시장에서 보상을 받을 수 있게 할 수 있을까? 즉, 신제품 창의성의 원동력이 되는 선행요소는 무엇이며 또한 과연 창의성이 제품의 성공을 보장할 수 있을까?

본 연구에서는 이러한 질문을 해결하기 위해 신제품 매니저를 대상으로 창의성의 주요 선행 요소와 그의 성과에 대한 설문 조사를 실시했다. 창의성과 관련된 신제품에 대한 선행 연구에서 간과되어 왔던 위의 두 질문에 답을 하기 위해서, 본 연구는 조직 문화(예: 시장 지향성), 리더십 요소(예: 최고 경영진의 신제품 개발 참여도 및 위험도 감수 장려책), 국가 문화(예: 세속주의 및 생존주의 문화)를 선행 요인으로 조사하고 신제품 성과를 결과요인으로 조사하였다.

본 연구의 목적은 이전 연구에서 간과되었던 창의성 딜레마의 복합적인 역학관계의 잠재성을 설명하기 위함이다. 기존 연구들은 창의성을 독창성과 의미성 두 가지 차원으로 구분하고 이 두 가지 측면의 선행 조건이 신제품 성과와 선형적인 관계가 있다는 것을 밝혀왔다. 그러나 본 연구는 독창성과 의미성의 선행요인과 성과와의 관계가 단순한 선형적인 관계를 넘어 비선형의 U자형이나 역U자형(∩) 관계일 가능성이 있다는 점을 제시하고 있다. 또한 기존 연구는 북미나 유럽 내의 단일 국가를 대상으로 창의성을 측정하여 왔다는 데 반해, 본 연구는 한국, 일본, 중국의 표본 데이터를 결합하여 극동 아시아라는 하나의 지리적 클러스터의 데이터를 구성하고 연구하였다. 본 연구에서 사용한 세속주의 문화와 생존주의 문화는 국가 문화를 대표하는 변수로서, 국가 문화의 영향을 측정하기 위해서는 개별국가가 아닌 결합된 지역의 데이터를 이용하는 것이 바람직하다(Inglehart and Welzel, 2005). 본 연구는 연구의 맥락에 적합한 인덱스 값을 기준으로, 극동권 3국 클러스터를 한 지역으로 간주하여 조사를 실행한 최초의 창의성 연구라는 가치를 지닌다.

실증 분석 결과, 고객 지향성, 다기능 부서 간의 융합, 최고 경영진의 신제품 개발 참여도, 세속주의 문화는 신제품의 의미성에 긍정적인 선형 효과가 나타났지만, 최고 경영자의 위험도 감수 장려책과 생존주의 문화는 신제품 의미성에 부정적인 효과가 나타났다. 반면, 다기능 부서 간의 융합, 최고 경영진의 신제품 개발 참여도, 고객 지향성은 신제품의 독창성과 역U자형(즉 말발굽형∩) 비선형 관계를 보여서 이러한 요소들은 적거나 많을 때보다 중간 정도로 관리할 때 신제품의 독창성을 향상시킨다는 것을 밝혔다. 세속주의 문화는 신제품의 독창성과 긍정적인 선형 관계를 가지는 반면, 생존주의 문화는 신제품의 독창성과 부정적인 선형 관계를 가진 것으로 나타났다. 마지막으로, 신제품의 의미성은 신제품 성과에 긍정적인 선형 효과가 나타났지만, 신제품의 독창성은 신제품 성과와 역U자형(말발굽형∩) 관계에 있는 것으로 나타났다.

결론적으로, 본 연구의 결과는 기존 연구가 제시하였던 독창성은 의미성에 비해서 신제품 성과에 큰 도움이 되지 않는다는 결과에 비해 비선형의 곡선 관계가 있다는 더욱 정확하고 역동적인 관계성을 발견함으로써, 이전 연구에서 찾을 수 없었던 창의성 딜레마에 대한 새로운 해답을 준다는 측면에서 주목할 만하다.

1 이론적 배경과 프레임워크

본 연구는 신제품 창의성의 선행요인이자 조직 문화 요인으로 세 가지 시장 지향성의 측면(고객 지향성, 경쟁사 지향성, 다기능 간의 융합)과 최고 경영자의 두 가지 리더십 특성(최고 경영진의 신제품 개발 참여도 및 위험도 감수 장려책) 그리고 두 가지의 국가 문화의 특성(세속주의 및 생존주의 문화)을 연구하였고, 그 결과 변수로는 신제품의 성과를 연구하였다. 다음은 연구 모델에 구성 요소에 대한 설명이다.

그림 3   연구의 이론적 모형

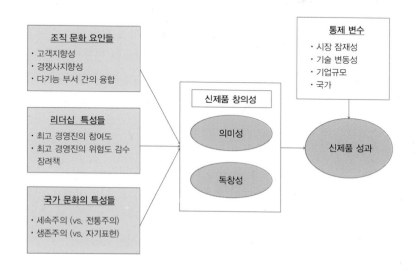

1 신제품 창의성

본 연구에서는 임수빈과 워크만(Im and Workman, 2004)의 연구와 같이, 창의성을 단일 개념으로 결합해서 보기보다는 독창성과 의미성을 별개의 개념으로 구별하여 연구하였다. 제품의 아이디어가 참신하고 독특할 뿐만 아니라 표적 고객에게 신제품의 의미성을 제공해야지만 해당 아이디어가 불합리하거나 기묘하다고 인지되지 않고 창의적인 것으로 인식된다. 따라서 본 연구는 매니저들이 신제품 성과를 극대화하기 위해 신제품의 독창성 또는 의미성 중에 어떤 것에 더 적극적으로 투자해야 할지의 여부를 결정하는 데 보다 유용한 정보를 제공한다.

② 조직 문화 및 최고 경영진 리더십 선행요인

창의성의 대가인 하버드 대학교 교수인 아마빌리(Amabile)는 복잡한 협력이 필요한 창의적인 행위를 꺼려하는 직원들을 변화시킬 수 있는 조직의 문화가 창의성의 가장 중요한 선행요소라고 주장한다(Amabile et al., 1996). 그렇기 때문에 본 연구에서는 조직 문화 요인으로 세 가지 시장 지향성의 측면(고객 지향성, 경쟁사 지향성, 다기능 부서 간의 융합)을 혁신적 노력을 추구하는 창의성의 선행요인으로 검토하였다. 임수빈과 워크만(Im and Workman, 2004)의 연구에서는 시장 지향성과 제품 창의성 간의 단순 선형관계를 조사하고 혼재된 결과를 보고하였었는데, 본 연구에서는 복잡한 관계를 설명할 수 있는 역U자형(∩)의 비선형의 관계를 조사하기로 했다.

아마빌리 교수는 조직 문화와 더불어서, 창의적인 부하 조직을 이끄는, 최고 경영진의 리더십이 창의성을 높이는 데 중추적인 역할을 한다고 주장하였는데, 특히 최고 경영자의 참여도와 위험 감수성향이 중요한 선행요소라고 밝혔다. 리더십이 일본이나 싱가포르 같은 아시아권 나라들에서도 혁신에 큰 영향을 미치는 중요한 요소로 연구되어 왔지만(Yagci, 1996; Engelen et al., 2013) 리더십 요인이 신제품 창의성에 미치는 영향은 상대적으로 간과되어 왔다. 그래서, 우리는 이 연구에서 두 가지의 리더십 특성, 즉 최고 경영진의 신제품 개발 참여도와 위험도 감수 장려책이 신제품 창의성에 미치는 영향에 대해서 연구하였다.

③ 국가 문화 선행요인

국가 문화가 혁신에 대해 현저한 영향이 있음은 공론화된 이론이 되었다(Nakata and Sivakumar, 1996). 회사의 직원들은 그들 주변의 사회를 반영하는 가치 체계, 성향과 사고 방식을 가지고, 어떻게 신제품 개발(NPD)을 수행할지 결정하게 된다(Henard and Szymanski, 2001; Tellis et al., 2009). 아마빌리 교수는 이러한 외부 환경이 창조성의 결과물에 영향을 미친다는 주장을 하였는데, 그럼

에도 불구하고 외부 환경 중 국가 문화가 제품의 창의성에 미치는 영향에 대한 연구는 부족했다. 국가 문화를 해석하기 위해 사용되는 가장 보편화된 방법 중 하나는 호프스테드의 연구(Hofstede, 1980; 2001)가 제안한 5가지 문화 요소를 국가별로 다르게 평가하는 방식이다. 그러나 호프스테드의 프레임워크는 국가 문화가 상대적으로 정적인 문화 요소에 의해 결정된다는 가정을 하고 있다는 점에서, 그 정확성에 대한 의문이 제기되었다(McSweeney, 2002; Triandis, 1993). 그 대안으로서 잉글하트(Inglehart) 연구팀에서(1997) 문화 이론을 기본으로 해서 국가 문화를 이해하는 것을 제안하였다. 잉글하트와 동료들은 기업의 관리자를 포함한 각계각층의 사람들을 대상으로 세계적 가치관 서베이(World Values Survey, www.worldvaluessurvey.org)를 수행하였는데 이는 가장 큰 규모의, 가장 포괄적이고 가장 장기적으로 지속하여 수행한, 인간의 가치 조사를 기준으로 해서 설문조사(Gaston-Bretong and Martin, 2011)한 것이다. 특히 이 서베이는 세계 인구의 85%를 대표하는 81개의 다른 국가에서 30년간 40만 개의 데이터를 통해서, 사회 가치의 변화를 동적으로 해석하는 데 도움이 되는 역사와 전통을 지니는 방법이다(Inglehart and Welzel, 2005). 이 연구는 엄밀한 방법론적인 검증을 거치고, 경영과의 관련성이 높은 것으로 알려진 잉글하트(Inglehart)의 이론과 방법론을(Steenkamp and de Jong, 2010) 처음으로 신제품 연구에 응용을 해보았다.

잉글하트는 취합한 데이터를 바탕으로 사회적 가치가 경제 발전, 특히 경제 현대화와 관련이 있다고 주장한다. 잉글하트가 제시하는 국가 문화의 특성을 표시하는 인덱스는 두 가지의 연속선상에 있는 문화의 진화를 대변하는데, 그 두 가지는 전통주의와 대비되는 세속주의 문화와 자기표현 문화와 대비되는 생존주의 문화이다. 전통주의 문화의 가치는 권위에 대한 높은 존중과 함께 종교가 종종 중심적인 역할을 하는 농업 사회의 문화와 관련이 있다. 이에 대비하여 생존주의 문화는 존재의 안전을 중시하고 물질주의에 대한 관심이 강한, 널리 퍼져 있는 문화이다. 사회가 산업화되어 가면서, 전통주의적 가치는 상대성과 개방성을 추구하는 세속주의 가치로 대체하게 된다(Inglehart and Baker, 2000). 이런 상황에서 개인의 자유 추구가 중시되는 자기표현 문화가 세속적 문화를 대신해서 성행하게 된다(Inglehart and Welzel, 2005). 그래서, 본 연구에서는 이전 연구들에서 고려하지 않은 국가 문화의 특성 중 세속주의 및 생존주의 문화가 신제품 창의성에 어떻게 영향을 주는지에 대해서 조사하였다.

④ 창의성의 결과로서의 신제품 성과

창의성의 잠재적인 결과로서 신제품의 성공의 지표가 되는 신제품 성과가 주요 관심사가 되어 왔다. 마케팅의 실무자와 학자들은 창의적인 신제품을 만드는데 들어간 자원이 과연 시장에서의 성공과 재정적 성과를 가져오는지에 관심이 많다. 이 문제를 다룬 연구에서는 아직도 혼재된 결과를 보여주고 있는데, 예를 들어 풀렌과 그의 동료들(Pullen et al., 2012)은 창의성이 성과에 중대한 영향을 미치지 않는다고 주장하였다. 한편, 임수빈과 워크만(Im and Workman, 2004)은 창의성 중에 의미성은 성과에 긍정적인 영향을 미치는 반면 독창성은 영향을 미치지 않는다고 결론지었다. 그리고 양과 리유(Yang and Liu, 2006)는 오히려 창의성이 성과를 저해한다는 것을 찾아내었다. 이러한 이전 연구에서의 혼재된 결과는 두 가지 이유에 기인한다. 첫째, 기존 연구는 창의성의 각 구성요소를 2개의 개념으로 구별하여 성과와 연결시켜야 한다는 권장사항을 따르지 않는다(Im, Montoya-Weiss, and Workman, 2012; Rubera et al., 2010). 둘째, 이제까지의 연구에서는 단순한 선형적인 관계의 효과만을 고려하였으며 더 복잡한, 즉 비선형적인 관계의 가능성은 고려하지 않았다. 특히 비선형 관계를 관찰하는 것은 긍정적이거나 부정적인 관계 중 하나만 고려하는 선형관계의 한계점을 극복하고, 동시에 나타날 수 있는 상반되는 긍정과 부정 관계의 역학을 고찰하기 위이다. 그래서, 이 연구에서는 창의성의 두 가지 측면을 분리하여 신제품 성과와의 차별적인 관계를 고찰하는 것과, 특히 선형적인 관계를 넘어선 비선형의 관계를 고찰하는 것이 충분한 가치를 제공한다는 것을 주장하고 있다. 따라서 본 연구는 창의성을 하나의 합쳐진 개념으로 보고 성과와의 간단한 선형적 관계만을 보던 기존 연구의 한계점을 극복할 수 있다.

2 연구 가설

1 조직 문화 선행요소

아마빌리(1996)는 새로운 아이디어를 중요한 가치로 여기고 현상 유지를 깨뜨리는 조직 문화가 창의성을 촉진한다고 가정한다. 이러한 창의성을 촉진하는 문화는 고객의 요구와 경쟁사의 약점을 잘 이해할 수 있고, 다양한 기능의 집단이 끊임없이 진화하는 시장의 요구를 받아들이려는 것을 가능케 하는데 그중 특별히 중요한 요구는 창의적인 신제품 개발에 관한 것이다. 시장 지향성의 세 가지 구성요소인 고객 지향성, 경쟁사 지향성, 다기능 부서 간의 융합은 혁신에 도움을 주는 것으로 알려져 있으나, 이 세 요소가 창의성에 미치는 영향은 임수빈과 워크만(Im and Workman, 2004) 연구에서와 같이 경우에 따라 다른 모호한 결과를 가져왔다.

1 고객 지향성

고객 지향성은 회사가 목표 고객에게 더 큰 가치를 제공하기 위해서 고객을 잘 이해하는 정도로 정의된다(Narver and Slater, 1990). 높은 수준의 고객 지향성은 기능성과 신제품 유용성의 측면에서 시장이 원하는 바를 구체화하고 고객의 목소리를 증폭시킴으로써, 구매자에게 더 적합한 신제품을 창조하는 과정에 도움이 될 수 있다(Christensen, 2006). 따라서 본 연구는 고객 지향성은 신제품의 의미성을 높이는데 기여할 것으로 제안하고 있다.

고객 지향성이 신제품의 독창성에 미치는 영향을 고려할 때, 고객 지향성이 점점 높아지면 처음에는 고객의 소리에 초점을 두고 혁신품을 내어놓는 등의 새로운 방법을 통해서 시장 선호도를 파악하는 것을 가능하게 한다. 이러한 고객에게 초점을 두는 전략을 통해 기업은 기존 제품보다 고객의 독특한 니즈를 만족시키고 더 높은 가치를 제공하는 신제품을 만들 수 있다(Chen, 2015). 그러나 고객 지향성이 특정한 임계점(변곡점)을 넘어서면, 즉 고객의 소리에 너무 지나치게 관심을 두게 되면 오히려 창의성을 해치게 된다. 고객과의 긴밀한 유대가 이미 시장에서 선호하는 표준으로 시야를 좁히는 역할을 할 수 있으며(Danneels, 2003), 고객에 대한 과도한 예속은 기업으로 하여금 새로운 제품의 기반을 형성하는 파괴적인 기술(disruptive technology: 기존 기술과 시장을 대체하여 전혀 새로운 산업과 가치를 창출하는 혁신 기술)에 대한 투자를 멀어지게 한다(Christensen and Bower, 1996). 따라서 고객 지향성은 독창성에 대한 기여를 처음에는 증가시키지만 임계점을 지나서는 감소시킨다고 제안하고 있다.

2 경쟁사 지향성

경쟁사 지향성은 경쟁사의 장단점을 식별하고 분석하여 경쟁사의 행동에 대응하는 기업의 능력과 의지로 정의된다(Narver and Slater, 1990). 경쟁사 지향성의 주요 목표는 경쟁 업체와 우리 회사의 제품을 차별화하여 시장 우위를 확보하는 것이다(Luo, Rindfleisch & Tse, 2007). 새로운 제품 사양이나 기능 또는 제품 가치를 통해서 고객에게 혜택을 제공하는 역할을 하는 제품 차별화는 고객 만족을 위한 가장 중요한 요소로 알려져 있다.

경쟁사 지향적인 기업은 경쟁제품을 벤치마킹하면서 자사 제품의 시장 매력도를 높이기 위해 기존 제품을 개선하거나 신제품을 만든다. 경쟁사의 바람직한 기능을 신제품에 통합하거나, 경쟁사보다 더 많은 기능을 제공하도록 제품을 구성하거나, 우수한 비용 성능을 제공하도록 신제품을 설계하는 등의 모든 방법은 고객에게 혜택을 줄 수 있는 제품의 의미성을 높이는 데 기여한다. 따라서 본 연구는 경쟁사 지향성이 높을수록 신제품 의미성이 높아진다고 제안하고 있다.

한편, 경쟁사 지향성은 신제품 독창성과의 관계에 있어, 처음에는 경쟁사 지향성이 올라가면서 경쟁사가 더 경쟁우위의 제품으로 승부한다는 것을 인식하게 되어 뒤지지 않으려고 경쟁사의 제품을 모방하게 된다. 경쟁사 지향성이 임계점(변곡점)에 도달하면 회사에서는 모방의 전략이 더이상 회사의 성장에 도움을 주지 못한다는 것을 인지하고 경쟁에 앞설 수 있는 독창적인 디자인 등을 통한 참신성이 높은 신제품 개발에 초점을 두게 된다. 특히 서양의 선도기업들을 따라잡기 위해 그들을 모방해왔던 극동 나라의 기업들이 제품의 상품화에 따른 가격 하락의 압력을 극복하기 위해서 새롭고 독특한 신제품 개발에 나서게 된다. 따라서 본 연구는 경쟁사 지향성이 신제품 독창성에 대한 기여를 처음에는 감소시키지만 임계점이 지나서는 증가시킨다고 제안하고 있다.

③ 다기능 부서 간의 융합

신제품 개발에서 다기능 부서 간의 융합은 회사 내 다른 부서 간에 공동 가치 창출을 위한 협력의 정도로 정의하며(Narver and Slater, 1990), 이는 신제품 개발과 출시를 위한 공동 참여의 정도, 상호 작용과 의사 소통 정도, 정보 공유 및 조정의 정도에 의해 결정된다. 이러한 융합은 원활한 의사소통을 통해 정보를 공유함으로써 기능적인 부서 간에 공통의 목표를 달성하려고 하는데 이러한 과정은 신제품 개발에 큰 도움을 줄 수 있다.

각기 다른 부서를 통해서 나오는 다른 정보와 지식을 공유하고 통합하는 것은 제품의 의미성을 향상시켜서 제품의 우월성을 보장하는 지름길이다(Tepic et al., 2013). 또한, 신제품 개발 업무의 책임을 다른 기능의 부서와 공유함으로써 제품 개선을 하는 데 효율성을 높이게 되고, 의미 있는 새로운 제품 속성을 발굴해 낼 수 있다(Valle and Vazquez-Bustelo, 2009). 따라서 본 연구는 다기능 부서 간의 융합이 높아질수록 신제품 의미성도 향상된다고 제안하고 있다.

신제품 독창성 측면에서 살펴보면, 다기능 부서 간의 융합 정도가 낮은 수준에서는 그들 간의 융합을 증가시킴으로써 제품의 독창성을 높이게 된다. 그 이유는 다기능 부서에서 제공되는 지식의 다양성이 고객의 문제에 대한 보다 고유하고 독특한 솔루션을 제공할 수 있는 것이기 때문이다(Tsai et al., 2014). 하지만 다기능 부서 간의 융합이 임계점을 넘어 증가하게 되면, 업무의 신속한 처리를 위해서, 집단의 생각에 동의하는 압력이 가해지고, 이는 집단 사고를 가져오게 된다(Moorman and Miner, 1997). 이러한 집단 사고는 빠른 합의된 결정을 위해서, 개인의 생각과 프로세스를 연결하는 참신한 생각을 포기하게 한다. 더욱이, 다기능 부서 간의 교류가 깊어짐에 따라 각 기능 집단의 고유한 사고 방식이 충돌하게 되고, 각 기능에서 제공하는 독창적인 아이디어에 대한 지원을 약화하게 된다(Pelled, Eisenhardt and Xin, 1999). 따라서 본 연구는 다기능 부서 간의 융합이 신제품 독창성 대한 기여를 처음에는 증가시키지만 임계점이 지나서는 감소시킨다고 제안하고 있다.

② 최고 경영진 리더십 선행요소

아마빌리(1996)의 창의성 이론에서는 개인과 팀에 대한 최고 경영진의 열정적인 지원이 없으면 창의성은 생명을 잃게 된다고 주장하였다. 따라서 본 연구에서는 최고 경영진의 신제품 개발 참여도 및 위험도 감수 장려책이 창의성에 미치는 영향에 대해 알아보았다.

1 최고 경영진의 신제품 개발 참여도

최고 경영진의 신제품 개발 참여도는 신제품 개발에 있어서 최고 경영진이 신제품 개발에 초점을 두고 프로세스 모니터링과 같은 활동에 적극적으로 참여하는 정도로 정의된다(Im and Nakata, 2008). 최고 경영진의 관심도는 시장지식을 창출하고 전달하는 데 영향을 미치게 되는데, 이러한 시장지식이 고객의 선호도를 반영하기 때문에 신제품의 유용성 측면에 더 많은 관심을 두고 제품의 기능적인 사양을 개발하는 데 노력을 기울인다. 따라서 본 연구는 최고 경영진의 신제품 개발 참여도는 신제품 의미성을 향상시킨다고 제안하고 있다.

더불어 불확실한 상황에서 최고 경영진은 회사의 장기적인 생존을 위한 필수 불가결한 전략적 자산 중 하나를 독창적인 제품으로 고려하고 있기 때문에 (Coooper and Schendel, 1976), 최고 경영진의 신제품 개발 참여도는 독창성에 긍정의 영향을 미친다(Coooper and Schendel, 1976). 하지만 기존 문헌은 최고 경영진의 신제품 개발 참여도가 증가하면 독창성을 향상시키다가 적정 수준의 임계점을 넘어서면 신제품의 독창성은 정체되거나 감소할 수 있음을 시사하고 있다. 최고 경영자가 신제품 개발과정에 지나친 관심을 기울이고 통제하려 들면 신제품 개발팀은 그의 과도한 참견을 새롭고 독창적인 시도를 하지 말라는 부정적인 시그널로 받아들일 수 있다(Bonner et al., 2002). 최고 경영진의 지나치게 높은 관심과 참여는 설령 그것이 가치 있는 아이디어를 제공할지라도, 신제품 개발과정에서 과도한 통제로 인식이 되어 부하 직원들의 독창성을 해치게 된다(Leonard-Barton, 1992). 따라서 최고 경영진의 독창성을 증진시키던 능력이 참여도가 지나치게 되면서 오히려 역설적으로 신제품 독창성을 추구하려는 제품개발팀을 방해하게 된다. 따라서 본 연구는 최고 경영진의 신제품 개발 참여도가 처음에는 신제품 독창성을 향상시키지만 임계점 이후에는 오히려 독창성을 감소시키는 관계가 있음을 제안하고 있다.

2 최고 경영진의 신제품 개발 위험도 감수 장려책

최고 경영진의 신제품 개발 위험도 감수 장려책은 최고 경영진이 혁신과 관련된 위험을 감수하고 신제품 개발에 관한 위험을 택하도록 장려하는 정도로 정의된다(Amabile, 1988). 최고 경영진의 신제품 개발 위험도를 감수 장려책은 신제품 개발 활동의 핵심으로 여겨지고 있지만, 이것이 신제품 의미성에는 역효과를 줄 수 있다. 최고 경영진이 직원들에게 위험하고 도발적인 제품을 개발하도록 장려하는 것은 일반적으로 실행 가능하고 유용하며 실용적인 제품을 개발하는 것에는 역효과가 된다. 최고 경영진에서 전달한 위험을 기꺼이 감수하라는 메시지는 불확실하고 자원소진이 많이 되는 새로운 것을 발명하기 위해서 시장에서 가치 있다고 인식되는 것을 포기하라는 것으로 곡해될 수 있다. 따라서 본 연구는 최고 경영진의 신제품 개발 위험도 감수 장려책이 오히려 신제품 의미성을 낮출 것으로 제안하고 있다.

본 연구에서는 최고 경영진의 신제품 개발 위험도 감수 장려책은 신제품 의미성에 비해 독창성과 훨씬 더 복잡한 연관성이 있다고 보았다. 처음에는 적절한 보상 시스템을 기반으로 최고 경영진이 위험도 감수를 장려하면, 직원들 사이에서 검증되지 않은 아이디어를 통한 위험을 수용하는 문화가 생성되어 제품의 독창성을 높이게 된다(Amabile, 1988). 그러나, 최고 경영진에서 임계점을 넘는 정도로 지나친 위험 감수를 장려하게 되면, 무분별한 낭비로 인식하여 조직의 저항이 생겨서, 오히려 단기적으로 확실한 성공을 가져올 안전한 아이디어를 중시하게 된다. 따라서 본 연구는 최고 경영진의 신제품 개발 위험도 감수가 처음에는 신제품 독창성을 향상시키지만 임계점을 넘는 높은 수준에서는 오히려 방해가 된다고 제안하고 있다.

③ 국가 문화의 선행조건

창의성은 배경 상황과 사회적 구성에 지배받는다고 이해되고 있다. 따라서 한 사회에서 창조적으로 해석되는 것이 반드시 다른 사회에서 똑같이 수용되는 것은 아니다. 예를 들어, 서양에서의 창의성의 기준과 측정방법은 동아시아 문화와 환경에서 잘 적용되지 않는 것으로 나타났다(Niu and Sternberg, 2002). 그래서, 환경적 요소로서의 문화는 특히 창의성에 대한 인식과 분석방식에 영향력이 있다고 이론화되어 있다(Abbam-Elliot and Nakata, 2013). 송 앤 패리(Song and Parry, 1997)의 연구에서 국가 문화가 신제품 과정과 결과의 결정 요인이라는 것을 제시해온 것처럼 문화는 창의성을 형성하는 데 영향을 미치는 요인이다.

본 연구는 문화라는 시각에서 창의력을 살펴보기 위해 잉글하트(Inglehart)

에 의해 제시된 국가 문화의 두 가지 차원이 창의성에 어떻게 영향을 미치는 가를 알아보았다.

1 세속주의 문화 (vs 전통주의 문화)

첫 번째 차원은 '전통주의나 세속주의' 차원이다. 전통적인 사회는 옳고 그름에 대한 관념이 강조되어 도덕의 절대성이 사회를 지배한다. 또한 이 사회에서는 가족의 영향력이 중요하여, 부모에 대한 순종과 아이들을 위한 배려는 의심치 않는 중요한 덕목으로 꼽힌다. 그 연장선으로, 사회적 순응과 의무를 중시하고 사회 규범을 따르는 것이 만연해 있다. 이와는 반대로, 세속적 사회에서는, 이혼, 낙태, 안락사 및 여성의 권리가 잘 수용이 된다(Inglehart and Welzel, pp. 52~53). 산업화를 가져오는 관료주의가 종교와 가족의 중심적인 역할을 대체하고 합리적이고 과학적인 가치체계를 중시하게 된다(Steenkamp and Geyskens, 2012).

창의성의 두 가지 측면에 더 영향을 미치는 요인은 전통적인 문화보다는 세속적인 문화이다. 세속적인 문화는 과학적이고 산업적인 진보를 중시하는 특징이 있기에, 기업이 속한 국가나 지역이 세속적인 문화가 조성되어 있을 때 기업이 창의적인 노력을 통해 좋은 성과를 내도록 박차를 가하게 한다는 것이다. 따라서 세속적인 문화가 유용하고 기능적으로 우수한 제품에 우선순위를 두고 체계적인 발전을 추구하기에 신제품의 의미성을 향상시키는 역할을 한다(Steenkamp and Geyskens, 2012). 동일한 맥락에서, 세속적인 문화가 지배적인 국가와 지역에서는 기업들이 기회 추구를 위해서 창업가 정신과 같은 독립적인 사고와 행동을 중시하고, 기업가적 사고방식은 독창성을 목표로 추구한다(Turkina and Thai, 2015). 따라서 본 연구는 세속주의 문화는 산업사회의 성공의 상징인 고유하고 독특한 제품을 추구하기 때문에 신제품 독창성을 향상시키는 역할을 하는 것으로 제안하였다.

2 생존주의 문화 (vs 자기표현주의 문화)

두 번째 잉글하트(Inglehart)의 문화 차원은 '생존주의와 자기표현주의' 문화이다. 생존주의에 초점을 둔 국가와 지역은 물질의 소유를 우선시한다. 삶이 위태롭다고 생각하기 때문에 실존주의적 욕구를 중요시할 수가 없고, 이러한 상황에서 대인 관계의 신뢰와 다양성에 대한 관용은 낮고, 사회 복지와 예측 가능성을 더 잘 보장하기 위해 권위주의가 높다. 반대로 자기표현주의 문화가 지배적인 지역에서는 '자율성과 선택을 강조하는 해방적 정신'이 높다(Inglehart and Welzel, p.54). 이러한 문화에서는 생존에 대해 더이상 의문을 갖지 않기 때문에 변화, 다양성, 평등, 새로운 아이디어 및 타인을 수용하는 데 높은 비중을 두고 있다. 따라서 이와 같은 문화에서는 인본주의 문화가 뿌리를 내리고, 개인의 자유가 우선이 된다.

서로 다른 양상의 두 문화의 연속선상에서, 생존주의 문화는 자기표현주의 문화에 비해서, 의미성과 독창성을 줄이는 역할을 한다. 생존주의 문화는 무엇보다도 자원의 획득과 보존을 통한 자기 보존에 중점을 두고 있어서 창의적인 것을 추구하기 위한 자원의 확대에는 주저하며 오히려 자산을 보호하는 데 초점을 둔다(Steenkamp and Geyskens, 2012). 그래서 생존주의 문화는 신제품의 의미성을 향상시키는 데 쓰이는 자본을 확보하기 위해 위험을 감수하는 것을 피하게 된다.

마찬가지로 생존주의 문화는 신제품의 독창성을 감소시키는데, 생존을 중심가치로 하는 사회에서는 이미 알려진 해결책을 선호하여 자율적 판단에 의한 독창성을 중요시하지 않는다. 생존주의 문화는 인간의 상상력을 억제함으로써 기존의 행동 방식과 문제 해결 방식에 도전하는 새로운 개념을 억제하여 독창성을 축소시키는 역할을 하게 된다. 따라서 본 연구는 생존주의적 국가 문화는 신제품 의미성과 신제품 독창성을 감소시킨다고 제안하고 있다.

④ 창의성의 결과: 신제품 성과

신제품 성과는 신제품이 주요 경쟁사에 비해서 수익, 투자 수익률(ROI), 시장점유율 및 판매액 측면에서 성공적인 결과를 달성하는 정도로 정의된다 (Page, 1993). 유용한 제품은 고객들의 니즈에 부합하여 그들의 구매의도를 증가시키는 것으로 알려졌고, 일반적으로 독창적인 제품은 현저성으로 인해 고객의 초기 관심을 받지만, 사용환경에 적합하지 않으면 고객의 구매의도는 낮아진다. 따라서 유용성을 높이는 신제품의 의미성은 제품 성과를 높이는 것으로 확인되었다.

신제품의 독창성의 효과와 관련해서는, 구매자의 초기 관심을 유도하기 위해서는 고유성이 필요하다. 고유하고 독창성이 있는 제품은 제품 차별화를 통해서 고객들에게 가치를 제공하여 구매 욕구를 높이게 된다(Gatignon and Xuereb, 1997). 하지만, 제품의 독창성이 증가하기 시작하면서 고객이 지나치게 생소해서 위험하다고 생각이 들기 시작하는 임계점에 도달하게 되고 그 이후에는 고객이 새로운 제품에 대한 불확실성이 부각이 되어 구매하는 것을 거부하게 된다(Goldenberg, et al., 2001). 그래서, 신제품의 독창성이 증가하는 초기 단계에서는 참신함이 눈에 띄게 되어 시장에서 가치 있게 받아들여 제품의 성과를 향상시키지만, 독창성이 증가해서 임계점을 지나게 되면, 구매자가 신제품을 너무 이질적으로 인식하고 구매하기를 주저함에 따라서 신제품 성과에 오히려 해를 끼치게 된다. 따라서 본 연구는 신제품의 독창성이 처음에는 신제품 성과를 높이지만 임계점 이후에는 오히려 신제품 성과를 낮추는 것으로 제안하고 있다.

연구의 결과 정리

● 본 연구는 한국, 일본, 중국의 세 나라를 지리적인 동일 클러스터로서 선택하여, 각 국가의 증권 거래소에 상장된 제조기업의 제품 매니저를 대상으로 설문을 보내서 데이터를 수집하고 데이터 베이스를 확보하였다.

● 회수된 설문지 중 불완전한 설문지를 제외하고 최종적으로 중국에서는 109개, 한국에서는 147개, 그리고 일본에서는 147개 표본이 분석에 사용되었다. 분석 단위가 각 나라별로 특성이 다른 신제품이었기 때문에 계층선형 모델(Hierarchical Linear Model)을 이용하여 가설을 검증하였다

● 본 연구는 신제품의 창의성을 독창성과 의미성의 두 개의 요소로 분리한 후, 해당 요소들이 신제품 성과와의 선형적인 관계 규명을 넘어서 비선형적인 관계까지 조사함으로써 기업에서 매니저들이 어떻게 창의적인 제품을 개발하고 기업에 이익으로 기여할 수 있는지를 제시하고 있다.

● 고객 지향성, 다기능 부서 간의 융합, 최고 경영진의 신제품 개발 참여도, 그리고 세속주의 문화는 신제품 의미성을 높이는 데 기여하였지만, 최고 경영진의 위험도 감수 장려책은 신제품 의미성을 오히려 낮추는 데 기여한다.

● 고객지향성, 다기능 부서 간의 융합, 그리고 최고 경영진의 신제품 개발 참여도는 신제품의 독창성과 역U자형(말발굽형 ∩) 관계에 있지만, 최고 경영진의 신제품 개발 위험도 감수 장려책은 독창성에 아무런 영향을 미치지 않는다.

● 경쟁사 지향성은 독창성에 긍정적인 선형적인 효과가 있다.

● 세속주의 문화는 독창성을 높이는 정의 효과가 있지만, 생존주의 문화는 오히려 독창성을 낮추는 부의 효과를 보인다.

● 신제품의 독창성은 신제품 성과와 선형관계는 없지만, 역U자형 비선형

관계가 있으며, 신제품의 의미성은 신제품 성과와 비선형 관계가 없지만, 선형적인 정의 효과를 가지고 있다.

연구 결과의 정리: 창의성에 대한 핵심 포인트

● 한·중·일 기업의 혁신에 관한 설문 조사를 기반으로, 기업은 전반적으로 창의적인 신제품을 추구해야 보다 성공적인 성과를 가져올 수 있음을 명심하라.

● 매니저는 창조적인 신제품 개발 시 획일적 접근을 피하고 신제품의 독창성과 의미성을 결정하는 조건들과 신제품 성과 간에 각기 차별화된 관계가 있음을 알아야 한다.

● 창의적인 신제품을 개발하기 위해 매니저는 신제품의 의미성과 독창성에 모두 주의를 기울여야 하는데, 신제품의 의미성은 높을수록 성공 확률이 높지만, 신제품의 독창성은 과도하지 않은 중간 수준에서만 좋은 성과를 가져올 수 있다. 신제품의 의미성이 높을수록 신제품의 성공 고려 시에 신제품의 독창성이 지나치게 높아지면 오히려 성공의 확률을 저하시킨다

● 조직 문화(예: 시장 지향성), 리더십 요소(예: 최고 경영진의 신제품 개발 참여도 및 위험도 감수 장려책), 국가 문화(예: 세속주의 및 생존주의 문화)가 신제품의 의미성과 독창성에 차별화된 영향을 주므로 신제품 개발 시 이를 고려할 필요가 있다.

본 연구는 혁신 관리에 대한 몇 가지 경영 실무에 관한 시사점을 제시할수 있다. 첫째, 제품 개발자와 매니저는 창의성의 두 가지 측면, 즉 독창성과의미성이 서로 자율적, 독립적이면서 차별적으로 작동한다는 점을 인식하고이 두 가지 측면을 분리하여 주의 깊게 관리해야 한다는 것을 시사한다. 즉신제품과 관련된 업무를 수행하는 매니저는 독창성과 의미성의 선행요소와제품 성과와의 관계가 각기 상이하다는 점을 감안하여, 제품 개발 시에 획일적인 (one-size-fits-all) 접근 방식을 탈피하여야 한다는 것이다. 다시 말하면,흔히들 하는 실수는 창의적인 제품을 개발하면서 눈에 띄는 독창성을 강조하면서 의미성은 배제하거나 무시하는 경향이 있는데, 이러한 단순한 접근 방식은 창의성 딜레마를 가져와서 창의적인 제품이 시장에서 실패하는 결과를가져오게 하는 이유를 설명한다.

둘째, 창의성의 두 가지의 구성 요소에 따른 각각의 결정요소를 적절한수준으로 관리하는 것이다. 본 연구에서는 일반적으로 신제품의 의미성은 다다익선이라는 원리에 따라서, 더 많을수록 회사에 이익이 된다는 점을 시사한다. 따라서 신제품 매니저는 고객 지향성, 다기능 부서 간의 융합, 최고 경영진의 신제품 개발 참여도와 같은 조직 문화와 리더십에 관련된 선행요소를향상시키는 레버를 당겨서 더 의미성이 높은 신제품을 만들어 내야 한다. 대조적으로 독창성은 매직박스로서 무척 미묘하고 복잡한 자산으로 관리해야하는데, 특히 다기능 부서 간의 융합, 최고 경영진의 신제품 개발 참여도, 고객 지향성은 적당한 정도로 중간지점까지는 높여주어야 하지만, 지나치게 높아지면 신제품의 독창성은 줄어들기에 적정량 이상 높이는 것은 지양해야 한다. 최고 경영진의 위험도 감수 장려책은 초기 단계에서 직원들에게 신제품개발에 대한 위험을 두려워하지 않게 하여서 더 참신한 상품을 만들 수 있는다양한 생각들을 가져오지만, 너무 위험을 장려하게 되면 부주의하게 독특성만 강조한 기이한 제품을 만들게 된다.

셋째, 주로 이 연구에서는 제품 개발자가 신제품 창의성을 촉진하는 문화의 영향을 고찰하기 위하여, 잉글하트(Inglehart)의 국가 문화적 가치의 이론을 사용하였다. 즉 회사에서(특히 다국적 회사에서) 창의성이 높은 신제품을 만들기 위해서 높은 세속적 가치나 생존 주의 가치가 낮은 문화를 가진 지역이나 국가를 대상으로 국제적인 신제품 관련 팀과 태스크포스를 구성하는 것이다. 잉글하트의 지표에 따르면, 아시아 내에서 중국과 대만이, 그 이외의 지역을 고려하면 스웨덴, 노르웨이, 네덜란드 및 호주가 생존 주의 가치가 낮고 세속적 가치가 높은 국가로 창의성 높은 제품 개발에 적절하다. 예를 들어서, 다양한 아이디어의 개발을 위해서 중국(동아시아), 스웨덴(북유럽) 및 캐나다(북미)와 같은 여러 지역에서 글로벌 팀을 구성한다면, 미래를 이끌 창의적인 신제품을 생산할 수 있다.

마지막으로, 매니저는 일반적으로 신제품 성과 향상에 기여하는 창의성을 향상시키고 추구해야 한다. 그러나 여기에서 중요한 것은, 최적의 성과를 내기 위해서는 신제품의 독창성과 의미성을 동시에 주시해야 하지만 이중초점 렌즈를 통해서 이 두 가지를 다르게 관리해야 한다는 것이다. 단순한 해결방법은 시장에서 주목받기 쉬운, '창조적'이라는 라벨을 붙이기 쉬운 독창성만을 추구하는 것일 수도 있는데, 오히려 그 독창성만을 강조한 제품은(고객의 기대에 부합하지 않아서) 너무 앞서 나가게 달라서 고객에게 거절당하는 위험을 감수해야 한다. 또 다른 해결방법은 더 구체적으로 성과와 연결되는 의미성만을 추구하는 것인데, 독창성이 없는 의미성은 진정한 창의적인 신제품을 낳지 못한다. 따라서 매니저들은 창의적이고 성공하는 신제품을 개발하기 위해 독창성과 의미성은 차별적으로 양성을 시켜야 한다는 것을 인지하고, 섬세하게 이 두 가지를 따로 또 같이 관리하는 전략으로 기업을 운영해야 한다. 해 독창성과 의미성은 차별적으로 양성을 시켜야 한다는 것을 인지하고, 섬세하게 이 두 가지를 따로 또 같이 관리하는 전략으로 기업을 운영해야 한다.

제6장

개인적인 창의성을 발현하는 혁신성: 과연 혁신성이 높은 소비자가 혁신제품을 더 많이, 더 빠르게 구매하는가? 내재적 혁신성향이 혁신적 구매에 미치는 영향

소비자의 내재적 혁신성향과 개인 특성이 신제품 채택 행동에 미치는 영향에 대한 실증 연구[11]

C-Suite Summary

혁신적 소비자(consumer innovator)는 신제품의 확산과 궁극적인 채택에 중요한 역할을 한다. 따라서, 많은 기존의 연구들이 소비자를 초기 수용자(early adopter)인 혁신적 소비자와 후기 수용자(later adopter)로 분류하기 위해 필요한 변인들을 탐구해온 것은 놀라운 일이 아니다. 연구의 주요한 맥락인 개인의 인구통계학적 특성(personal characteristics)과 신제품 채택 행동을 연관시키는 선행 연구에 따르면 혁신적 소비자는 높은 수입과 교육 수준을 지니는 경향이 있다. 또한 이들은 상대적으로 젊고 사회적 이동성(social mobility)이 높으며, 위험을 수용하는 태도와 높은 수준의 사회참여, 리더십을 보여준다(Dickerson and Gentry, 1983; Gatignon and Robertson, 1991; Rogers, 1995; Uhl et al., 1970).

또 다른 주요한 연구의 맥락에서는 내재적인 소비자 혁신성에 기반하여 혁신적 소비자를 식별하는 것에 중점을 두는데, 여기에서 소비자 혁신성은

---

11   IM, Subin, Barry L. Bayus, and Charlotte Mason(2003), "An Empirical Study of Innate Consumer Innovativeness, Personal Characteristics, and New-Product adoption Behavior" Journal of the Academy of Marketing Science, 31 (1), 61-73.

전반적인 제품 영역에 걸쳐서 수용함에 적용되고 일반적으로 행동으로 보이지 않는 성향을 말한다(Foxall, 1988, 1995; Hirschman, 1980; Midgley and Dowling, 1978, 1993). 소비자의 내재적 혁신성향과 신제품 채택 행동에 관련하여, 선천적인 내재된 혁신적 성향이 혁신적인 제품 채택 행동을 결정하는가에 대한 논쟁이 있어 왔다(e.g., Foxall, 1988, 1995; Foxall and Goldsmith, 1988; Goldsmith et al., 1995; Manning et al., 1995; Midgley and Dowling, 1993).

이러한 선행 연구의 주요한 맥락들을 연결하면서, 미질리와 다울링(Midgley and Dowling, 1978)은 신제품 채택 행동을 설명하기 위해 개인의 내재적 성향이 개인 인구통계학적 특성(즉, 연령, 교육 등)과 사회적 의사소통 네크워크(즉, 사회참여도)와 상호작용한다는 혁신성의 조절 효과의 상황적 모델(contingency model)을 제안했다. 구체적으로 본 연구는 미질리와 다울링의 조절 효과 모형을 실증적으로 검증하기 위해 소비자의 내재적 혁신성향, 개인 특성, 그리고 가전제품에 대한 신제품 채택 행동 사이의 관계를 탐구하였다. 또한, 이 연구는 소비자의 내재적 혁신성향과 신제품 채택 행동 간의 관계에 대한 개인 특성의 조절 효과를 연구하였다. 우리는 수입, 연령, 그리고 소비자의 내재적 혁신성향이 새로운 가전제품의 소유와 연관된다는 것을 밝혀냈다. 이러한 결과는 일반적으로 개인 특성과 성향이 신제품 채택 행동을 설명한다는 선행연구들과 일치하는 결론을 보여주었다(e.g., Dickerson and Gentry, 1983; Labay and Kinnear, 1981; Summers, 1971). 특히, 이 연구에서는 소비자의 내재적 혁신성향이 신제품 채택 행동을 향상시키는 효과가 있다는 것을 밝혀내었다. 특히, 높은 수입, 젊은 연령, 그리고 혁신적 성향을 가진 소비자가 더 많은 신제품을 채택하는 경향이 있다는 것으로 결론지었다. 더 나가서 수입과 연령에 비해서 소비자의 내재적 혁신성향이 신제품 채택 행동에 미치는 영향력이 통계적으로 유의미하지만 상대적으로 약하다는 것을 밝혀냈는데 이러한 결과는 일반화된 혁신적 성향으로의 소비자의 내재적 혁신성향과 신제품 채택 행동의 관계가 현저하게 강하지 않다는 기존연구(Goldsmith et al., 1995)의 주장을 지지하고 있다.

최종적으로, 우리는 개인의 인구통계학적 특성과 일반적인 소비자의 내재적 혁신성향 사이의 상호작용의 연결고리가 없다는 결과를 확인해 내었다. 따라서, 본 연구에서 가전제품의 범주 내에서 검증한 실증적 결과는 미질리와 다울링(Midgley and Dowling, 1978)의 연구모델에서 제안한 조절 효과 효과를 지지하지 않았다.

1 이론적 프레임워크

1 소비자 혁신성

마케팅에서 선행 연구들은 신제품 채택 행동이나 소비자의 내재적 혁신성향에 기반하여 혁신적 소비자를 식별하는 것에 집중해왔다. 우선 신제품 채택 행동은 '개인이 그가 속한 사회 시스템의 다른 구성원들보다 혁신을 상대적으로 빠르게 수용하는 정도'로 정의된다(Rogers and Shoemaker, 1971). 연구자들은 이런 행동에 대한 다양한 간접적인 측정방법으로 제품을 소유한 개수(e.g., Foxall, 1988, 1995; Rogers, 1995), 특정한 제품의 소유(e.g., Dickerson and Gentry, 1983; Labay and Kinnear, 1981), 구매 의사(e.g., Holak and Lehmann, 1990), 특정 제품의 채택에 걸리는 상대적인 시간(e.g., Midgley and Dowling, 1993; Rogers and Shoemaker ,1971) 등을 포함하여 사용해 왔다.

소비자의 내재적 혁신성향은 일반적으로 제품 계층 전반에 적용되는 내재적인 관찰이 어려운 혁신에 대한 선천적 성향을 뜻한다. 이 개념은 '혁신적인 성향'(Midgley and Dowling, 1993) 또는 '내재적 혁신성'(Hirschman, 1980)으로도 불린다. 마케팅 연구자들은 혁신적 성향의 소비자를 그들의 개인 특성과 지각 능력과 스타일(즉, 그들의 정보처리 방식과 문제 해결 접근법, 인지 수준과 능력)과 같은 일반화된 성향에 근거하여 분류하였다(Foxall, 1988; Kirton, 1976; Midgley and Dowling, 1978).

이러한 혁신성 개념은 혁신성의 일반화되고 추상적인 개인 성향의 특성을 반영하므로 높은 수준에서의 추상적 개념(abstraction)을 대표한다. 예를 들어, 혁신성에 대한 초기 연구에서는 혁신성을 '변화에 대한 의지'를 반영하는 일반적인 개인 성향의 특성으로 보고 있다(Hurt, Joseph and Cook, 1977). 다른 연구자들은 내재적인 소비자 혁신성이 '정보처리에 대한 개방성(openness)'이라고 접근하는데, 이는 개인의 새로운 경험이나 자극에 대한 수용성(receptivity)을 갖는 성격이라는 관점에서 정의된다(Goldsmith, 1984; Leavitt and Walton, 1975). 미질리와 다울링(Midgley and Dowling, 1978)은 혁신성의 개념이 의사소통의 독립성(communication independence)을 수반한다고 제시하였는데, 의사소통 독립성은 소비자의 의사 결정 과정이 사회 시스템 내 타인의 개인적 영향에 대해 독립적으로 진행되는 정도에 의해 결정된다.

다른 기존의 연구(Hirschman, 1980; Manning et al., 1995)에서는 혁신적인 개인 특성을 내적인 독창성(novelty)과 창의성(creativity)을 추구하고자 하는 욕망과 연결되는 소비자의 독창성 추구(consumer novelty seeking)의 개념으로 정의했다. 또한, 스틴캠프 연구팀(Steenkamp et al., 1990)에서는 소비자 혁신성을 '기존의 선택과 소비 패턴에 안주하기보다 새롭고 다른 제품 및 브랜드를 구매하려는 성향'으로 보았다.

개인 특성, 즉 인구 통계학 및 심리적인 생활양식(psychographics)의 특성은 또한 혁신적 소비자를 식별하기 위해 널리 사용되어 왔다. 특히 많은 연구에서 혁신적 소비자가 수입, 연령, 교육, 사회참여, 위험 수용 성향(risk-taking propensity)의 특성에 의해 결정된다는 증거를 제시했다(e.g., Dickerson and Gentry,

1983; Gatignon and Robertson, 1991; Rogers, 1995; Steenkamp et al., 1999). 이들 중에서, 가계 수입, 교육, 연령 등의 인구통계학적 정보가 상대적으로 데이터 수집 (data collection)이 쉽기 때문에 혁신적 소비자를 식별하기 위한 요인으로 가장 널리 사용되어 왔다(e.g., Dickerson and Gentry, 1983; Gatignon and Robertson, 1991; Rogers ,1995; Steenkamp et al., 1999).

② 소비자의 내재적 혁신성향, 개인 특성 및 신제품 채택 행동 간의 관계

혁신성과 연관된 선행 연구들은 본 연구의 관심사인 소비자의 내재적 혁신성향, 개인 특성, 그리고 신제품 채택 행동 간의 잠재적인 연결고리를 강조했다. 아래 그림 4에서 볼 수 있듯이, 관계들은 다음과 같이 요약된다: 개인 특성과 신제품 채택 행동과의 관계(화살표 1), 소비자의 내재적 혁신성향과 신제품 채택 행동과의 관계(화살표 2), 개인 특성과 소비자의 내재적 혁신성향과의 관계(화살표 3). 그리고 마지막으로 화살표 4는 소비자의 내재적 혁신성향과 신제품 채택 행동 사이의 관계에서 개인 특성이 가지는 조절 효과의 관계를 반영한다.

그림 4   연구의 이론적 모형

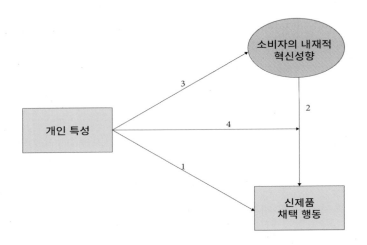

제6장 개인적인 창의성을 발현하는 혁신성

○Path 1: 개인 특성과 신제품 채택 행동의 관계

그림 4의 첫 번째 화살표(Path 1)의 관계와 관련하여, 많은 실증 연구들이 개인 특성이 신제품 채택 행동에 미치는 영향을 연구하였다(e.g., Dickerson and Gentry, 1983; Labay and Kinnear, 1981; Midgley and Dowling, 1993; Ostlund, 1974; Summers, 1971; Venkatraman, 1991). 해당 연구들에서 사용한 개인 특성의 변수는 수입, 연령, 라이프 사이클, 그리고 가족 규모 등을 포함한다(e.g., Gatignon and Robertson, 1991; Rogers, 1995; Uhl et al., 1970). 예를 들어, 기존의 한 연구(Labay and Kinnear, 1981)에서는 소비자의 연령, 수입, 교육 수준, 그리고 직업적인 위상이 가정 태양광 시스템의 채택과 연관되어 있음을 밝혀냈다. 또 다른 연구(Dickerson and Gentry, 1983)에서는 인구 통계학 요인(예: 연령, 수입, 교육)과 및 심리적인 생활양식의 요인(예: 오피니언 리더십과 정보 추구 행동)이 가계의 컴퓨터의 소유 여부와 관련이 있다는 것을 발견했다. 또한 매닝의 연구(Manning et al., 1998)에서는 가전제품의 구매 수용에 있어서, 수입, 나이, 고용 상태가 수용자(adopters)와 비수용자(non-adopters)를 구분하는 데 영향을 미친다는 것을 발견했다. 비록 일부 연구는 인구통계학적 변수가 신제품 채택에 미치는 효과가 약하다고 보고하고 있으나(e.g., Ostlund, 1974), 일반적으로 혁신적 소비자가 높은 수준의 수입과 교육 수준, 젊은 연령, 사회적 위치의 상승과 높은 위험을 수용하는 태도, 높은 오피니언 리더십을 가진 경향이 있다는 것에는 이견이 없다(Gatignon and Robertson, 1991; Rogers, 1995).

○Path 2: 신제품 채택 행동과 소비자의 내재적 혁신성향의 관계

그림의 두 번째 화살표(Path 2)의 관계와 관련하여, 기존의 실증 연구에서는 일반화된 개인 성향인 소비자의 내재적 혁신성향과 신제품 채택 행동 간의 관계가 있음을 찾아냈다(e.g., Foxall, 1988, 1995; Goldsmith et al., 1995; Manning et al., 1995; Midgley and Dowling,1978). 식품 산업의 데이터를 사용하여, 기존 연구에서는 소비자의 내재적 혁신성향이 그들이 소유한 신제품의 수와 관련이 없다고 보고했다(Foxall, 1988; Foxall and Goldsmith, 1988). 이와 반대로, 패션 산업과 관련된 미질리와 다울링(Midgley and Dowling, 1993)의 연구에서는 개인의 혁신적 성향이 제품 채택과 구매 의사로 대표되는 신제품 채택 행동과 연관되는 것을 발견했다. 다른 후속연구(Foxall, 1995)에서 소비자의 내재적 혁신성향과 신제품 채택 행동이 고객 관여도가 높은 제품군(예: 소프트웨어)에서는 정의 관계를 가지고, 고객 관여도가 낮은 식품 산업에서는 관계가 없다는 것을 보고했다. 매닝의 연구팀(Manning et al., 1995)에서는, 소비자 독창성 추구로서의 혁신성은 독창성 추구 및 신제품 인지실현으로 대표되는 초기 채택(initial adoption)단계와 관련이 있는 반면, 의사소통 독립성으로서의 혁신성은 신제품 시험과 같은 소비자 후기 채택 단계와 더 관련이 있다는 것을 발견했다. 더욱 중요하게, 골드스미스연구팀(Goldsmith et al., 1995)에서는 특정 영역의 혁신성이 특화된 패션이나 전자 산업의 영역에서는 초기 혁신에 대한 소비자의 채택 행동과 강하게 연관성이 있는 반면에, 여러 영역에 광범위하게 적용되는 포괄적 혁신성(global innovativeness)은 소비자의 채택 행동과 약한 관계를 가짐을 밝혀냈다. 더 나아가서, 이들은 특정 영역의 혁신성은 포괄적 소비자 혁신성과 신제품 채택 행동 간의 관계를 중간에서 매개시키는 역할을 한다는 것을 발견했다. 또 다른 연구(Limayem et al., 2000)에서는 소비자 혁신성이 소비자의 태도와 의도를 매개로 하여, 인터넷 쇼핑 행동에 직접적, 간접적인 영향을 준다는 것을 발견했다. 종합해보면, 제품군이나 관여도(level of involvement) 혹은 제품의 특수성(specificity)에 따라 소비자의 내재적 혁신성향과 신제품 채택 행동의 관계는 달라지기에 일관적이지 않은 결과가 도출될 수 있다는 점을 확인하였다.

○Path 3: 개인 특성과 소비자의 내재적 혁신성향의 관계

그림의 세 번째 화살표(Path 3)의 관계와 관련하여, 기존 연구는 개인 특성과 혁신적인 심리적 성격(psychological traits)을 연관시켰다. 미질리와 다울링(Midgley and Dowling, 1993)은 소비자의 내재적 혁신성향에 의해 분류되는 혁신적 의사소통자(innovative communicators)가 대부분 젊고, 미혼이며 높은 사회적 지위를 가지는 경향이 있다는 것을 밝혀냈다. 또한, 범가튼(Baumgarten, 1975)은 혁신적인 의사소통자가 연령, 사회적 지위, 대중 매체 리더십, 그리고 사회 및 스포츠 활동을 반영한 인구 통계학 및 생활양식, 즉 라이프스타일에 있어서 다른 사람들과 구별된다는 것을 밝혀냈다. 더 나아가서, 다른 연구(Venkatraman, 1991)에서는 혁신적 소비자가 수입, 연령, 직업적 위상과 관련된 개인 특성이 다르다는 것을 보여주는 것을 알아냈다. 골드스미스 팀(Goldsmith et al., 1995; Goldsmith and Goldsmith, 1996)에서는 인구통계학적 변수들(즉, 연령, 성별 및 수입)이 반영된 개인 특성이 특정한 제품 범주에 적용되는 특정 영역 혁신성에 대해 다른 효과를 가지고 있다는 것을 밝혀내었다. 보다 최근에는 스틴캠프 연구팀(Steenkamp et al., 1999)에는 수입과 교육 수준이 소비자 혁신성에 영향을 미치지 않는 반면에, 연령이 높을수록 소비자 혁신성이 낮아진다는 것을 밝혀냈다.

○**Path 4: 소비자의 내재적 혁신 성향과 신제품 채택 행동에서 개인 특성이 가지는 조절 효과**

마지막으로, 그림의 네 번째 화살표(Path 4)의 관계와 관련하여, 기존의 연구들은 개인 특성이 소비자의 내재적 혁신성향과 신제품 채택 행동의 관계에 미치는 조절 효과를 탐구해왔다. 미질리와 다울링(Midgley and Dowling, 1978)에 의해 제안되었듯이, 높은 혁신적 성향을 가진 소비자들이라 할지라도 조절 요인들의 영향으로 인해 항상 타인보다 일찍 신제품을 선택하지 않을 수 있다(e.g., Steenkamp et al., 1999). 미질리와 다울링(1993)은 개인 특성이 '혁신적인 의사소통자' 그룹과 다른 그룹들 간에 채택 행동에 차이가 나는 것을 설명하는 데 중요한 역할을 하는 것을 발견했다. 그들은 타 그룹과 비교하여 혁신적인 의사소통자들이(즉, 더 젊고, 교육 수준이 높고, 사회적 관여도가 높은 그룹이) 제품 채택에 걸리는 시간이 짧고, 구매 의사로 반영되는 혁신적인 채택 행동에 높게 관여한다는 것을 찾아냈다. 이에 더해서, 밴카트라만 연구팀은 연령, 수입, 직업적 위상과 같은 개인 특성이 신제품 채택 행동에 미치는 영향은 선천적인 내재적 소비자 혁신성에 의존한다는 것을 밝혀냈다(Venkatraman, 1991; Venkatraman and Price, 1990).

제6장 개인적인 창의성을 발현하는 혁신성

연구의 결과 정리

● 위의 그림 4의 네 가지 Path를 검증하기 위해, 본 연구는 미국 아칸사스 세대주 연구 패널에서 수집한 데이터를 구조방정식(structural equation model)을 통하여 주효과를 분석하였다. 또한 우리는 새로운 방법인 2단계 최소 제곱 회귀 추정법(two-stage least square regression estimation)을 적용하여 소비자의 내재적 혁신성향과 신제품 채택 행동의 관계에 대한 개인 특성의 조절 효과를 검토하였다.

● 수입과 연령이 신제품 채택 행동에 영향을 미치는 반면, 거주 기간과 교육 수준은 신제품 채택 행동에 영향을 미치지 않는 것으로 나타났다. 즉, 높은 수입을 가지며 젊은 세대가 더 혁신적인 제품을 소유할 가능성이 높다는 점을 시사한다.

● 내재적 혁신성향이 신제품 채택 행동에 긍정적인 영향을 미치는 것으로 나타났다.

● 인구통계학적 요소가 내재적 혁신성향에 미치는 영향을 측정했지만, 유의미한 관계가 나타나지 않은 것으로 밝혀졌다. 즉, 인구통계학적 변수가 혁신적인 성향에 영향을 주지 않는다는 것을 시사한다.

● 소비자의 내재적 혁신성향이 신제품 채택 행동에 미치는 영향력이 통계적으로 유의하지만 약하다는 것을 밝혀냈다. 특정 영역의 혁신적 성향과는 구분된 포괄적인 개념의 혁신적 성향은 혁신적 행동에 미치는 영향 정도가 강하지 않는 것으로 해석된다.

● 개인 특성 변수가 소비자의 내재적 혁신성향과 신제품 채택 행동 간의 관계를 조절하지 않는 것으로 나타났다.

본 연구의 결과는 매니저들이 소비자를 혁신가(즉, 초기 수용자)와 후기 수용자로 분류하는 데 있어서 선천적인 내재적 혁신적 성향보다 소득, 연령과 같은 개인 특성의 변수를 기반으로 하는 것이 더 효과적이라고 제안한다. 그러나, 우리는 가전제품의 영역에서 소득이나 연령과 같은 개인 특성이 소비자를 분류하는 데 중요한 역할을 한다는 연구의 결과를 일반화하지 않도록 주의해야 한다.

이에 더해, 본 연구 결과를 통해 제시된 소비자의 내재적 혁신성향과 개인 특성 사이의 무의미한 관계는 인구통계학적 변수가 소비자의 내재적 혁신성향을 식별하는 것에 사용되어서는 안 된다는 것을 시사한다. 특히 본 연구는 인구통계학적 변수가 소비자의 내재적 혁신성향과 신제품 채택 행동 간의 관계를 조절하지 않는다는 것을 밝혀냈다는 점에서 연구의 통찰력을 더하고 있다. 이는 혁신적 성격과 혁신적 행동 사이의 관계가 개인 특성의 변화에 대해 민감하지 않다고 해석할 수 있다. 이는 미질리와 다울링(Midgley & Dowling, 1978)이 제안한 조절 효과의 모델과 상반되는 결과인데, 이 연구는 소득과 연령 같은 개인 특성의 변화가 이미 일반적인 혁신성향의 소비자들의 신제품 채택 행동에 영향을 미치지 않는다는 것을 알아냈다. 즉, 이미 특정한 수준의 혁신적인 심리적 성향을 가진 소비자는 소득이나 연령, 교육 등의 인구통계학적 특성의 변화 때문에 혁신적 채택 행동을 할 가능성이 낮다는 점을 시사한다.

요약하면, 본 연구는 신제품을 만드는 회사가 어떻게 경쟁 진입장벽을 구축하고, 재무 유동성을 제공하며, 구전(Word-of-mouth)을 통한 의사소통으로 신제품 촉진 활동을 수행하여 신제품의 확산과 채택에 기여하는 혁신적 소비자를 구별할 수 있는지에 대한 통찰력을 제공한다(e.g., Citrin et al., 2000; Limayem et al., 2000). 만약, 회사에서 혁신적 소비자들을 개인 특성과 심리학적 성격 특성에 근거하여 상품 출시 전에 미리 식별할 수 있다면, 마케터들은 신제품 혁신의 성공에 결과적으로 매우 중요한 대상이 되는 소비자 그룹을 목표 고객으로 구별해 낼 수 있을 것이다.

02

소비자의 내재적 혁신성향은 신제품 및 서비스 채택 행동과 연관되는가? 간접적 혁신성 (대리 혁신성)을 통한 사회적 학습의 매개효과[12]

C-Suite Summary

혁신적인 제품을 선호하고 채택하려는 소비자의 성향(즉, 혁신성향)은 신제품이든지 신서비스이든지의 여부와 관계없이 소비자의 브랜드 충성도, 신제품 선호도, 그리고 의사소통과 의사결정에 있어서 매우 중요한 역할을 할 수 있다(Hirshman, 1980).

기존의 실증 연구는 혁신적인 개인 성향(즉, 소비자의 내재적 혁신성향, Innate consumer innovativeness)과 혁신적 행동(즉, 신제품 채택 행동)의 관계에 대해 일관적이지 않은 결과를 보여주고 있다. 내재적 소비자 혁신성과 신제품 채택 행동의 관계를 연구한 실증적 연구에서는 때로는 긍정적인 관계이거나(e.g., Steenkamp and Gielens, 2003), 혹은 매우 약하거나 연결성이 없는 관계이거나(e.g., Foxall and Goldsmith, 1988; Im, Bayus, and Mason, 2003), 심지어 부정적인 관계(e.g., Venkatraman and Price, 1990)를 찾아내는 다양한 결과 분포

---

12   IM, Subin, Charlotte H. Mason, and Mark B. Houston(2007), "Does innate consumer innovativeness relate to new product/service adoption behavior? The intervening role of social learning via vicarious innovativeness," Journal of the Academy of Marketing Science, 35 (1), 63-75.

를 보여주고 있다. 이러한 일관적이지 않은 결과는 혁신적 개인 성향과 혁신적 행동의 관계를 설명할 수 있는 지금까지 고려되지 않았던 잠정적인 매개 효과가 있을 수 있음을 시사한다.

본 연구에서는 사회적 학습 관점(Social learning perspective)에 하여 신제품의 판매를 촉진시키는 광고보기, 입소문 구전하기(word-of-mouth), 그리고 모방하기를 대리적 혁신성이라고 정의하고, 이것이 소비자의 내재적 혁신 성향과 신제품 채택 행동의 관계에서 매개 변수로 역할을 하는지를 살펴보았다. 기존의 연구(Hirschman, 1980)에 근거하여, 본 연구에서는 대리적 혁신성을 '소비자가 대면이나 비대면으로 의사소통을 통해 신제품을 경험하고 학습하는 하나의 과정'으로 정의한다. 이러한 대리적 혁신성은 혁신적인 신제품 채택 행동과 긍정적인 관계를 가진다. 그 이유는 내재적으로 혁신적인 성향의 소비자는 신제품에 대해서 다른 사람들과 적극적으로 상호 소통하고 정보 수집 활동을 함으로써 자신의 개인적인 성향을 표현하고, 이는 궁극적으로 신제품을 채택할 가능성을 높이기 때문이다(Hirschman, 1980; Midgley and Dowling, 1978). 본 연구에서 제시한 모델은 일반적인 개인 성향 변수인 소비자의 내재적 혁신성향이 혁신적인 채택 행동에 대해 어떤 영향을 미치는지에 대해 개인적인 수준에서 검토한다. 그 외에도, 서비스를 이용하는지 제품을 구매하는지에 따라 소비자의 정보검색과 의사결정 과정이 달라진다는 선행 연구의 논거에 근거하여(Murray, 1991), 본 연구는 새로운 서비스의 채택 맥락에서의 혁신성향과 혁신적 채택 행동의 관계에 대한 분석을 추가로 진행하였다. 참고로 신상품은 신제품과 신서비스로 구분이 되는데, 신제품은 눈에 볼 수 있는 제조가 가능하고 운송, 보관, 유통이 가능한 새로운 애플 휴대폰인 아이폰을 예로 들 수 있다. 한편, 신서비스는 눈에 보이지 않고 운송, 보관,

유통을 필요로 하지 않는 고객센터나 소프트웨어 기술지원 서비스나 제품을 구동시키는 데 필요한 인터넷 서비스 등을 예로 들 수 있다.

이 연구에서는 동일한 응답자가 참여한 소비자 패널을 대상으로 두 번에 걸쳐 수집한 시계열 데이터(1단계의 횡단면 샘플의 수: 296개, 2단계의 종단면 샘의 수: 147개)를 사용하여 연구 가설검증이 이루어졌다.

연구 분석 결과, 본 연구는 소비자의 내재적 혁신성향이 신제품 채택 행동에 직접적인 영향을 미치지는 않지만 대리적 혁신성(Vicarious innovative-ness)의 세 가지 요소(광고보기, 입소문 구전하기, 모방하기) 중 광고보기를 제외한 두 요소인 입소문 구전 참여와 모방하기를 통해서 간접적으로 영향을 미친다는 것을 확인하였다. 서비스영역에서도 대리적 혁신성이 신제품 채택 과정과 유사한 매개 역할을 하며, 이는 신제품 채택 행동이 신제품의 소유 여부나 신제품의 상대적인 채택 시간과 같은 다양한 방법으로 측정했을 때에도 동일한 결과를 보여줌을 밝혀내었다.

1 이론적 배경

1 소비자의 혁신적 성향

본 연구는 소비자의 내재적 혁신성향을 개인의 내면화된 혁신적 성향과 인지 스타일을 반영한 성향으로 정의하였다(Kirton 1976;, IM, Bayus, and Mason, 2003). 기존 연구에서는 소비자의 혁신성향은 신제품군 전반에 걸쳐 적용될 수 있으며(Foxall, 1988), 해당 개념은 일반화된 성향의 관점에서 변화하는 경향(Hurt, Joseph, and Cook, 1977). 소비자의 독창성 추구(Hirschman, 1980; Manning, Bearden, and Madden, 1995), 또는 '새롭고 다른 신제품과 브랜드를 소비하려는 성향'(Steenkamp, Hofstede, and Wedel, 1999, p. 56)으로 정의되어 왔다.

② 혁신적 행동: 신제품 채택 행동

　본 연구는 기존연구와 다르게 혁신적 성향을 정보처리에 대한 개방성 및 새로운 자극과 경험에 대한 수용하는 과정(Process terms)으로 개념화하였다 (Goldsmith, 1984). 기존 선행 연구에서는 신제품 채택 행동(New product adoption behavior)을 혁신적 행동으로서(즉, '실제적으로 제품을 수용하는 것에 관한 혁신성향,' 혹은 새로운 생각과 신제품의 습득의 개념으로) (Hirschman, 1980; Midgley and Dowling, 1978) 다루어 왔다. 기존 연구(Rogers and Shoemaker, 1971, p. 27)에서는 신제품 채택 행동을 '개인이 그가 속한 사회 시스템의 다른 구성원들보다 혁신을 상대적으로 빠르게 수용하는 정도'로 정의하였다. 이렇듯 행동적 관점을 사용한 혁신성향의 연구에서는 세 가지의 주요한 방식을 통해 혁신적 행동 측정 방식을 적용하였다. 첫째, 많은 연구는 타 소비자에 비해 특정한 신제품의 채택까지 걸리는 상대적인 시간(즉, 상대적인 채택 시간)을 측정하였다(Rogers and Shoemaker, 1971). 둘째, 또 다른 연구에서는 응답자들이 사전 설정 목록에서 어떤 신제품을 구입하고 사용했는지 표시하는 횡단면적인 소유여부를(즉, 신제품의 소유와 사용 여부) 측정하는 방법을 사용하였다(e.g., Goldsmith, Freiden, and Eastman, 1995). 셋째, 기존의 다른 연구에서는 실제 행동 전 단계인 구매 의사를 측정하였는데(Holak and Lehmann, 1990) 실제로 소비자가 구매의사가 있다 할지라도 구매로 연결되지 않을 수도 있다는 비판으로 인해 잘 활용되고있지 않다. 이 연구에서는 신제품의 소유와 사용 여부, 그리고 상대적인 채택 시간(즉, 채택 이후의 사용 연수)의 두 가지 방식을 고려함으로써, 두 가지 측정법이 동일한 결과를 내는지에 대한 타당도를 평가하였다.

2 연구 가설 설정

1 소비자의 내재적 혁신성향과 혁신적 행동 간의 관계

본 연구는 그동안 논쟁이 되어 왔던 소비자의 내재적 혁신성향과 신제품 채택 행동 간의 관계를 검증하기 위해 경쟁 가설 접근법(Competing hypothesis approach)을 채택하였다(Armstrong, Brodie, and Parsons, 2001). 소비자의 내재적 혁신성향과 신제품 채택 행동 간의 관계는 소비자들의 제품 관여 정도에 따라 달라질 수 있다. 고관여 신제품(예: 소프트웨어나 가전제품)을 채택할 때 소비자의 내재적 혁신성향은 신제품 채택 행동에 긍정적인 영향을 미치는 반면, 저관여제품(예: 과자나 우유 같은 일반 식료품)을 채택할 때는 신제품 채택 행동을 증가시키는 역할을 하지 못한다(Foxall, 1995).

소비자가 신제품을 채택하는 초기단계에서 신제품을 인식하는 정도는 소비자의 독창성 추구 성향에 따라 달라지지만, 소비자가 신제품을 채택하는 후기단계에서 신제품을 시도해보는 행동은 소비자의 의사소통 의존성에 따라 영향을 받게 된다(Manning et al., 1995). 기존연구에서는, 포괄적인 방법으로 소비자의 혁신성향을 측정했을 때 소비자의 혁신성향이 신제품 채택 행동에 미치는 영향은 약하게 나타났지만, 패션이나 전자제품과 같은 특정 영역에서는 소비자의 혁신성향과 채택행동이 강한 연관성을 갖는 것으로 나타났다(Goldsmith et al., 1995). 그러나 다른 연구에서는(Steenkamp and Gelen, 2003) 소비자 혁신성향의 일반적인 특성과 소비자의 채택 행동 간의 인과 관계를 제시하면서, 실증적 선행 연구 결과에서 제시한 소비자의 내재적 혁신성향과 신제품 채택 행동의 관계가 일관적이지 않다는 것을 시사하였다. 따라서 본 연구는 가전제품 카테고리에서 소비자의 일반적인 특성인 소비자의 내재적 혁신성향은 신제품 채택 행동과 직접적인 관계를 갖지 않는다고 제안한다.

2 사회적 학습: 소비자의 내재적인 혁신성향과 신제품 채택 행동 간의 관계에서 대리적 혁신성이 가지는 매개 효과

신제품 채택 행동은 독창성 추구에 따른 일반화된 내재적 혁신성향과 신제품에 대한 타인과의 의사소통 경험을 포함한 정보 취득을 위한 의사소통에서 비롯된다(Hirschman, 1980). 이러한 외부 의사소통을 기존 문헌에서는 '대리적 혁신성(Vicarious innovativeness)'으로 정의해왔다(Hirshman, 1980, p. 285). 소비자는 새로운 정보를 기억에 저장하고 소비 결정을 내리기 위해 대리적 혁신성을 활용하면, 실제로 신제품을 채택하는 데 따르는 비용과 위험을 줄일 수 있다. 따라서, 혁신적 소비자는 대리적 혁신성을 통해 그들의 일반화된 성향을 드러내며, 이는 궁극적으로 특정한 채택 행동을 이끌어낸다.

대리적 혁신성을 가능하게 하는 의사소통은 비대면적인 것(예: 간접적인, 광고와 같은 대중매체)과 혹은 대면적인 것(직접적인, 입소문 혹은 타인의 행동을 모방하는 것과 같은 개인 간의 사회적 접촉과 대면)으로 분류될 수 있다(Andreasen, 1968). 우선 비대면적 의사소통 측면을 살펴보면, 비대면적인 의사소통은 신제품의 인식을 기르고 높이지만, 직접적인 사회적 대면이 실제 신제품 채택 행동에 더욱 영향력이 있음이 나타났다(Rogers and Shoemaker, 1971). 그러나 광고와 같은 비대면적 의사소통이 소비자의 신제품 채택에 직간접적으로 영향을 줄 것이라는 연구들도 제시되어 왔다(Day, 1974; Steenkamp and Gielens, 2003).

신제품에 관한 개인의 대면적 의사소통은 입소문(구전, WOM communication)과 타인의 행동 모방하기(Modeling)의 두 가지 형태로 나타날 수 있다. 입소문의 효과성은 정보 출처원의 신뢰성(Source credibility)과 진실성(Integrity)에 대한 인식 정도에 따라 달라진다는 점에 있다(Herr, Kardes, and Kim, 1991). 더욱이, 신제품 구매에 관해서는 구전 조언을 구하는 경우가 많기 때문에 일반적으로 이를 처리하는 데 소요되는 인지적 노력이 상당히 많고 그 중요성이 높은 편이다(Gilly et al., 1998). 따라서, 입소문은 복잡하고 평가하기 어려운 신제품, 즉 혁신을 설명하는 데 특히 영향을 미치는 것으로 나타났다(Murray, 1991).

소비자는 또한 그들의 사회적 네트워크에 존재하는 타인의 행동을 관찰, 즉 모방하기를 통해 배울 수 있다. 찰디니(Cialdini, 2001)의 연구에서는 신제품을 사용하고 있는 주변의 타인을 관찰하는 것이 가치 있고 바람직한 '사회적 증거(Social proof)'를 제공하는데, 신제품을 채택할지에 관한 의사결정과 같이 복잡하고 불확실한 결정을 내릴 때는 사회적 증거의 영향력이 높아질 것이라고 제안하였다.

사회 네트워크 관점은 높은 내재적 혁신성향을 지닌 소비자가 모방의 대상이 되거나 혹은 입소문 상대의 역할을 할 수 있는 자신과 유사한 타인과 더 많이 접촉해야 한다는 것을 제안한다(Brown and Reingen, 1987). 예를 들어, 혁신적 소비자가 그렇지 않은 소비자보다 더 사교적이고 사회적 행사(Social occasion)에 더 많이 참여한다(Midgley and Dowling, 1993). 더욱이 내재적인 혁신성향이 높은 소비자는 타인이 소유한 혁신적인 신제품을 알아차릴 가능성이 높고, 이는 입소문을 통해서 더 많은 대화를 이끌어낸다. 이외에도, 내재적 혁신성향이 높은 소비자는 광고와 같은 비대면적 의사소통을 통해 신제품에 대한 정보를 추구할 가능성이 높다(Bass, 1969). 이렇듯 소비자가 정보와 관련된 상호작용을 통해 카테고리에 대한 충분한 지식과 동기부여를 받을 때, 그들은 실제 신제품 채택을 하게 된다. 따라서 본 연구는 가전제품 카테고리에서 소비자의 내재적 혁신성향은 광고를 보거나 입소문에 참여하거나 혹은 타인을 모방하는 행동과 같은 대리적 혁신성을 높여, 결국 신제품 채택 행동에 간접적으로 영향을 미칠 것이라고 제안하였다.

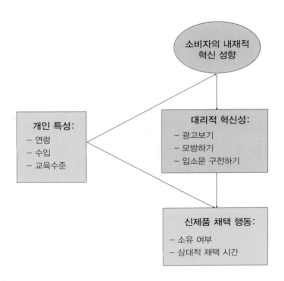

③ 새로운 서비스 채택 행동의 일반화

    서비스는 생산과 소비가 동시에 일어난다는 서비스의 동시성(Simultaneity)
과 눈으로 볼 수 없다는 서비스의 무형성(Intangibility)의 특성으로 인해 소비자
가 서비스 채택 결정과정에서 더 큰 위험을 인지하게 된다(Murray and Schlacter,
1990). 신제품과 비교해서 신서비스에 대한 정보를 탐색할 때 검색 정보의 질
이 더 낮고 서비스의 특성상 탐색 정보에 기반하여 품질을 예측하는 것보다 경
험에 기반하여 품질을 평가하는 비중이 더 높기 때문에, 소비자들은 구매 전에
서비스의 품질을 평가하는 데 어려움을 느낀다. 이에 더해서, 복잡한 서비스는
종종 고객이 구매 후에도 서비스의 품질을 평가할 수 없는 신용 속성(credence
qualities)이 높은 특징이 있다(Nelson, 1970). 기존의 연구에서는 서비스가 신용

속성이 높을수록, 소비자가 서비스 품질에 대해 인식하는 위험의 정도가 더 높음을 발견하였다(Mitra, Reiss, and Capella, 1999).

무형적인 서비스의 특징과 품질검색의 어려움은 소비자가 대리적인 경험을 통해 사전 구매 위험(Prepurchase risk)을 감소시키려고 하는 것을 방해한다. 비대면 광고는 검색 품질에 대한 정보를 효과적으로 전달할 수 있지만 경험이나 신뢰성 높은 품질을 보장할 수 없다(Shostack, 1977). 이런 고위험 상황에서, 소비자의 정보 탐색 행동은 대면적 정보 원천이 더욱 중요해지는 방식으로 변하고 있다(Murray, 1991). 입소문과 모방하기를 통해 소비자는 자신과 비슷한 타인으로부터 그들의 경험을 배울 수 있고, 이러한 사회적 증거는 또한 신뢰성 높은 품질과 연관 지을 수 있다(Cialdini, 2001). 따라서 소비자들은 신제품 구매에 비해서 서비스에 대해 개인적, 대면적으로 제품 정보를 획득하는 것을 더 선호하는데, 이는 소비자가 이러한 정보원들을 더 효과적이고 신뢰할 만하다고 여기기 때문이다(Murray, 1991). 요약하자면, 본 연구에서는 신서비스 채택에 있어서 신제품 채택과 유사하게 간접 매개 효과 모델을 적용할 수 있을 것으로 예상한다.

연구의 결과 정리

- 본 연구는 대리적 혁신성이 소비자의 내재적 혁신성향과 신제품 채택 행동의 관계에서 매개 효과를 가지는 점을 검증함으로써 사회적 학습 관점의 가치를 강조하고, 이 연구 프레임을 서비스 채택의 맥락으로 선행 연구를 확장하고 있다는 점에서 실무적 기여점을 제공한다.

- 본 연구는 아칸사스 세대주 연구 패널을 이용하여 데이터를 두 번에 걸쳐 종단적으로 수집하였다. 소비자의 내재적 혁신성향이 지속적인 특성을 가지며, 신제품 채택 행동이 시간의 경과에 따른 지속적인 특성임을 밝혔다.

- 본 연구의 결과는 소비자의 내재적 혁신성향의 일반화된 성향과 신제품 채택 행동의 관계뿐만 아니라, 내재적 혁신성향의 지속적인 특성과 두 기간에 걸친 신제품 채택 행동 간의 지속성 사이에 연관성이 없다는 종단적 증거를 제공한다.

- 신제품 소유에 대해 추정해본 결과, 광고보기가 신제품 소유에 부정적 영향을 미치지만, 입소문 참여와 모방하기는 신제품 소유에 긍정적 영향을 가진다는 것을 발견하였다.

- 신제품 채택을 하는 데 걸리는 상대적 시간을 추정해본 결과, 광고보기는 신제품 채택을 하는 데 걸리는 상대적인 시간과 관계가 없으나, 입소문 참여와 모방하기는 신제품 채택을 하는 데 걸리는 상대적인 시간에 긍정적인 영향을 가진다는 것을 발견하였다.

- 소비자의 내재적 혁신성향과 신제품 채택 행동 관계에서 세 가지 의사소통 요인(광고보기, 입소문 참여, 모방하기)의 간접효과를 검증해본 결과, 세 가지 의사소통 요인들을 통한 소비자의 내재적 혁신성향과 신제품 채택 행동 간의 간접효과가 직접효과보다 유의미하게 커진다는 것을 발견하였다.

- 신서비스 채택과 사용 여부에 대해 추정해본 결과, 광고보기는 서비스 사용과 관계가 없으며, 입소문 참여와 모방하기는 서비스 사용에 영향을

미치는 것으로 나타났다.

● 신서비스를 채택하는 데 걸리는 상대적인 시간을 추정해본 결과, 광고보기는 신서비스를 채택하는 데 걸리는 상대적 시간과 관계가 없으나, 입소문 참여와 모방하기는 신서비스 채택을 하는 데 걸리는 상대적인 시간에 영향을 미치는 것으로 나타났다.

실무적 시사점

　　본 연구의 결과는 기존의 사회적 학습의 관점의 통찰력을 기초로 신제품의 채택 행동모델을 설명하고 있다(Bandura, 1977). 본 연구를 통해 대리적 혁신성은 매개 역할을 하며, 이는 높은 내재적 혁신성을 가진 소비자가 신제품에 대한 사회적 의사소통에 더 많이 참여할 때 신제품을 채택할 가능성을 높이는 효과가 있다는 것을 밝혔다.

　　본 연구는 또한 개인의 대면적 의사소통(즉, 입소문 참여, 모방하기)이 비대면적 의사소통(즉, 광고보기)과는 다르게 신제품 채택 행동에 대해 일관적으로 중요한 역할을 하는 점을 밝혀내었다. 신제품 채택을 예측하는 과정에서 광고는 본 연구의 예측과 다르게 부정적인 영향을 나타냈다. 이러한 결과는 신제품 채택이 위험하다는 전제에서 정보의 비대면적 근원보다는 대면적 근원이 신제품 채택 위험을 감소시킨다는 주장을 지지한다(cf. Gilly et al., 1998; Murray, 1991). 이렇듯 예상과 다른 결과를 증명하기 위해, 본 연구는 예상할 수 있는 상호작용 효과를 검증하였고 광고에 대한 부정적인 상호작용을 발견하였다. 이는 강력한 입소문 효과가 광고와 채택 행동 간의 관계를 억제한다는 사실을 제안한다. 따라서, 본 연구는 광고가 해로운 것은 아니지만 입소문의 존재에 비해서 상대적으로 덜 효과적임을 주장한다. 그러므로, 마케팅 실무자들은 혁신적인 채택 행동에 영향을 주기 위해 개인적 인식과 입소문을 통한 의사소통을 촉진할 방법을 찾을 필요가 있다. 특히, 모방을 가능하게 하는 인구통계학적으로 유사한 목표 그룹의 설정과, 긍정적인 고객 입소문을 퍼뜨린 소비자에게 보상을 제공하는 전략은 타당할 것이다.

본 연구는 채택 행동에 대한 두 가지의 측정 방법(즉, 제품의 채택과 소유 여부, 상대적인 채택 시간)을 제안하고 이들이 유사한 결과를 가져온다는 것을 확인하였다. 이 측정법들은 서로 연관되어 있으며 의사소통 요인들에 관해 방향성과 규모의 측면에서 비슷한 결과를 나타냈다.

새로운 서비스 채택의 맥락에서 보면, 신제품에 관한 본 연구의 결과를 쉽게 일반화할 수 있다. 서비스의 맥락에서 대리적 혁신성은 소비자의 내재적 혁신성향과 새로운 서비스 채택 행동 사이에서 강한 매개 변수의 역할을 하며, 이는 신서비스의 소유(사용)와 채택에 걸리는 상대적인 시간에 대해서 유사한 결과를 보여준다. 다시 말하여, 특히 입소문 참여, 모방하기 같은 대면적 의사소통 요인들은 신서비스의 채택 행동에 긍정적인 영향을 주지만, 광고보기와 같은 비대면 요인은 아무 영향을 미치지 않는다.

본 연구는 예상과는 다르게 광고 보기가 채택 행동을 강화하지 않는다는 것을 확인하였으며, 입소문과 모방하기는 채택 행동을 강화한다는 것을 발견하였다. 이는 초기 수용자와 후기 수용자가 각각 광고를 통한 비대면적 의사소통과 입소문을 통한 대면적 의사소통에 영향을 받는다는 전통적인 확산 연구와 대비되는 결과이다. 이에 비해, 전통적인 혁신 확산 연구에서는 광고와 입소문이 시간이 지남에 따라 총매출에 어떻게 영향을 미치는지 조사하고, 소비자들이 가지는 혁신적인 성향을 고려하지 않고 초기 수용자들을 식별해왔다. 따라서, 본 연구는 입소문 참여와 모방하기가 신제품 및 새로운 서비스 채택 행동을 강화시킨다는 것을 확인하고 이러한 결과가 혁신 확산 모델 관점(Diffusion of innovation model perspective)에서 재해석되어야 한다는 점을 제안하였다.

본 연구는 소비자의 내재적 혁신성향과 신서비스 사용에 대한 연령과 교육 수준의 유의미한 영향을 발견했고, 아이러니하게도 수입은 효과가 없음을 확인하였다. 또한 본 연구의 결과는 더 젊고 교육 수준이 높은 소비자가 일반적으로 신제품을 더 많이 구입할 가능성을 배제하지는 않는다는 것을 보여주었다.

제7장

창조성과
신제품팀의
지식관리

01

하이테크 기업에서 지식의 유형과 전략 지향성이 신제품 창의성과 경쟁우위에 미치는 영향[13]

C-Suite Summary

　　다양한 유형의 지식이 신제품 경쟁 우위에 차별화된 영향을 미칠 수 있기 때문에, 기업의 전략 지향성을 고려하여, 지식 유형의 포트폴리오를 관리하는 것은 신제품의 성공을 위해 필수적이다. 그러나, 현재까지의 문헌에서는 지식 유형과 전략 지향성의 동적 역량이 신제품 개발(NPD) 결과에 어떤 영향을 미칠지에 대한 이해가 부족한 상황이다.

　　본 연구는 신제품 개발 성과의 결정요소로서, 경쟁 우위에 영향을 미치는 두 가지의 지식 유형(지식의 복잡성 및 지식의 암묵성)과 두 가지 형태의 전략 지향성(기술 지향성 및 시장 지향성)이 신제품 개발 결과의 결정요소인 창의성과 경쟁 우위에 어떻게 영향을 미치는가에 대해 초점을 맞추고 있다. 구체적으로, 본 연구는 자원 기반 관점(Resource Based View) 이론을 바탕으로, 지식의 유형과 전략 지향성이 신제품 창의성의 두 가지 차원인 독창성과 의미성에 어떻게

13　Namwoon Kim, IM, Subin, and Stanley F. Slater(2013), "Impact of Knowledge Type and Strategic Orientation on New Product Creativity and Advantage in High-Technology Firms," Journal of Product Innovation Management , 30 (1); 136-153.

영향을 미치는지 검증하였다. 더불어, 신제품 창의성의 두 가지 차원이 어떻게 제품 우위의 두 가지 측면인 소비자 만족도와 제품 차별화에 다르게 영향을 미쳐서, 궁극적으로 우수한 신제품 성과로 이끌 수 있는지를 제시하고자 한다. 본 연구는 미국 하이테크 기업 내의 마케팅 및 프로젝트 매니저를 표본 대상으로 100개의 설문을 수집하여 데이터를 구축하였으며, 연구 모델 내의 가설을 실증적으로 검증하였다.

실증분석 결과, 지식의 형태와 전략 지향성이 신제품 창의성의 두 가지 차원인 독창성과 의미성에 다르게 영향을 미치는 것으로 나타났다. 암묵적 지식에 대한 높은 의존이 신제품 의미성을 저해하는 반면, 지식의 복잡성에 대한 높은 의존은 신제품의 독창성과 의미성을 모두 향상시키는 것으로 나타났다. 예상했던 것과 같이, 시장 지향성과 기술 지향성은 각각 신제품의 의미성과 독창성 차원을 향상시킨다. 또한, 신제품의 독창성과 의미성은 신제품 경쟁우위의 요소인 제품 차별화와 소비자 만족도를 높이고, 이 두 가지의 신제품 경쟁우위의 요소는 모두 신제품 성과에 기여한다. 더 나아가서, 본 연구에서는 시장 지향성과 지식의 복잡성의 조합과, 기술 지향성과 지식의 암묵성의 조합이 상호작용 효과에 있어서, 신제품의 독창성과 의미성 모두에 긍정적인 영향을 미치는 것으로 나타났다.

결론적으로, 본 연구의 결과를 통해 프로젝트와 제품 매니저는 신제품 개발 팀 내의 팀원 간에 조직 내 지식을 공유하게 격려하여 각 부서에서 나오는 구조화되지 않은 지식의 전달성과 명시성을 높이는 것이 중요하며, 또한 신제품의 창의성을 충분히 개발하기 위해서는 기술 지향성과 시장 지향성 측면을 모두 촉진해야 한다는 점을 제시하고 있다. 자원 기반 관점이론(Resource Based view; RBV) 을 바탕으로, 본 연구는 신제품 개발 성과의 결정요소인 경쟁 우위에 영향을 미치는 두 차원의 지식 유형, 즉 지식 복합성(상호 의존적 지식이 얼마나 많이 포함되어 있는지)과 지식의 암묵성(지식이 전달되기 위해 얼마나 쉽게 정리될 수 있는지)과 두 가지 형태의 전략 지향성, 즉 기술 지향성과 시장 지향성에 초점을 맞추고 있다. 기술 지향성은 하이테크 기업이 향상된 제품을 개발하는 데 요구되는 기술적 지식을 생산하는 핵심적인 무형 자산이지만(Gatignon and Xuereb, 1997), 시장 지향성(예: Kohli and Jaworski, 1990; Slater and Narver, 1998)은 잠재된 소비자의 니즈와 경쟁사의 역량, 전략, 제품에 관한 지식을 제공한다. 본 연구는 우월한 신제품 성과를 이끄는 신제품 창의성의 두 개의 차원(독창성과 의미성)이 두 개의 신제품 경쟁우위의 측면인 고객 만족도와 제품 차별화에 어떻게 다르게 영향을 미치는지를 제시한다. 그림 6은 이 연구가 제시하고 검증한 연구모형을 보여준다.

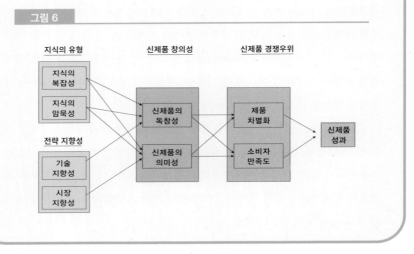

그림 6

제7장 창조성과 신제품팀의 지식관리

1 이론적 프레임워크와 연구 가설

1 신제품 창의성에 대한 지식 유형의 효과

아마빌리(Amabile, 1983)에 의한 신제품 창의성은 독창성(즉, 신제품의 고유성과 독특한 차별점의 정도)과 의미성(즉, 신제품이 목표 소비자에게 적절하고 유용한 측면을 제공하는 정도)으로 구성되어 있다. 창의적인 아이디어를 창출하고, 그 아이디어를 혁신적인 신제품으로 변환하여, 시장에 그 제품을 출시하는 능력은 신제품 경쟁우위에 반영되는 경쟁력을 부여하는 기업의 역동적 역량으로 여겨진다(e.g., Ettlie and Pavlou, 2006; Leonard-Barton, 1992).

지식의 요소와(e.g., Amabile, 1998; Sethi, Smith, and Park, 2001) 전략 지향성(Im and Workman, 2004; Grinstein, 2008b)은 신제품 창의성에 영향을 주는 가장 중요한 두 가지 선행요인으로 주장되어 왔다. 지식 전달 및 통합의 가치를 설명하기 위해, 우리의 연구는 지식의 여러 차원과 유형 중 다음과 같은 이유에서 지식의 암묵성과 지식의 복잡성 차원에 초점을 맞추고 조사하였다. 다기능 조직에서 조직 구성원들의 기억 속에 서로 다른 수준으로 신제품 개발에 대한 지식이 축적되어 있고 겉으로 드러나지 않고 몸에 배어 있는 조직 구성원들의 암묵적 지식뿐만 아니라 복잡한 지식의 탐구를 통해 신제품 개발에 대한 지식이 양성될 수 있다(Eisenhardt and Santos, 2002). 본 연구는 신제품 창의성을 촉진하는 경쟁적 자원으로 지식을 간주하여 그것의 영향을 탐구하기 때문에, 해석이 더 모호하고 어려운 지식일수록 구성원의 창의적 생각을 자극할 수 있으며 유망한 시장을 선점할 다양한 기회를 찾아낼 수 있다. 따라서 이러한 지식의 두 차원이 신제품 개발 과정에서 얼마나 잘 통합되고 실행되었는지에 따라 신제품의 성공 여부가 달려 있다(Doz, Santos, and Williamson, 2001; Hansen, 1999).

암묵적(tacit) 지식은 글로 기록할 수 없는 주관적 통찰력, 직관력, 그리고 예감으로부터 오는 지식으로 구성되어 있는(Teece, 1998) 반면, 명시된(codified) 지식은 문서, 특허, 청사진, 보고서와 같은 접근 가능한 출처가 있고, 매뉴얼에서 찾을 수 있는 지식으로 구성되어 있다(Inkpen and Dinur, 1998). 한편, 복잡한 지식은 전략적으로 관련된 현상에 대한 상호 의존적인 복잡한 지식의 묶음으로 이루어져 있으며, 단순한 지식은 각각의 다른 지식들이 독립적인 특성을 가지고 있다. 특히 복잡한 지식은 기업이 경쟁 우위를 창출함에 있어서 중요한 원천으로 고려되어 왔다(Kogut and Zander, 1992).

② 지식의 암묵성과 신제품 창의성 간의 연결고리

암묵성이 높은 지식은 모방하기 어렵고, 지식 소유자가 고유하게 지니는 상대적으로 유동성이 적은 것으로 그 소유자를 다른 경쟁자들로부터 구별시키는 무형 자원이다(Eisenhardt and Santos, 2000; Gupta and Govindarajan, 2000). 암묵적 지식은 모방이 불가하고 독창적이기 때문에, 시장의 새로운 기회와 시장의 문제에 대한 창의적 해법을 가져올 수 있는 기업 자원으로서, 기업이 혁신적 경쟁 우위를 얻고 유지할 기회를 제공한다(Berman et al., 2002). 암묵적 지식은 기존의 행동 양식에서 벗어나 새로운 가능성을 탐색함으로써 기업에 독창적 아이디어를 제공한다. 이러한 논리의 흐름에 따라, 신제품 컨셉에 암묵적 지식으로부터 도출된 많은 아이디어를 포함시키려는 기업의 노력은 소비자들에게 차별적이고 독특한 해결책을 제공해줄 것이고, 이는 신제품의 독창성을 증가시키는 데 도움을 줄 것이다. 따라서 본 연구는 암묵적 지식에 대한 의존도가 높을수록, 신제품의 독창성이 높아진다고 제안한다.

한편, 높은 수준의 암묵적 지식은 일반적으로 명시화하기 어렵고 소통하기 어렵다(Hansen, 1999; Kogut and Zander, 1992; Teece, 1998). 암묵적 지식은 정형화하기 어려우며, 같은 부서에 있는 직원들에게만 전달될 수 있기 때문에, 서로 다른 부서 간에 그러한 지식을 공유하는 것은 명시화된 지식을 공유하는 것보다 훨씬 더 어렵다(Grant, 1996a; Nonaka, 1994). 신제품 개발에 있어서 암묵적 지식에 대한 의존은 신제품 의미성에 부정적인 영향을 가질 것이라고 제시된다. 고객에게 의미성 있는 제품을 제공하기 위해서는 신제품 개발 팀원들이 목표 고객들을 위한 신제품의 유용성 측면뿐만 아니라, 잠재적인 고객들의 니즈와 기대를 맞추기 위한 광범위하고 명시적인 정보를 공유하는 과정이 필수적이다(Amabile, 1983; Im and Workman, 2004). 암묵적 지식은 명시화된 지식과는 달리 표현이 어렵고 모호한 특성으로 인해 구성원들 간의 소통에 대한 어려움이 발생하여, 다른 부서로의 지식 전달 속도가 느리고 더 많은 비용이 발생하는 특징이 있다(Teece, 1998). 이러한 논리의 흐름에 따라, 암묵적 지식은 서로 다른 기능적 배경을 가진 신제품 개발 팀원들이 적절한 시장과 기술 정보를 공유하는 것을 방해하고, 목표 고객에게 의미성 있는 가치를 제공하는 신제품 컨셉을 개발하는 것을 억제한다. 따라서 본 연구는 암묵적 지식에 대한 의존도가 높을수록, 신제품 의미성이 낮아진다고 제안한다.

③ 지식 복합성과 신제품 창의성 간의 관계

신제품 개발 팀이 지닌 지식이 이질적이고 다양하며 양적으로 깊은 성격을 가진 복잡한 지식 자원이라면 혁신적이거나 기존의 틀을 벗어나는 신제품 컨셉을 만들어내는 중요한 단서가 되기 때문에 독특하고 고유한 신제품을 만드는 풍부한 원천이 된다(Amabile, 1988; De Luca and Atuahene-Gima, 2007; Eisenhardt and Santos, 2002). 기술 및 시장 정보에 깊게 뿌리박고 있는 신제품 개발에 대한 복잡한 지식은 새롭고 다양한 아이디어를 만들어낼 수 있는 잠재력을 지니고 있기 때문에, 신제품의 독창성을 강화할 것이다. 기존 연구에서는 기업이 새로운 지식을 만들기 위해 깊고 다양하게 내재된 기술을 비축하는 것이 혁신적 결과를 만들 수 있는 잠재적인 경쟁우위라고 주장한다(Hargadon and Fanelli, 2002). 조직 내의 이질적인 복잡한 지식은 해당 조직이 보유한 잠재적인 혁신 아이디어의 풍부한 원천을 반영하며, 해당 조직이 경쟁 기업보다 파격적으로 보이는 독창적이고 새로운 해결책을 도출할 수 있는 보다 좋은 아이디어를 제공하게 한다. 따라서 본 연구는 지식 복잡성에 대한 의존도가 높을수록, 신제품 독창성이 높아진다고 제안한다.

다양한 지식의 원천을 활용하는 기업의 능력은 고객의 니즈를 충분히 충족하지 못한 시장이나 새로운 기술적 기회를 탐색하는 과정에서 이점으로 작용될 수 있다(e.g., De Luca and Atuahene-Gima, 2007; Kogut and Zander, 1992). 다양한 조직 정보를 결합하여 복잡한 지식을 창출할 수 있는 기업의 능력은 보다 고객 중심적이고 가치 있는 아이디어를 가져오며, 궁극적으로 신제품의 의미성을 높일 것으로 기대된다. 이는 복잡한 지식의 다기능적인 속성이 고객 기대에 대한 회사의 포괄적 이해를 넓혀주며 의사결정의 기회를 향상시켜서 결과적으로 신제품 의미성을 향상시킬 수 있기 때문이다. 따라서 본 연구는 지식 복잡성에 대한 의존도가 높을수록, 신제품 의미성이 높아진다고 제안한다.

④ 전략 지향성이 신제품 창의성에 미치는 효과

전략 지향성은 '기업이 상황에 따른 적절한 조직행동을 개발하여 기업활동에서 지속적으로 우수한 성과를 창출하기 위해 실행하는 기업의 전략적 방향'을 뜻한다(Gatignon and Xuereb, 1997, p. 78). 전략 지향성은 기업이 지식 생산의 초점을 결정하는 데 도움을 주고, 신제품을 개발하고 출시할 자원이 되기 위해 지식을 공유하고 통합하는 방법을 돕기 때문에 신제품 개발 지식 관리에 있어서 대단히 중요한 역할을 한다(Teece, 1998). 앞서 언급했듯이, 기업의 지식 생산 활동에 대한 초점을 반영하는 몇 가지 다른 전략 지향성이 존재한다. 예를 들어, 기존 연구에서는 기업의 전략 지향성을 특징 짓기 위해 시장 지향성과 기술 지향성을 사용하였다(Gatignon and Xuereb, 1997). 또 다른 연구에서는 (Grinstein 2008a) 시장 지향성은 전략 지향성이며, 어떻게 기업이 보다 성공적인 시장 정보와 반응을 얻을 수 있는지를 이해하기 위해 기술 지향성과 같은 다른 차원의 전략 지향성을 결합하여 연구되어야 한다고 주장하였다. 따라서 시장 지향성과 기술 지향성으로 구성되어 온 포괄적 의미의 전략 지향성은 하이테크 시장에서 신제품 창의성에 가장 큰 영향을 가질 것이라고 예상할 수 있다.

구체적으로, '외부정보를 수렴하는' 역량으로서의 시장 지향성은 신제품의 의미성 차원을 유의미하게 향상시킬 것으로 추측되며, '내부정보를 확산하는' 역량으로서의 기술 지향성은 신제품의 독창성을 강화시킬 것으로 추측된다. 이는 시장 지향성이 고객을 위한 총체적 가치 또는 경쟁 시장에서 고객 요구에 대한 해법으로 고객의 니즈를 이해하고 제품을 제공하는 데 주로 초점을 맞추기 때문이다(Slater and Narver, 1998). 따라서, 시장 지향성을 반영한 제품 콘셉트는 고객에게 반드시 독창적이지는 않지만 의미성이 높을 수 있다. 반면 기술 지향성을 반영한 제품 콘셉트는 새롭고 독특한 사양을 제시하고, 기술 혁신에서 기인한 기능을 강조하며 이는 제품의 혁신적인 측면을 끌어올린다(Zhou et al., 2005). 따라서 기술 지향성에 기반한 신제품은 독창적일 수는 있지만, 반드시 의미성이 높지는 않다.

1 시장 지향성과 신제품 의미성 간의 관계

시장 지향적 기업은 시장 정보의 개발과 대응을 통해 우수한 고객 가치를 창출하고 유지하는 것에 최우선 순위를 둔다(e.g., Kohli and Jaworski, 1990; Slater and Narver, 1995). 전략 지향성으로서의 시장 지향성은 목표 시장의 선호에 부합하는 제품을 만드는 방법에 대한 정보를 제공한다는 점에서 경쟁 우위로 이어지는 전략적 무형 자원으로 관리할 수 있다(Hult and Ketchen, 2001; Hunt and Morgan, 1995). 다시 말하면, 시장 지향성은 '근본적으로 기업이 구매자를 위해 창출할 수 있는 가치에서 시작해서 경쟁 우위를 성장시켜 나간다'(Porter, 1985, p.16).

시장 지향적 기업은 전사적 수준에서 고객의 표현 및 잠재 요구에 대한 정보를 개발하고 이에 대응하기 때문에 기업의 시장 지향성이 신제품의 의미성을 증가시킨다. 조직 학습 관점 이론에서 보면, 시장 지향성은 우수한 고객 가치를 제공하기 위해 시장 정보를 생성, 전파 및 대응하는 것과 직접적으로 관련되기 때문에 신제품의 의미성을 향상시킨다(Slater and Narver, 1995). 즉, 고객의 니즈와 시장 동향에 대한 통합적인 노력을 장려하는 고도의 시장 지향적인 기업은 경쟁사보다 고객에게 더 유용하고 의미성 있는 신제품을 개발하는 경향이 있다. 따라서 본 연구는 기업의 시장 지향성이 커질수록, 신제품의 의미성이 높아진다고 제안한다.

② 기술 지향성과 신제품 독창성 간의 관계

기술 지향성은 '실질적 기술적 배경을 습득하려는 능력과 의지'로 정의된다(Gatignon and Xuereb, 1997, p.78). 기술 지향성은 연구개발에 대해 실질적으로 투자하기, 신제품 개발에 있어 최신의 첨단, 정교한 기술을 활용하기, 산업군 내외에 있는 신기술에 대한 적극적인 조사, 획득과 신속한 정보 통합하기 등의 조직 행동을 포함한다(Gatignon and Xuereb, 1997; Han, Kim, and Kim, 2001). 기술 추진을 반영하는 기술 지향성은 선구적이고 최첨단의 기술을 사용하는 개념에 초점을 맞추는 반면, 시장의 요구를 충족시키려는 차원(market pull)을 반영하는 시장 지향성은 고객 요구를 더 잘 충족시키는 신제품 개념을 발현한다(Zhou et al., 2005). 그래서, 강한 기술 지향성을 지닌 기업은 신제품 개발 과정에서 우수한 기술을 기반으로 차별화되고 독특한 신제품 아이디어를 개발하고 통합할 것으로 기대된다. 이러한 흐름에 따라, 시장의 새로운 기술 트렌드를 따라잡는 기업은 기술 추진력을 기반으로 독창적인 신제품을 만들어낼 것이다. 따라서 본 연구는 기업의 기술적 지향성이 커질수록, 신제품 독창성이 높아진다고 제안한다.

⑤ 신제품 창의성이 신제품 경쟁우위에 미치는 영향

신제품 경쟁우위는 우수한 신제품 성과의 가장 중요한 결정요소 중 하나이고(Cooper and Kleinschmidt, 1987; Song and Parry, 1997), 개발된 제품을 경쟁 제품과 비교했을 때, 제품 차별화 및 고객 만족도 차원에서 우월함이 인식되는 정도로 정의된다. 이 연구에서는 신제품 경쟁우위를 제품 차별화와 고객 만족도의 두 가지 차원으로 구분했다. 첫 번째 차원인 제품 차별화는, 제품 이미지와 전략적 포지셔닝 측면에서 경쟁 제품과 비교한 신제품의 차별적인 우월성 정도를 나타낸다(e.g., premium brand/pricing, Homburg, Workman, and Krohmer, 1999; Song and Parry, 1997). 두 번째 차원인 고객 만족도는, 신제품이 고객의 니즈와 기대를 만족스럽게 충족시키는 정도를 의미하는데(Oliver, 1997), 이는 소비자가 인식할 때, 지불한 가격에 상응하는 신제품을 획득했다는 만족도의 수준을 반영한다(Anderson, Fornell, and Lehmann, 1994; Zhang, Vonderembse, and Cao, 2009).

기존의 연구에서는 신제품의 창의성이 제품의 새롭고 유용한 품질을 향상시킴으로써 신제품 경쟁우위를 창출한다는 것을 보여주었다(Kleinschmidt and Cooper, 1991; Song and Montoya-Weiss, 2001). 신제품의 첨단 기술이나 제품 디자인은 경쟁 제품보다 색다른 시장의 요구를 더 효과적으로 해결하는 데 도움이 되는데, 이는 첨단 기술 포트폴리오를 기반으로 한 독창적인 신제품이 경쟁사 제품과 차별화되면서 신제품의 고급화를 달성하기 때문이다(Song and Parry, 1997). 따라서 본 연구는 신제품의 독창성이 커질수록, 신제품의 차별성이 커진다고 제안한다.

의미성 있는 신제품은 고객의 요구에 대응하여 우수한 디자인과 예상치 못한 기술적 진보를 제품에 포함함으로써 제품의 차별성을 강화할 수 있다(Hargadon and Sutton, 1997). 의미성 있는 신제품 역시 품질관리와 개선을 통해 기존의 제품과 서비스를 현재의 고객 니즈에 적응시키고, 제품과 시장 니즈의 적합도를 극대화한다(Ettlie, Bridges, O'Keefe, 1984). 예를 들어, '품질의 집(House of Quality)' 개념은 미국과 기타 강대국들 사이에서 일본의 제조업이 위협적인 존재로 떠오르면서, 미국의 시각에서 일본 제품의 품질이 우수한 이유를 품질관리 매트릭스로 표시한 것이다. 품질의 집은 고객 니즈(예: 프린터에서 요구되는 인쇄 품질)와 공학적 특성(예: 프린터에서 제공하는 최대 해상도 능력) 간의 적합성을 개선하기 위해 사용되었으며(Crawford and Di Benedetto, 2006), 제품을 설계할 때 고객의 니즈와 취향을 반영하여야 한다는 콘셉트를 기반으로 하고 있다. 또한 제품 특성의 의미성 수준이 높을수록 신제품에 대한 고객 만족도가 높아질 수 있다(Anderson and Mittal, 2000; Szymanski and Henard, 2001). 신제품의 의미성은 고객의 기대와 니즈를 충족시키는 것과 관련이 있기 때문에 신제품에 대한 고객 만족도를 높일 것으로 기대된다. 이러한 두 가지 관점을 결합하면, 의미성 있는 신제품 솔루션을 강조하는 기업은 독특한 고객 혜택을 제공할 수 있는 차별화된 제품을 제공하고 동시에 소비자의 만족도를 높여 경쟁 우위를 확보한다는 것을 시사한다. 따라서, 본 연구는 신제품의 의미성이 커질수록, 신제품에 대한 제품 차별화와 소비자 만족도가 높아진다고 제안한다.

⑥ 신제품 경쟁우위가 신제품 성과에 미치는 영향

신제품 경쟁우위의 두 가지 차원, 즉 제품 차별화와 소비자 만족도는 경쟁 제품에 비해서 매출, 시장점유율, 투자 수익률 및 이익 측면에서 신제품 성과를 향상시킬 것이다. 제품 차별화는 혁신적인 기술과 디자인을 기반으로 차별화된 포지셔닝을 제공하는 반면, 소비자 만족도는 고객 충성도 및 반복 구매, 그리고 긍정적인 입소문를 통해 신제품 성과를 높여서 뛰어난 수익성을 창출하기 때문이다(Anderson and Mittal, 2000; Szymanski and Henard, 2001). 따라서 본 연구는 신제품의 제품 차별화와 소비자 만족도가 신제품 성과를 높인다고 제안한다.

연구의 결과 정리

● 본 연구는 지식 유형과 전략 지향성이라는 서로 다른 기업 자원의 사용이 신제품의 경쟁우위를 얻는 과정에서 신제품 창의성에 서로 다른 영향을 미칠 수 있다는 결과를 제시하고 있다.

● 본 연구는 높은 암묵적 지식에 의존하면 신제품의 독창성이 향상되는 반면, 의미성을 저해할 것이라고 예상했다. 그러나 연구분석 결과, 높은 암묵적 지식에 의존하는 것이 신제품의 독창성을 향상시키지는 못하는 반면, 신제품의 의미성을 오히려 저해하는 것으로 나타났다.

● 이러한 결과는 신제품 독창성을 달성하기 위해서는 높은 수준의 암묵적 지식보다는 비교적 적당한 수준의 암묵적 지식이 필요할 수 있다는 것이다. 이 결과와 관련해서, 최근 연구에서는 암묵적 지식이 축적되면서 신제품 개발에 미치는 영향이 감소하는 속도로 증가한다고 밝혔는데, 이는 핵심 역량인 지식이 어느 시점 이후에는 그 효과가 부정적으로 작용하여 신제품 개발의 진행을 억제하기 때문이다(Berman, Down, and Hill, 2002).

● 본 연구의 결과, 복잡한 지식에 의존하는 것이 독창성과 의미성을 향상시키는 것으로 나타났다.

● 본 연구에서는 시장 지향성은 신제품의 의미성을 향상시키며, 기술 지향성은 신제품의 독창성을 높이는 것으로 나타났다.

● 본 연구의 결과, 신제품 독창성이 제품 차별화를 높이는 반면에, 신제품의 의미성은 제품 차별화와 소비자 만족도 모두에 미치는 긍정적인 영향력을 가지는 것으로 나타났다.

● 본 연구의 결과에서는, 신제품 경쟁우위의 두 차원인 제품 차별화와 소비자 만족도는 신제품 성과를 향상시키는 것으로 나타났다.

실무적 시사점

   본 연구는 기업 매니저들이 특히 제품 매니저와 마케팅 매니저가 고려해야 할 몇 가지 중요한 지침을 제공한다. 첫째, 본 연구는 제품 매니저는 다기능 부서로부터 신제품 개발 팀조직 내에서 팀원들 간의 정리되지 않은 지식의 공유 및 활용을 격려하여서 지식의 전달성과 명시성을 높여야 함을 제시한다. 동시에, 매니저들이 신제품 개발팀에서 이러한 다방면의 지식을 축적, 공유, 배포하도록 직원들을 격려함으로써 신제품의 독창성과 의미성을 모두 높이기 위해 다양하고 독특하며 폭넓은 지식을 관리할 필요성이 있음을 권고한다. 매니저가 팀을 관리함에 있어서, 암묵적 지식에 의존할 때 생기는 부정적인 영향을 줄이고 변화하는 고객 니즈와 기대를 충족할 수 있는 더 많은 기회를 제공함으로써 소비자에게 새로운 제품의 의미성을 증가시킬 수 있다.

   둘째, 본 연구는 매니저가 기술 지향적이고 시장 지향적인 사업 계획의 실천을 촉진할 것을 제안한다. 왜냐하면 이 두 가지 차원의 전략 지향성은 신제품 창의성의 독창성과 의미성을 각각 향상시키기 때문이다. 또한 이러한 전략 지향성 차원들을 다양한 지식 유형과 잘 조합할 때 신제품 창의성을 촉진할 수 있다. 매니저들은 암묵적 지식이 창의성에 미치는 부정적인 영향이 기술 지향성이 높은 문화에서 완화되고 복잡한 지식의 긍정적인 영향은 시장 지향성이 높은 문화에서 현저하게 향상된다는 점을 이해해야 한다. 이러한 실증적 발견은 경쟁우위를 창출하는 창의적 제품의 도입을 위해서 서로 다른 지식 유형을 강조함에 있어서 전략 지향성과의 조합이 갖는 중요한 상호작용 역할을 고려해야 함을 시사한다.

02

신제품 성과를 향상시키기 위한 다기능 융합의 촉진: 집단 효율성 이론의 관점에서[14]

C-Suite Summary

자동차 업계에서 일부 대기업들이 주춤하는 모습을 보였을 2000년대 초반 당시 비엠더블유(BMW)는 건실한 매출과 고수익을 달성하는 데 성공했다. 포드(Ford), 지엠(GM), 다임러(Daimler), 클라이슬러(Chrysler)가 모두 상당한 재정적 손실을 겪고 수천 명의 근로자를 해고한 반면에, BMW는 2005년 기준으로 600억 달러의 기록적인 매출을 달성했으며 새로운 인력을 확충했다(Business Week, 2006a; 2006b). BMW는 또한 메르세데스 벤츠의 시장점유율을 넘어서 세계 최대의 고급차 제조업체가 되었다. 이처럼 BMW가 큰 성공을 거둔 것은 BMW 7 시리즈나 미니 쿠퍼와 같이 성공적인 신차 모델을 개발하는 능력에 기인하는데, 고객들은 이 새로운 모델들이 스타일, 품질, 기술 공학 면에서 타의 추종을 불허한다고 말한다. 자동차 시장에서 가장 까다로운 시장으로 알려진 고급차 구매자들을 위해서 BMW만큼 신차 모

14   Nakata, Cheryl and Subin IM(2010), "Spurring Cross-Functional Integration for Higher New Product Performance: A Group Effectiveness Perspective," Journal of Product Innovation Management, 27 (4), 554-571.

델을 빠르고 잘 설계하여 도입하는 신속한 발걸음과 성공의 확신을 보인 기업은 거의 없었다.

　　그렇다면, BMW는 이런 결과를 어떻게 달성할 수 있었을까? 한 가지 답은 다기능 신제품 개발팀을 적극적으로 활용하고 있다는 것이다. BMW는 관리자 대 근로자라는 전통적인 계층구조와 관료주의를 제거하고, 이를 엔지니어, 디자이너, 마케터 및 기타 전문가들로 구성된 다기능의 융합 팀으로 대체했다(Business Week, 2006a; 2000c). 이 다기능 팀은 팀원들의 암묵적인 지식, 다양한 견해, 보완적인 기술을 활용하여 시장에서 인기 있는 신차 모델을 구상하고 출시하기 위해 신속하고 능수능란하게 일했다. BMW가 생산하는 롤스로이스 팬텀(Rolls-Royce Phantom)을 일례로 들어보자. 이 모델은 BMW의 다기능 팀에 의해 재설계되면서 경쟁 제품인 벤틀리 아르나지(Bentley Arnage)와 메르세데스 마이바흐(Mercedes Maybach)의 판매실적을 능가하며 최고급차 분야에서 베스트셀러가 되었다(Business Week, 2006c).

　　BMW만 다기능 신제품 개발팀을 사용하는 것은 아니다. 일렉트로럭스(Electrolux), 월풀(Whirlpool), 삼성(Samsung), 엘지전자(LG Electronics), 프록터앤갬블(Procter and Gamble) 등 다양한 산업 내 선도 기업들이 다기능 팀을 구성하여 활용하고 있다. 그러나 다기능 팀의 활용이 증가함에도 불구하고, 기업은 흔히 기능적으로 다양한 운영집단의 잠재력을 활용하기 위해 노력하고 고군분투한다. 다기능 팀을 도입 및 활용할 때, 극도로 어려운 점은 팀원들의 다양한 지식과 능력을 융합하는 것이다(Ancona and Caldwell, 1992; Randel and Jaussi, 2003). 팀원들 간의 배경, 우선순위, 사고세계의 차이는 쉽게 갈등을 일으키는 원인이 되며, 혁신과정을 방해한다(Dougherty, 1992; Griffin and Hauser, 1996). 예를 들어, 서로 다른 기능에서 온 전문가는 각자 추구하는 바가 다르며, 예를 들어 디자이너는 눈에 띄는 미학에, 생산 엔지니어는 표준화된 설계에, 연구개발 연구원은 새로운 기술의 적용에, 마케터는 산업기준 및 고객의 요구사항에 주로 관심을 기울인다. 이와 같은 팀원들 간의 대조적인 성향은 혁신 프로젝트에서 우선순위의 충돌과 비협조적인 행동을 유발할 수 있는 위험을 수반한다.

따라서 신제품 개발팀의 다기능 간 융합이 혁신 실무자와 연구자의 주요 관심사가 된 것은 당연하다. 특히, 본 연구에서는 다음의 두 가지의 중요한 질문에 대하여 연구하려 한다. 1) 신제품 개발팀 내에서의 다기능 간의 융합이 실제로 신제품의 성과를 향상시키는가? 만일 그렇다면, 2) 이러한 다기능 융합을 강화하는 방법은 무엇인가? 이 연구에서는 위의 질문에 대한 답을 함으로써, 혁신을 성장의 원동력으로 인식하고 있는 기업이 전략적으로 중요한 다기능 팀을 신제품 개발 프로젝트 수행에 보다 적극적으로 활용하기 위해 어떻게 관리해야 하는지를 제시하고 있다(Business Week, 2005).

본 연구는 집단 효율성 이론의 관점에서 다기능 융합 모델을 개발하면서 시작되어서, 이제껏 작고 복잡한 운영 집단의 성과를 설명하는 데 광범위하게 사용되어 온 집단 효율성 이론을 신제품 개발팀에 처음으로 적용하였다. 미국 첨단기술 회사의 신제품 개발팀 내에서 설문조사를 시행한 결과를 바탕으로 연구모델을 실증적으로 검증하였다.

본 연구의 결과는 첫 번째 연구질문에 대한 답으로서 오랫동안 추정해온 바와 같이 다기능 융합이 실제 신제품 성과에 기여한다는 것을 확인하였다. 이는 다양한 기능부서에서 온 구성원들이 신제품 개발팀 내에서 자신들의 기술과 노력, 지식을 함께 모으면 성공적인 신제품을 출시할 거라는 매우 긍정적인 결과를 얻을 수 있다는 점을 시사한다는 차원에서 중요하다. 두 번째 연구질문에 대한 답으로서 본 연구의 결과는 팀의 내부적 및 외부적 요인들이 공동으로 다기능 팀의 융합을 결정하는 데 기여한다는 점을 제시한다. 보다 구체적으로, 사회적 결속력과 초월적 정체성이 다기능 간 융합을 촉진하는 팀의 내부적 요인이며, 시장성과 기반 보상체계, 신제품 기획과정의 공식화, 최고 경영진의 위험도 감수 장려책이 다기능 간 융합을 촉진하는 팀의 외부적 요인임을 밝혀냈다. 이와 같은 결과는 다기능 간 융합을 촉진하기 위해서는 신제품 개발팀의 내부 및 외부의 조건을 숙고해야 한다는 점을 강조한다. 이처럼 전문화된 운영집단은 조직 내에서 독립도가 높은 하위 조직으로 운영되는데, 이런 집단의 상황을 잘 파악하는 것이 팀 융합으로 인한 성과에 대한 보상을 더 잘 관리하고 보장하기 위한 첫 번째 단계일 것이다.

1 개념적 연구모델

본 연구의 개념적 연구모델은 해크만(Hackman, 1987)의 집단 효율성 모델에 기반하고 있다. 이 이론은 자기관리 팀(Goodman, Devadas, and Hughson, 1988)과 지식근로자 팀(Janz, Colquitt, and Noe, 1997)을 포함한 여러 유형의 집단을 연구하는 데 사용되어 왔지만, 신제품 개발 프로젝트 팀과 같이 작고 복잡한 운영 단위에 대한 조사를 할 때 특히 적합한 것으로 고려된다.

해크만의 이론에 따르면, 집단 프로세스에 영향을 미치는 두 가지 투입의 요인이 있는데, 이 요인들은 제품성과 같은 결과물을 결정하는 역할을 한다. 그런 투입을 구성하는 두 가지 요인은 다음과 같다. 첫째는, 집단의 특성 또는 집단 내의 조건인 '내부적 요인 또는 팀 내부 요인'이고 둘째는, 집단 외부에 있지만 주변 조직 내의 특성 또는 조건인 '상황적 요인 또는 팀 외부 요인'

이다. 내부적 팀 요인에는 집단 구성원의 유대감과 자율성, 또한 공유된 정체성 및 태도가 포함되는 반면, 상황적 요인은 회사의 보상 시스템, 경영진의 기획과정, 경영진의 실무적 역할과 같이 팀 외부에 있는 집단의 직접적인 운영 환경 조건들을 나타낸다. 또한 해크만의 집단 효율성 모델은 팀 내부 및 외부 요인들이 집단 프로세스와 성과를 공동으로 결정한다는 점을 인정하고 있다 (Hackman, 1987; 1990).

본 연구는 해크만의 개념적 연구모델을 통해 집단 효능의 주요 결과 및 결정요인에 대해 살펴보았다. 본 연구모델은 내부적 팀 요인들과 상황적 요인들을 다기능 간 융합의 선행 요인들로 보고 다기능 간 융합을 수용 과정, 신제품 성과를 산출 또는 결과로 고려함으로써 집단 효율성 모델의 관점을 신제품 개발 프로젝트 팀에 적용하고 있다. 본 연구의 개념적 연구모델은 그림 7에 제시되어 있다.

| 그림 7 | 연구의 이론적 모형 |

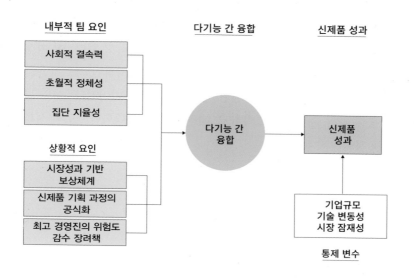

위의 그림과 같이, 본 연구는 내부적 팀 요인에 사회적 결속력, 초월적 정체성, 집단 자율성을 포함시키고, 팀의 외부적, 상황적 요인에 시장성과 기반 보상체계, 기획과정의 공식화, 최고 경영진의 위험도 감수 장려책을 포함시켜서, 이 요인들을 다기능 간 융합의 가능한 선행 요인들로 제시하였다. 이와 같이 다기능 간 융합의 선행요인으로 여섯 개의 내부적/상황적 요인을 사용한 이유는 다음과 같다. 첫째, 사회적 결속력, 초월적 정체성과 같은 집단생활의 정서적 차원 및 인지적 차원이 각각 팀 프로세스에 영향을 미치는 것으로 나타났기 때문에 이 변수들을 내부적 요인들에 포함시켰다(Lawrence and Lorsch, 1967, pp. 12-13; Sethi, 2000; Sobek, Liker, and Ward, 1998). 둘째, 내부 구조적 변수인 집단 자율성은 집단이 얼마나 잘 기능하는가를 결정하기 때문에 집단의 구조적 변수로 이미 연구되어 온 점은 잘 알려져 있다(Cohen and Bailey, 1997; Guzzo and Dickson, 1996). 셋째, 외부적 팀 요인들과 관련된 문헌에서는 조직의 보상체계, 기획과정의 공식화, 실무적 위험감수 성향을 신제품 개발팀의 협업 행동에 영향을 미치는 상황적 결정 요인으로 고려했다(Coombs and Gomez-Mejia, 1991; Gupta, Raj, and Wilemon, 1986; Sarin and Mahajan, 2001).

본 연구모델에서 여섯 개의 모든 선행 요인은 다기능 간 융합을 증가시키고, 궁극적으로는 신제품 성과를 높이는 것으로 가정하고 있다. 이 여섯 가지 변수는 신제품 개발팀의 다양한 전문가들 사이의 호의적인 상호작용을 촉진하여 해크만(Hackman, 1990)이 명명한 '집단 시너지'로 이어진다. 이와 같은 시너지를 통해 과정 손실을 최소화하고, 과정 이득을 극대화함으로써 성과 높은 신제품을 창출하게 된다.

2 연구 가설

1 선행요소: 내부적 팀 요인

1 사회적 결속력

사회적 결속력은 집단 결속력의 정서적 차원으로 '개인이 팀원들 간의 대인관계에서의 매력도와 동료애를 유지하는 정도'로 정의된다(Dion and Evans, 1992; Hogg, 1992). 사회적 결속력은 본질적으로 집단 구성원들의 서로에 대한 대인관계의 유대의 강도라 할 수 있다. 제품 혁신팀 내에서 빈번한 의사소통, 상호작용, 집단활동 참여를 통해 구축된 사회적 결속력은 종종 팀원 간의 의사소통의 장벽을 허물고, 갈등을 해결하며, 사회적 유대를 통해 공유 정보의 양과 다양성을 증가시킴으로써 융합을 촉진한다고 한다(Brown and Eisenhardt, 1995; Scott and Bruce, 1994). 또한, 사회적 결속력은 개인적 매력과 호감과 같은 긍정적인 감정을 유발하여 전통적으로 팀 내에서 고정관념을 가지고 고립을 좋아하는 구성원들의 태도의 장벽을 극복하는 데 도움이 된다(Dougherty, 1992). 따라서 본 연구는 사회적 결속력은 신제품 개발팀의 다기능 간 융합에 긍정적인 영향을 준다고 제안한다.

2 초월적 정체성

초월적 정체성은 '팀의 구성원이 자신을 자신이 속한 팀의 정체성과 동일시하고, 팀의 중요한 목표에 집중하고 전념하며, 팀의 성공과 실패에 대해 이해관계를 느끼는 정도'로 정의된다(Mackie and Goethals, 1987; Sethi, et al., 2001). 신제품 개발 프로젝트 팀은 다양한 전문가들로 구성되기 때문에 자신의 업무 수행에 대한 편견과 고정관념이 존재한다. 이와 같은 조건들이 구성원 사이의 정보 흐름을 늦추고, 왜곡하고, 차단할 수 있다(Moenaert and Souder, 1990). 그러나 강한 집단 정체성이 있는 경우(즉, 구성원이 팀의 목표에 집중하고 자신을 팀과 동일시하는 경우)에는 프로젝트가 진행되는 기간 동안 구성원들 간에 개인의 직무 수행의 이해관계를 넘어, 팀원 간의 보다 개방적이고 자유롭고 빈번한 정보 흐름을 보이고 이런 모든 요인들이 보다 높은 수준의 다기능간 융합으로 이어질 것이다.

초월적 정체성이 신제품 개발팀의 융합에 도움이 되는 이유는 '몰개성화(deindividuation)' 또는 '자신과 팀 간의 점진적인 일체감'으로 해석되는 구성원 간의 초월적 정체성은 집단의 성과가 개인의 성공과 동일시됨에 따라 개인이 프로젝트에 더 많이 기여하도록 동기를 부여하기 때문이다(Shapiro, et al., 2002). 또한 초월적 정체성은 집단 내의 구성원과 집단 외의 구성원 간의 구분을 강화하는 역할을 하는데, 집단 내 구성원들이 서로 유사성을 가지면 구성원들 사이에 동지애가 커지고, 파트너십 행동들을 유발하게 된다. 마지막으로 고도의 정체성을 지닌 팀의 구성원들은 독립적인 행동보다는 상호 의존적인 행동을 통해서 결과를 더 잘 통제할 수 있다고 믿어서(Towry, 2003) 팀 내 구성원 간의 상호작용이 증가하게 된다. 따라서 본 연구는 초월적 정체성은 신제품 개발팀의 다기능 간 융합에 긍정적인 영향을 미치는 것으로 제안한다.

3 집단 자율성

집단 자율성은 '집단이 해야 할 일을 어떻게 수행할 것인지를 결정할 때 집단이 갖는 자유의 정도'이다(Amabile et al., 1996; Goodman, Devadas, and Hughson, 1988). 자율성의 이점은 신제품 개발팀의 다기능 간 융합을 향상시킬 수 있다. 팀을 구성원들이 자기 주도적으로 만들수록 구성원의 동기가 높아져(Janz, Colquitt, and Noe, 1997), 팀 구성원 간에 서로 협력하려는 의지가 높아진다(Cohen and Bailey, 1997). 이와 같은 자율성의 효과는 팀 구성원 간의 공유된 의존관계에 대한 인식을 강화해 구성원들이 팀에 유용한 행동을 하게 만든다. 또한, 팀에 자율성을 부여함으로써 관리자들은 팀 업무의 중요성을 알리고 해당 업무에 배정된 팀원들이 명시된 목표를 달성할 수 있는 능력이 있음을 알리게 된다. 이런 메시지는 팀원들이 더 많은 노력을 기울이도록 동기부여를 함으로써 결국 경영진의 기대가 충족되도록 할 수 있다(Langfred, 2000). 따라서 본 연구는 집단 자율성은 신제품 개발팀의 다기능 간 융합과 긍정적으로 관련되어 있다고 제안한다.

② 선행요소: 상황적 요인

1 시장성과 기반 보상체계

시장성과기반 보상체계는 '한 조직이 조직의 장기적인 시장성과 기반 결과에 영향을 미치는 요인에 따라 팀원의 성과를 평가하고 보상하는 인센티브 시스템'으로 정의된다(Jaworski and Kohli, 1993; Kohli and Jaworski, 1990). 시장성과 기반 보상체계는 고객의 선호도와 시장의 움직임에 보다 민감하게 반응하도록 회사를 돕는 모든 직원에게 보상함으로써 비즈니스가 고객 확보나 만족도 향상 시에 시장성과에 대한 재정적 웰빙을 보장한다는 논리를 바탕으로 하고 있다.

그럼 시장성과기반 보상체계가 어떻게 다기능 팀의 융합을 가져올 수 있을까? 신제품 개발팀의 구성원들은 독립적인 업무 수행으로 인해 공통의 목적을 달성할 수 없기 때문에 회사에 있어 가장 중요한 시장에 대한 사명에 기반한 보상은 팀의 구성원들이 시장에서의 목표달성을 위해서 더 많은 상호작용을 하도록 만들 수 있다(Hauser, Simester, and Wernerfelt, 1994). 또한, 시장성과기반 보상체계는 팀 내에서 상호지원하는 파트너십 문화를 도입하는 데 도움이 될 수 있으며, 이는 시장을 만족시키는 우수한 신제품을 만들기 위한 의사소통의 빈도와 강도를 증가시킨다(Coombs and Gomez-Mejia, 1991).

시장성과 기반 보상체계는 팀 구성원 간의 격차가 나는 보상 관행으로 인한 갈등을 줄여주고, 시장성과를 공동으로 달성하려는 팀의 일치단결된 행동을 하게 도와준다(Griffin and Hauser, 1996). 따라서, 팀 구성원들 간에 시장에 대한 공동목표를 달성하도록 동기부여를 하게 하는 시장성과기반 보상체계는 팀 내의 기능별 전문가들 간의 상호작용(즉, 다기능 간 융합)을 강화한다. 따라서 본 연구는 시장성과기반 보상체계는 신제품 개발팀의 다기능 간 융합에 긍정적인 영향을 미친다고 제안한다.

2 기획과정의 공식화

기획과정 공식화는 '신제품의 기획과정 동안에 팀의 활동과 관계가 규칙, 절차, 계약에 의해 좌우되는 정도'로 정의된다(Andrews and Smith, 1996). 기획과정 공식화는 회사가 조직 시스템, 절차, 업무를 구조화하는 데 도움이 되며, 신제품 개발과 같이 중요한 활동의 중요성을 알리고 자원을 배분하는 데 이용된다(Brown and Eisenhardt, 1995; Hackman, 1987; 1990). 예를 들어, 첨단기술을 보유한 회사에서 신제품 개발팀은 본질적으로 복잡한 프로젝트를 맡게 되는데, 공식적인 기획은 신제품 프로젝트와 같이 불확실하고 위험한 프로젝트의 진행에 필요한 예측 가능성과 통제력을 제공함으로써 융합을 촉진하는 역할을 한다. 또한, 공식적인 기획은 보다 더 주도면밀하게 만들어진 것으로 인식됨으로써 비공식 기획에 비해 신뢰도를 높인다(John and Martin, 1984). 기획의 신뢰성이 높을수록 기획의 성공 가능성이 높아지기 때문에 팀에서 구성원들이 함께 기획과정을 공식화하려는 경향이 있다. 이와 대조적으로, 기획이 불충분할 때는 중복된 책임과 모호한 명령체계로 인해 프로젝트 진행에 어려움을 겪으며, 팀 구성원들이 신뢰도가 떨어져서 심리적 거리감을 경험하게 되어 커다란 갈등이 유발되기도 한다(Michaels, et al., 1988). 따라서 본 연구는 기획과정 공식화가 신제품 개발팀의 다기능 간 융합과 긍정적으로 관련되어 있다고 제안한다.

3 최고 경영진의 위험도 감수 장려책

혁신에 관한 노력은 일상적인 운영업무에서 벗어나기 때문에 본질적으로 실패의 위험을 수반하게 된다(Jaworski and Kohli, 1993). 따라서 신제품 프로젝트를 진행하기 위해 중대한 변화가 필요할 때 발생하는 관성 및 기타 내부적 장

애물을 극복하기 위해서는 최고 경영진의 지원이 필요하다(Maidique and Zirger, 1984). 최고 경영진은 전도유망한 아이디어를 인정해서 적당한 자원을 할당함으로써 개발 파이프라인에서 신제품을 육성할 수도 있으며, 반대로 프로젝트를 지연시키거나 중단할 수도 있다(Hambrick and Mason, 1984). 만일 최고 경영진이 신제품을 개발하고 출시하는 실질적이고 상징적인 비용을 기꺼이 부담하고, 실패를 정상적인 비즈니스 관행의 일부로서 받아들인다면, 직원들은 잠재적인 신제품 개발 프로젝트를 추구하도록 동기부여가 될 것이다. 따라서 최고 경영진의 위험도 감수 장려책은 '최고 경영진이 혁신과 관련된 위험과 불확실성을 이해하고, 직원들이 신제품 개발에서 위험을 감수하도록 기대하고 권장하는 정도'로 정의된다(Jaworski and Kohli, 1993; Kohli and Jaworski, 1990).

만일 최고 경영진이 신제품 개발을 정상적인 비즈니스 관행의 일부로서 위험을 감수하고 실패를 기꺼이 받아들인다면, 신제품 팀과 팀원들은 신제품과 관련 문제를 해결하는 데 수반되는 고유의 위험을 줄이기 위해 협력하도록 동기부여가 될 것이다. 그러나 만일 최고 경영진이 위험을 피하고 실패를 용납하지 않는다면, 신제품 팀은 상당한 위험을 수반하는 발산적 사고를 피하기 위해서 의사소통을 줄일 것이다. 따라서 본 연구는 최고 경영진의 위험도 감수 장려책은 신제품 개발팀의 다기능 간 융합에 긍정적으로 영향을 미친다고 제안한다.

③ 후속관계: 다기능 간 융합과 신제품 성과

① 신제품 성과

신제품 성과는 '제품이(예: 고객 만족도, 기술발전, 전반적인 제품성과 측면에서) 회사가 제품에 대해 원래 설정한 목표를 달성한 정도'로 정의한다(Kleinschmidt and Cooper, 1991; Page, 1993).

신제품 개발 프로젝트 수행 시 각 기능별 전문가들이 신제품 개발 팀에 배정되기 때문에 다기능 전문가들 간의 협력과 의사소통이 더 크게 요구될 수 있다. 다시 말해, 전문가가 본인의 기능 분야에서 자율적으로 일하는 경우보다 신제품 개발팀에서 다른 구성원과 함께 일하는 방법을 찾아야 할 경우 업무에 대한 압박이 더욱 크다. 또한 보다 높은 수준의 융합을 달성하는 팀 내에서 더 의사소통과 사회적 관계가 원활하며 구성원이 보다 만족스러운 소속감을 느끼며, 정보처리 및 의사결정이 효과적이다(Ancona and Caldwell, 1992; Cohen and Bailey, 1997; Guzzo and Dickson, 1996; Mullen and Copper, 1994). 따라서 신제품 개발팀의 다기능 간 융합은 우수한 기능 및 시장에서의 매력도를 갖춘 신제품을 만들 수 있도록 촉진하여 신제품 성과로 이어지게 한다.

연구의 결과 정리

- 본 연구는 첫째, 신제품 개발팀의 다기능 간 융합이 신제품의 성과를 향상시키는가, 둘째, 신제품 개발팀의 다기능 간 융합을 강화하는 방법은 무엇인가에 대한 질문의 답을 제시하고자 하였다.

- 사회적 결속력과 초월적 정체성은 신제품 개발 프로젝트 팀의 다기능 간 융합에 긍정적인 영향을 미치는 것으로 나타났다.

- 집단 자율성은 신제품 개발 프로젝트 팀의 다기능 간 융합에 영향을 미치지 않는 것으로 나타났다. 이러한 결과가 도출된 이유로는, 팀에 자율성을 부여하는 것은 업무 유연성과 같은 이점을 제공하지만, 팀의 목표에 대한 혼란과 모호성 문제를 야기하여 구성원들이 서로 협력하지 못하고 책임을 거부할 수 있다. 또한 현업 부서에 소속되어 있으면서 여러 프로젝트 팀에 배정된 경우 구성원들은 프로젝트 업무에만 오롯이 전념하지 못하기 때문에 자율성에 대한 필요성을 상대적으로 덜 느낄 수 있다.

- 시장성과 기반 보상체계, 기획과정의 공식화, 최고 경영진의 위험도 감수 장려책은 신제품 개발 프로젝트 팀의 다기능 간 융합에 긍정적인 영향을 미치는 것으로 나타났다.

- 신제품 개발 프로젝트 팀의 다기능 간 융합은 신제품 성과에 긍정적인 영향을 미치는 것으로 나타났다.

실무적 시사점

본 연구는 해크만의 집단 효율성 모델을 신제품 개발팀에 최초로 적용함으로써, 다기능 간 융합의 선행요인들과 주요 결과들을 설명하고 있다. 특히 본 연구는 혁신에 가장 관련성이 높은 신제품 팀의 융합과 신제품 성과 간의 직접적인 관계를 검증했다. 또한 신제품 개발팀의 내부 요인과 상황적 외부 요인을 융합의 두 가지 선행 요인으로 함께 적용 시에 융합을 통해 신제품 성과로 연결시키는 동시다발 효과를 나타낸다는 점을 밝혀서 연구에 기여하는 바가 크다.

연구결과에 따른 실무적 시사점은 다음과 같다. 우선 실무적 시사점 중 가장 분명한 점은 성과가 높은 신제품을 개발하기 위해서는 신제품 개발 프로젝트 팀 내의 전문지식과 행동을 조정하는 일이 중요하다는 점이다. 팀 융합과 신제품 성과 사이의 강력한 연관성을 시사하는 우리의 연구 결과는 성공적인 신제품을 만들기 위한 실행가능한 많은 수단 중에서, 신제품 개발 프로젝트 팀 내의 전문가들을 서로 원만히 연결하고, 그 전문가들이 만족도, 기술적 우월성, 전반적인 성과 측면에서 제품을 개선하기 위해 활발하게 의사소통하도록 장려하는 것이 성공 잠재력을 높이는 수단이라는 것을 보여준다. 혁신과정을 통해서 효과적으로 집단 상호작용을 관리함으로써 개발된 신제품은 고객들에게 쉽게 받아들여지고 큰 성공으로 연결된다.

신제품 팀의 융합을 위해서 기업은 신제품 개발 팀원들의 마음이 연결되기 위해서 무엇을 할 수 있는가? 두 번째 실무적 시사점은 본 연구 결과에서 본 것처럼 내부 요인으로 사회적 결속력과 초월적 정체성을 융합의 중요한 선행요인으로 육성하는 것이다. 이와 같은 프로세스에는 유능한 팀 리더십, 신중한 팀 구성원의 선정, 유대감과 목표에 대한 헌신을 높일 수 있는 메커니즘이 필요할 수 있다. 예를 들어, 토요타(Toyota)에서는 경험 많은 팀 리더의 지시에 따라 직원들이 멘토링을 받으며, 다기능 신제품 개발팀에서 사회적 유대를 강화시킨다. 토요타에서 팀의 리더는 전체 자동차 시스템을 개념화하고, 기술적 지식을 혁신적 디자인으로 통합하는 수석 제품 디자이너인데 후배 직원을 지도함으로써 팀을 융합된 생산적인 단위로 응집시킨다 (Sobek et al., 1998).

본 연구는 또한 시장성과 기반 보상체계, 기획과정 공식화, 최고 경영진의 위험도 감수 장려책과 같은 팀 외부의 특정한 조직적 요소가 융합의 긍정적인 선행요인임을 보여주고 있다. 그러므로 세 번째 실무적 시사점은 시장성과기반 인센티브를 포함하는 보상체계를 설계하고, 주요 조직활동을 위한 기획과정을 공식화하며, 위험의 감수는 혁신 및 기타 창의적인 기업에 바람직하며 이러한 것들이 필요하다는 신호를 직원들에게 알리는 것이 팀 융합에 필수적이라는 것이다. 이와 같은 상황적 요인 중 시장성과기반 성과급 제도는 앞서 언급한 BMW 사례의 성공을 설명한다. BMW는 106,000명의 글로벌 인력을 보유하고 있으며, 새로운 고급차를 만들고 판매하는 능력 측면에서 매우 뛰어난 회사인데 BMW의 직원들은 적시에 신제품을 출시하는 것과 같이 목표를 달성하게 되면, 매년 최대로 월급의 150%의 상여금을 지급받을 수 있다. 이와 같은 시장성과기반 보상에 대한 대가로 BMW의 노동 인력은 극히 유연하며 생산성이 높다. 근로자들은 급증하는 생산 수요를 충족시키기 위해 초과근무수당 없이 기꺼이 주당 140시간을 근무하기도 한다. BMW는 노동력의 유연성 덕분에 지난 50년 동안 직원을 해고한 적이 없으며, 근로자들은 정기적으로 신제품 아이디어를 제안하고 회사의 신화적인 기업문화를 만드는 데 도움을 주고 있다(Business Week, 2006a; 2006c).

마지막 실무적 시사점은 내부 팀 요인들과 상황적 팀 요인들을 균형 있게 관리하는 것이다. 과거의 연구들은 기업을 성공하게 하는 조직과 사업부 수준에서의 선행요인의 중요성을 강조했지만, 실제로 혁신은 기업조직과 사업부의 하부조직인 프로젝트를 실제로 실행하는 신제품팀 수준에서 더 자주 개발하게 된다. 하지만 이러한 팀은 고립된 섬으로 고려되는 것이 아니고, 팀이 속한 조직이라는 바다에 둘러싸여 있어서 조직의 영향을 크게 받는 것이다. 즉, 팀의 내부 요인과 조직의 특성에 영향을 받는 팀 외부 요인들이 신제품 개발 프로세스와 결과를 공동으로 결정하기 때문에 이 두 가지 요인들을 동시에 고려해야지 최적화된 융합을 가져오게 된다. 따라서 팀의 관리자는 팀 내부 요인과 상황적인 팀 외부 요인들을 동시에 고려해서 신제품 개발에 참여해야 한다.

제7장 창조성과 신제품팀의 지식관리

03

B2B 하이테크 기업의 지식관리 역량은 신제품 우위를 위해 어떻게 지식자원과 전략적 방향을 돕는가[15]

C-Suite Summary

B2B(Business-to-Business) 기업 간의 환경에서 지식 자원을 관리하는 조직의 역량은 신제품 개발 성과를 내는 데 있어 점점 더 중요한 역할을 하고 있다. 본 연구는 어떻게 신제품 개발팀이 지식관리 역량을 향상시키기 위해 지식 자원과 전략 지향성을 관리하여 B2B 산업 내의 신제품 우위로 이어지게 하는지에 대한 이론적 틀을 제공하고 이를 실증적으로 검증하고자 한다. 본 연구는 "어떤 요소가 B2B 기업의 신제품 개발 연구에서 높은 성과를 조성하는가?"라는 질문에 해답을 얻고자 한다. 특히 본 연구는 두 가지 질문을 기초로 하고 있는데, 첫째, 전략 지향성과 지식 자원의 요소가 신제품 개발팀의 신제품 지식관리 역량에 영향을 미치는지, 둘째, B2B 기업 내의 신제품 개발 팀에서 경쟁 우위를 강화하기 위해 이러한 역량을 어떻게 관리해야 하는지에 대한 질문을 통해 매니저가 신제품 개발팀 역량을 촉진시킬 수 있는 실용적인 방법을 찾아내려 한다.

---

15 IM, Subin, Doug Vorheis, Namwoon Kim, and Bruce Heiman (2016), "How Knowledge Management Capabilities Help Leverage Knowledge Resources and Strategic Orientation for New Product Advantages in B2B High-Technology Firms," Journal of Business to Business Marketing, 23(2), 87-110

우선 본 연구에서는 신제품 개발 지식관리 역량을 '신제품 개발 과정 전반에 걸쳐 신제품 개발과 관련된 지식 자원을 일괄적으로 획득하고 응용하는 B2B 기업의 능력'으로 정의한다(e.g., Zollo and Winter, 2002). 본 연구는 신제품 지식 자원 요소(즉, 신제품 개발 시장 인텔리전스(지적정보) 수준, 신제품 개발 지식 자원 암묵성, 그리고 신제품 개발 자원 배치)와 전략 지향성(즉, 시장 지향성과 기술 지향성)을 선행요소로 하여 신제품 개발 지식의 습득과 적용 역량을 향상시키는 방법을 모색한다.

본 연구는 미국의 하이테크 산업 B2B 기업들로부터 총 100개의 데이터를 수집하고 통계분석을 통해 주효과와 상호작용 효과를 검증하였다(소프트웨어인 AMOS를 이용해 경로 분석을 하고 회귀분석을 함).

본 연구는 자원 기반 관점이론을 바탕으로, 전략 지향성이 성공적인 신제품 성과를 가져오는 혁신적인 제품 아이디어를 생성하고 이행하는 데 중요한 영향을 미친다는 것을 증명함으로써 전략적 요소가 어떻게 작동하는지에 대한 이해를 높여주고 있다. 또한 본 연구는 신제품 개발 지식을 습득하고 적용하여 지식 기반을 자원으로 관리하고 전개하는 신제품 개발팀의 역량이 제품의 품질 우월성과 제품 차별화로 이끄는 경쟁 우위로 이어진다는 시사점을 제공하여 기업의 지식 기반 관점이론에 대한 직접적인 실증적 증거를 제공한다.

💡 결과 요약

본 연구의 결과는 신제품 개발을 위한 지식관리 역량의 두 가지 차원(즉, 지식의 습득과 적용)이 제품 경쟁 우위의 두 가지 측면인 제품 품질 우월성과 제품 차별화에 영향을 미치는 차별적인 원동력이 될 수 있다는 것을 보여준다. 또한 신제품 개발 관리 역량과 두 가지 제품 경쟁우위 간의 관계를 검증하는 과정에서, 제품 품질 우월성은 신제품 지식의 습득과 지식의 적용 역량을 통해 강화될 수 있는 반면, 제품 차별화는 지식의 습득 역량에 의해 향상될 수 있음을 확인하였다.

본 연구 결과를 요약해보면 다음과 같다. 첫째, 신제품 개발 지식의 습득과 적용 역량은 제품 품질 우월성과 제품 차별성에 각기 다른 영향을 미친다. 둘째, 신제품 개발 자원 요소를 선행요소로 탐색할 때, 매니저는 신제품 개발팀의 지식 획득과 적용 역량을 향상시키기 위해서, 신제품 개발 시장의 정보, 자원의 암묵성, 그리고 신제품 개발 자원의 전개 수준을 각기 다르게 관리하여야 한다. 셋째, 관리자는 신제품 개발 지식관리 역량 강화에 있어 시장 지향성과 기술 지향성의 중요성을 과소평가해서는 안 된다. 시장 지향성은 신제품 개발 지식의 습득과 적용 역량을 모두 이끌어내며, 기술 지향성은 신제품 개발 지식의 적용 역량을 향상시킨다.

1 이론적 배경과 개념틀

본 연구는 자원 기반관점(resource-based view) 이론과 지식 기반관점(knowledge-based view) 이론을 배경으로 몇 가지 이론적 토대를 구축하였다. 첫째, 이 연구의 개념틀은 지식 관련 조직 자원을 배치하고 재구성하는 신제품 개발팀이 신제품 개발 지식관리 역량을 개발하고 이를 통해 신제품 개발 지식 자원을 습득, 적용하여 경쟁 우위를 달성할 수 있다는 점에서 자원 우위 이론(예: Hunt and Morgan, 1995; Slotegraaf and Dickson, 2004)을 반영한다.

둘째, 탐색과 적용 학습 전략으로 구별되는 마치(March, 1991)의 학습이론을 바탕으로, 신제품 개발 지식을 습득하고 적용하는 역량이 학습의 이중 경로를 반영하는 것으로 본다. 탐색 활동은 시장에서 신제품 개발과 기술을 위한 새로운 지식을 습득하는 것을 추구하는 반면, 적용 활동은 새로운 제품을 효율적으로 개발하기 위한 새로운 지식과 기존 지식의 통합, 보급과 적용을 추구하게 된다(Kyriakopoulos and Moorman, 2004를 참조). 이러한 이중 경로는 학습이라는 개념이 자연스럽게 새로운 지식을 생성, 개발, 습득하는 것(탐색)과 지식의 통합, 보급과 적용하는 것(적용)이 균형을 이루어야 한다는 주장을 확립하게 된다(Levinthaland March, 1991).

셋째, 흡수 역량 이론(Absorptive Capability Theory)은 기업이 경쟁 우위를 확보하고 유지하기 위해 신제품 개발에 대한 지식 자원 습득 및 적용과 관련된 우수한 역량을 축적해야 한다고 주장한다(Cohen and Levinthal, 1990; Eisenhardt and Martin, 2000; Zollo and Winter, 2002). 이 이론은 사전 관련 지식과 같은 지식 자원이 신제품 개발팀에게 새로운 정보를 습득하게 돕고, 동화하게 하며, 이를 신제품 개발에 적용할 수 있는 능력을 제공한다는 관점을 뒷받침한다(Cohen & Levinthal, 1990). 마지막으로, 조직 학습 관점에서는 신제품 개발팀 내외부의 신제품 개발 지식을 습득하고 적용하는 것이 미래의 혁신을 만드는 데 기여하며(Leonard, 1995) 시간이 지남에 따라 경쟁 우위를 유지하는 데 도움이 될 수 있음을 주장한다.

위에서 논의한 바와 같이, 탐색/적용적 학습, 흡수적 역량과 조직 학습 이론은 모두 높은 수준의 지식 자원이 반드시 지속 가능한 경쟁 우위의 주요 원천이 되지 않음을 암시한다. 그 대신에, 신제품 개발 관련 지식을 재구성하고 재구축하는 기업의 능력이 경쟁 우위를 개발하고 유지하기 위해 매우 중요한 요소라는 것이다. 본 연구에서는 신제품 개발 자원과 전략적 요소의 영향을 받아 새로운 제품 지식을 습득하고 적용하는 신제품 개발팀의 능력이 경쟁적인 신제품 우위를 만든다고 주장한다.

본 연구는 한 일화를 소개함으로써, 암묵적 지식, 시장 지식, 기업 자원, 시장 지향성과 기술 지향성 제품 품질, 그리고 어느 정도의 제품 차별화가 관련된 기업의 경쟁 우위를 어떻게 향상시킬 수 있는지에 대해 살펴보고자 한다.

저자 중 한 연구자는 주요 의료기기 제조업체 'MDM'(기밀성을 위해 가명사용)과 협력하여 차세대 생명구조 기술(비상 응급 구급 키트-코드명 Alpha)에 대한 사용자 요구사항을 파악하는 프로젝트에 참여했다. 이 제품의 기능을 향상시키기 위한 제품에 대한 정보 습득과 적용과정의 일환으로 다기능의 팀이 광범위한 개인 인터뷰와 현장 탐색(주로 익명 사이트 방문과 인터뷰), 그리고 현 사용자와 잠재적 사용자, 엔지니어를 대상으로 포커스 그룹 인터뷰를 수행했다. 이는 시장 지향성과 기술 지향성뿐 아니라 암묵적 지식을 보다 명확히 구분하여 전달하고 충분한 시장 지식을 수집하는 과정이다. 이렇게 팀에게 암묵적 지식을 수집하고 전달하는 데에는 엔지니어들의 시간 및 노력이 필요하여 이에 따른 비용이 발생한다. 그러나, 팀의 구성원들은 적절한 기업 자원의 지원을 통해 암묵적 지식 습득 역량을 기르고 팀 내에서 암묵적 지식의 전이가 이루어져, 이와 관련된 지식이 증진되는 효과를 얻을 수 있었다.

또한 디자이너, 제품 관리자와 엔지니어는 궁극적으로 사용자가 제품에 원하는 특징과 형태, 기능을 잘 알고 있었기 때문에, 사용자와 잠재적 사용자의 니즈에 의한 시장 지향성과 엔지니어에 의한 기술 지향성은 지식을 어떻게 적용시킬지에 대한 통찰력을 제공한다. 개인 인터뷰와 현장탐색의 진행을 통해 팀 내에서의 지식 학습이 촉진되어 기업의 지식 습득 능력이 향상되었고, 이는 이후의 향상된 제품으로 이어졌다(Cohen and Levinthal, 1990).

팀의 시장 지향성과 기술 지향성, 시장 지식 자원을 통해서 새로 습득한 지식과 프로젝트의 초기 제품 개발 단계에서 통찰력을 향상시킨 점 또한 지식의 적용 역량을 발전시키는 데 도움이 되었다. 초기의 통찰력은 사용자 행동과 니즈에 대한 유용한 통찰력을 잘 이끌어냈다. 시장 지식 자원은 세부적이며 향상된 이해를 통해 신제품이 기존의 경쟁 제품과 비교하여 어떤 위치에 서게 될 것인지에 대한 이해에 도움을 주었다.

MDM의 경우, 어떠한 요소가 본 연구의 주요한 결과인 제품 품질과 제품 차별화에 영향을 미치는가? 신제품 개발팀은 차세대 제품 개발을 주목표로 제품 품질을 개선하기 위해 노력했고, 팀이 어느 정도 수준의 제품 차별점을 갖는 고품질의 프로토타입을 단독으로 제작했기 때문에 위의 주요한 결과를 도출하게 되었다. 특히, 의료기기 산업에서 제품 품질의 우수성은 성공의 주요 원인이 된다. 제품 차별화라는 목표는 품질의 우수성에 비해 다소 부차적인 것으로 간주되지만, 경쟁업체와의 차별점을 갖기 위해 문제를 해결할 때 팀 구성원들은 여전히 이 목표를 염두에 두고 있었다. 결론적으로, 사용자의 의견을 디자인 프로세스에 통합하여 제품 품질을 향상시킴으로써 차세대 제품의 차별화와 품질의 우수성으로 이어졌다.

① 신제품 팀 지식관리 역량

우리는 신제품 개발팀이 B2B 기업의 신제품 개발 프로세스(예: Zollo and Winter, 2002)를 통해 신제품 개발 관련 지식을 습득하고 적용할 수 있는 능력을 '신제품 개발 지식관리 역량'이라는 용어를 사용해 지칭하였다. 지식관리 역량은 지식을 개발하고 축적하는 과정 또는 상태로서, 조직 학습의 중요한 측면을 구성한다(Duncan and Weiss, 1979). 탐색과 활용에 대한 마치(March, 1991)의 학습이론의 논의와 그리고 흡수 역량(Cohen & Levinthal's, 1990)의 논의에 따라, 본 연구에서는 신제품 개발팀의 지식을 습득하고 적용하는 두 개의 역량을 지식 기반 자원과 전략적 지향성을 관리하는 핵심적인 혁신 역량으로 고려한다.

구체적으로 신제품 개발 지식의 습득 역량은 신제품 개발팀이 신제품 개발과 관련된 비즈니스 고객과 경쟁자, 공급업체에 대한 지식을 습득, 생성하고 또 식별할 수 있는 능력으로 정의된다. 지식을 습득하고 생성하며 식별하는 능력은 기존 지식과 새로운 지식이 어떻게 관련되었는지, 그리고 기업 내부와 기업 간의 정보의 취사선택이 어떻게 구성되는지에 따라 달라진다(Cohen & Levinthal, 1990). 본 연구는 부분적으로 지식의 습득 역량에 초점을 맞추고 있으며, 정보의 취사선택과 지식 관련성의 중요성에 대해서 강조하여 반영하고 있다.

조직 학습과 지식 기반 관점이론 연구에서는 새로운 지식이 조직 내에서 생성되거나 외부 원천(Rindfleisch and Moorman, 2001; Slater and Narver, 1995)에서 나올 수 있다는 점에 주목한다. 이와 마찬가지로 신제품 개발 지식의 적용 역량(Matusik and Hill, 1998; Rindfleisch and Moorman, 2001)은 팀의 중요한 요소이며, 이는 신제품 개발팀이 문제에 대한 도전을 해결하기 위해 축적된 지식을 적용하고 통합하며 또한 새로운 해결책을 위해서 연결하고 응용하는 능력을 가리킨다. 지식을 적용하는 역량의 중요성은 실제로 새로운 지식을 응용하여 해결책을 만드는 기업의 능력으로서 혁신을 위한 조직 지식을 관리하는 데 매우 중요하다. 우리는 신제품 지식 적용 역량을 신제품 개발 활동을 지원하기 위해 쓰이는 기존의 제품 지식을 통합하여 신제품 지식을 도출시키는 팀단위의 특정한 능력으로 본다(Vorhies and Morgan, 2005).

캘리포니아의 산업 디자인 회사인 아이디오(IDEO)는 신제품 개발을 위해 지식을 습득하고 적용하는 역량을 결합시킨 것으로 잘 알려져 있다. 예를 들어, 유명한 쇼핑 카트 프로젝트에서 신제품 개발팀 직원은 쇼핑 카트 사용 문제에 대한 정보를 얻고 안전과 도난을 주요 문제로 보았다. '딥 다이브'(Deep Divd)라 불리는 자체적인 브레인스토밍 과정을 거쳐, 신제품 개발팀은 새로운 쇼핑 카트에 적용할 수 있는 수많은 아이디어를 만들어냈다. 팀이 새로운 신제품 개발 아이디어를 평가한 후, 그들은 실현 가능하고 세련된 아이디어를 적용하여 어린이의 안전을 향상시키고 도난을 방지하며 사용하기 쉬운 새 쇼핑 카트를 개발하였다. 이는 지식의 습득 프로세스 이후에 지식의 적용 프로세스를 진행하는 좋은 예이다.

② 개념틀

본 연구는 신제품 개발 자원 요소(시장 인텔리전스(지적정보)(수준과 지식 자원 암묵성, 그리고 자원 배치)와 전략 지향성(시장 지향성과 기술 지향성)이 신제품 개발팀의 신제품 개발 지식관리 역량을 통해 후속 신제품의 차별화와 품질 우수성에 긍정적인 효과를 가져다줄 것이라고 보았으며, 그림 8과 같은 이론적 개념의 틀을 제공하고 있다.

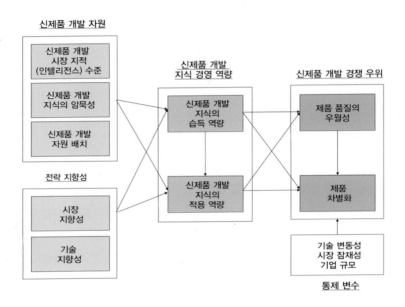

우선 본 연구에서는 신제품 개발 지식관리에 상당한 영향을 미칠 수 있는 두 가지 중요한 전략적 방향의 차원으로 시장 지향성과 기술 지향성을 선택했다. 이 보완적인 전략적 지향성의 두 가지 차원은 팀으로 하여금 신제품을 개발하고 출시할 수 있는 신제품 개발 관련 지식 자원을 만들고, 습득하고, 전달하고, 통합하는 데 중심이 될 수 있기 때문이다(Teece, 1998). 또한 본 연구는 신제품 팀이 신제품 개발 지식 자원과 전략 지향성 요소의 관리를 최적화하기 위한 이중 렌즈로서 신제품 개발 지식의 습득과 적용 역량에 집중해야 한다고 제안한다. 마지막으로, 신제품 개발 관련 지식을 관리하고 조직 기억에 이를 축적하는 신제품 개발팀의 능력이 조직 학습 프로세스의 핵심을 구성하여 제품 수준에서의 경쟁 우위를 제공한다고 보았다.

2 신제품 지식관리 역량의 선행요소

1 신제품 개발 시장의 인텔리전스(지적정보)

신제품 개발 시장의 인텔리전스(지적정보)는 신제품 개발팀이 현재 신제품 개발과 관련한 시장 정보와 더불어 잠재적인 비즈니스 고객 및 경쟁자에 대한 지식을 보유하는 정도로 정의된다. 신제품 개발 시장의 인텔리전스(지적정보)는 신제품 개발팀의 지식 자원의 핵심 요소로, 기존의 조직의 지식 기반을 축적하고 저장하여 '재고(stock)'가 된 시장 정보와 인텔리전스(지적정보)를 반영한다. 또한 소비자 가격 민감도, 요구, 구매 결정 행동, 잠재적 경쟁자의 제안 및 신제품 도입에 대한 반응, 그리고 신제품 개발에 있어서 특정한 잠재시장 및 산업 특성에 관한 기업이 보유한 시장 지식을 반영한다. 높은 수준의 신제품 개발 시장 인텔리전스(지적정보)를 유지하거나 시장 지식을 축적하는 기업은 소비자와 시장 동향, 소비 패턴과 잠재적 시장 크기 등의 시장 특성 변화에 대한 정보를 지속적으로 수집하고 갱신한다.

조직의 기억력(organizational memory)에 축적된 지적 지식정보는 저장된 지식이 연관 네트워크를 통해 기억 구조의 새로운 정보와 연관될 수 있기 때문에 지식의 습득 능력을 증가시킨다(Cohen and Levinthal, 1990). 따라서, 신제품 개발팀이 조직 기억력에 높은 수준의 시장 인텔리전스(지적정보)를 저장할 때, 기존의 지식기반을 축적할 때 쓰인 체화된 습득 경로(acquisition routines)를 쉽게 적용하여 새로운 신제품 개발과 관련된 인텔리전스(지적정보)를 추가로 생성, 수집, 식별할 수 있다. 따라서 높은 수준의 시장 정보를 보유한 신제품 개발팀은 기존 신제품 개발 관련 지식에 접근하기 위한 더 나은 프로세스를 개발하여 특정 신제품 개발 프로젝트와 관련된 새로운 시장 정보를 습득하는 능력을 향상시킨다.

본 연구는 높은 수준의 시장 인텔리전스(지적정보)가 신제품 개발팀의 지식의 습득 능력에 긍정적인 영향을 미치며, 이는 시장 정보를 습득하고, 생성하며, 수집하는 능력과 연관이 있음을 주장한다.

또한 높은 수준의 신제품 개발 시장 인텔리전스(지적정보)는 축척된 지식의 회상을 용이하게 하며 축척된 지식 전달을 제고함으로써(Cohen and Levinthal ,1990), 신제품 개발팀의 지식을 적용하는 역량을 향상시킨다. 높은 수준의 시장 인텔리전스(지적정보)를 지닌 신제품 개발팀은 조직 기억력 속에서 기존 시장 정보와 신제품 개발 지식을 쉽게 찾은 다음, 해당 지식을 보완적인 새로운 지식 요소와 결합하여 특정 신제품 개발 관련 문제에 대한 해답으로 도출한다. 뿐만 아니라 신제품 개발팀이 시장 인텔리전스(지적정보)가 풍부할 때, 조직 기억력에서 얻은 정보를 신제품 개발에 적용할 새로운 지식과 결합해야 하는지를 보다 잘 파악할 수 있다(Moorman and Miner, 1997). 따라서 본 연구는 B2B 상황에서, 높은 수준의 신제품 개발과 관련된 시장 인텔리전스(지적정보)는 신제품 개발팀의 지식의 습득 및 적용 역량을 향상시킨다고 제안한다.

② 신제품 개발 지식의 자원 암묵성

우리는 신제품 개발 지식의 자원 암묵성을 신제품 개발 프로젝트와 관련된 지식 자원이 접근과 전달이 어려워, 구조화, 조직화, 그리고 문서화하기 어려운 정도로 정의한다(De Luca and Atuahene-Gima, 2007). 암묵적 지식은 매뉴얼, 특허, 청사진, 보고서 또는 기타 문서화되거나 성문화된 자료(Teece, 1998)를 통해 설명하기 어렵고, 컴퓨터로 처리하거나, 전자적으로 전송하거나, 데이터베이스에 저장하는 것이 어렵다(Inkpen and Dinur, 1998). 암묵적 지식은 의미 있는 방식으로 모방, 전달 및 명료화하기 어려울 뿐만 아니라 상대적으로 전달이 되지 않고 지식 소유자만이 고유하게 가지고 있는 것이다(Teece, 1998). 이러한 암묵적 지식은 아이러니하게도 회사가 장기적으로 경쟁 우위를 유지하는 데 도움이 된다(Eisenhardt and Santos, 2002).

B2B 상황에서 암묵적 지식은 신제품 개발 지식의 습득과 적용에 해로울수 있다. 우선 높은 수준의 암묵적 신제품 개발 지식은 개발팀이 개발과 관련된 지식을 생성하고 수집하며 식별하는 데 필요한 지식의 핵심 의미를 설명하고 명확히 하는 능력을 억제한다. 지식이 암묵적일 때, 신제품 개발팀 구성원은 기술 또는 혁신과 관련된 시장 요구에 관련된 다양한 자원에 대해 알고 있는 것을 명확히 표현, 전달 또는 성문화하는 데 어려움을 겪는다(Teece, 1998). 또한 암묵적 지식은 B2B기업에서 독립적인 기업들 간에 의미 있는 고객정보 같은 것을 공유하는 것을 어렵게 하기 때문에, 시장에서 고객의 요구와 기대치를 결정하는 것을 어렵게 한다. 암묵적 지식은 상황과 맥락에 특화되어 있어서, 목표 시장에 있는 특정 제품에 대한 이해를 돕기 어렵다는 특징으로 인해 형식화하기 어렵다. 이 때문에 암묵적 지식은 신제품에 대한 정보를 검색, 생성 및 개발하는 능력을 저하시켜 신제품 개발팀의 지식 습득 능력을 저해할 수 있다.

또한, 암묵적 지식은 신제품 개발팀원들이 관련 시장과 기술 정보를 전달하고 공유하는 것을 어렵게 하여 팀의 지식을 적용하고 통합하여 혁신 개발에 적용하는 팀의 능력을 손상시킨다. 지식의 암묵성은 신제품 개발팀 내에서 그리고 기업 고객과의 협업에서 신제품 개발 지식의 전달과 의사소통을 지연시키며(Teece, 1998), 이는 팀원들이 신제품 개발 관련 지식을 공유하고 소통하는 것을 방해할 것으로 예상된다. 따라서 본 연구는 신제품 지식 자원 암묵성은 신제품 개발팀의 지식의 습득 및 적용 역량에 부정적인 영향을 끼친다고 제안한다.

③ 신제품 개발 자원의 전개

신제품 개발 자원의 전개(New Product Development Resource Deployment)는 신제품에 대한 연구개발 활동을 아웃소싱하고 회사 내외부에서 재무적, 물리적 그리고 인적 자원을 확보하고 할당하는 정도로 정의된다. 신제품팀 내에서 필요한 조직 내의 자원을 습득하고, 전개하여 배분하는 보완적인 자원 관리 능력은 신제품의 성공 여부를 결정한다고 제안되었다(Slotegraaf, Moorman, and Inman, 2003). 신제품 개발 시 자원 전개의 예로는 높은 수준의 연구개발 연구원 확보, 기업 외부의 재무적 또는 물리적 자원 확보, 고객과 경쟁사의 경제 성장 가능성에 대한 외부 마케팅 데이터베이스에 대한 투자 등이 있다. 또한 정부나 산업의 규제나 특허 위반에 대비하여, 규제 대응팀이나 법무팀을 구성하려는 내부적인 노력도 신제품의 성공을 위한 자원 구축의 예로 들 수 있다.

높은 수준의 재무적, 물리적, 그리고 인적 자원을 보유하게 되면 새로운 지식 자원과 다른 지식 자원을 통합하여 사용하는 방법을 찾기 위해서 신제품 개발팀의 내외부 네트워크 기회가 증가하게 되어 신제품 개발팀의 지식의 습득과 적용 역량에 긍정적인 영향을 미칠 것이다. 즉 신제품 개발팀의 재무적, 물리적, 인적 자본과 연구개발 활동과 관련된 자원 전개는 시장의 최신 정보 수집을 통해 신제품에 대한 지식을 습득하고 신제품 개발에 통합적인 지식을 적용하려는 노력을 지원할 수 있다. 따라서 본 연구는 신제품 개발 자원 전개가 활발할수록 신제품 개발팀의 지식 습득 및 적용 역량이 향상된다고 제안한다.

④ 전략 지향성

기업의 전략 지향성은, 자원의 기반이 되는 신제품 지식을 신제품 개발과 출시를 위해 생성하고 습득하고 전달하고 통합하는 방식을 결정하는 데 도움이 된다. 본 연구는 신제품 개발 지식관리의 중요성을 고려하여 신제품 지식관리 기능에 영향을 미치는 두 가지의 전략 지향성의 차원인 시장 지향성과 기술 지향성을 선행요소로 고려한다(Gatignon and Xuereb, 1997; Slater et al., 2007; Zhou, Yim, and Tse, 2005).

① 시장 지향성

시장 지향성은 행동적 관점에서 회사가 어떻게 마케팅 시장 정보를 생성, 보급 및 반응하는지를 보여준다(Kohli and Jaworski, 1990). 높은 수준의 시장 지향성은 시장 정보를 습득하고 이를 B2B 시장에서 신제품 개발에 적용하도록 신제품 개발팀의 능력을 향상시킨다. 시장 지향적 기업은 시장 정보를 습득하고 생성하는 능력을 강화한 다음, 정보를 보급하고 전달하며 통합하는 것을 통해 인텔리전스(지적정보)를 축적하여 목표시장의 니즈와 선호에 맞추어 소비자 가치를 향상시키는 새로운 제품을 개발하는 경향이 있다(Hult and Ketchen, 2001; Kohli and Jaworski, 1990; Slater and Narver, 1995). 또한 임수빈과 워크만(Im and Workman, 2004)은 기업의 시장 지향성이 신제품과 마케팅 프로그램에 대한 창의적인 아이디어를 개발하고 구현하는 신제품 개발팀의 능력을 향상시킨다는 사실을 발견했다.

자원 기반 이론 관점에서 무형의 기업 자원(Morgan, Vorhies and Mason, 2009)인 시장 지향성은 제품 개발팀이 혁신적인 신제품을 개발하기 위해 시장 지식을 습득하고 적용하는 능력을 향상시킨다. 조직 학습 관점에서 볼 때 시장 지향성은 새로운 인텔리전스(지적정보) 수집과 생성을 수행할 뿐 아니라 이를 보급 및 통합하고 적용하여 신제품 개발팀의 지식관리 역량을 향상시킨다(Kohli and Jaworski 1990; Slater and Narver, 1995). 따라서 본 연구는 시장 지향성이 신제품 개발팀의 지식 습득 및 적용 역량에 긍정적인 영향을 미친다고 제안한다.

2 기술 지향성

기술 지향성은 B2B 시장에서 신제품 개발팀이 최신 첨단 기술의 사용에 집중하고, R&D 및 신기술에 대한 검색에 충분한 투자를 하는 정도로 정의된다(Gatignon and Xuereb, 1997; Han et al., 2001). 동적 역량(Dynamic Capability) 관점에서, 무형의 자원인 기술 지향성은 신제품 개발팀의 지식관리 역량을 강화하고 기업이 빠르게 변화하는 환경에 대응하는 데 도움이 된다(Eisenhardt and Martin, 2000; Teece, Pisano and Shuen, 1997). 조직 학습 관점에서, 강력한 기술 지향성을 가진 기업은 신제품을 개발하고 출시하기 위해 신제품 개발팀이 업계에서 기술 관련 인텔리전스(지적정보)를 수집하고 습득할 뿐만 아니라, 해당 정보를 사용, 통합 및 적용하여 신제품 컨셉을 개발한다(Han et al., 2001). 높은 수준의 기술 지향성을 보유한 기업 내의 신제품 개발팀은 최신 기술 정보를 능동적으로 검색, 스캔 및 수집하는 능력이 뛰어나다. 또한 이와 같은 기업에서는 신제품 개발팀이 최첨단 기술 정보를 통합, 전달, 적용하여 첨단 프로토타입 및 최종 제품을 개발하는 능력을 향상하도록 지원한다.

기술 지향성이 높은 기업은 신제품 개발을 위한 최신 기술 관련 인텔리전스(지적정보)를 습득해 사용함으로써 시장 동향 또는 비즈니스 소비자의 시장 변화에 신속하게 대응할 수 있어서 기업의 지식의 습득과 적용 역량을 향상시킨다 (Atuahene-Gima, Slater, Olson, 2005). 따라서 본 연구는 기술 지향성의 수준이 신제품 개발팀의 지식 습득 및 적용 역량에 긍정적인 영향을 미친다고 제안한다.

⑤ 신제품 개발 지식 습득과 적용 역량

신제품 개발 지식을 습득하는 기업의 역량은 신제품 개발에 그러한 지식을 적용하는 능력을 결정한다. 기존의 연구(Cohen and Levinthal, 1990)에서는 새로운 인텔리전스(지적정보)를 습득하는 기업의 능력은 조직 기억력(Organization Memory)을 통해 활용할 수 있는 사전 지식을 혁신 활동에 적용하는 능력을 향상시킨다고 주장한다. 신제품 개발팀의 신제품 개발 지식을 통합하고 적용하는 능력은 그 팀이 이미 습득하고 지식기반에 축적해둔 신제품 개발 지식의 깊이와 폭에도 의존한다. 따라서 본 연구는 신제품 개발팀의 지식 습득 역량이 지식 적용 역량에도 긍정적인 영향을 미칠 것이라고 제안한다.

⑥ 신제품 지식관리 역량의 결과인 신제품 경쟁 우위

본 연구는 신제품 경쟁 우위를 제품 품질 우수성과 차별화 측면에서 경쟁 제품에 비해 인지된 우월성이라고 정의한다. 신제품 개발 연구에 대한 메타 분석(Meta Analysis) 결과에 따르면 제품 품질 우수성과 차별화를 신제품 성과의 가장 중요한 두 가지 결정 요소로 고려하여 신제품 경쟁 우위 연구에서 사용했다(Henard and Szymanski, 2001; Montoya-Weiss and Calantone, 1994). 품질 관점에서의 제품 우월성은 상대적으로 객관적이고 기능적인 이점을 반영하는 반면, 차별화 관점에서의 제품 우월성은 사용자에 의해서 우수하다고 느껴지는 제품에 대한 인식도를 보여준다. 따라서 본 연구에서는 제품 품질 우월성과 제품 차별화를 두 가지의 중요한 결과변수로 조사한다.

⑦ 제품 품질 우수성(품질 경쟁 우위)

제품 품질 우수성은 신제품 개발에 적용하는 생산성, 신뢰성, 호환성, 사용 편의성, 기능성, 내구성 및 호환성을 포함하는 품질의 차원을 고려함에 있어서 신제품이 경쟁자보다 우월한 정도를 나타낸다(Calantone, Schmidt, and Song, 1996; Li and Calantone, 1998). 시장에서 신제품 개발 지식을 습득하고 적용할 수 있는 팀의 역량은 품질 개선 과정을 통해 기존 제품과 서비스를 현재 고객의 니즈에 맞게 조정하고 개선한다는 점에서 제품의 시장 적합성과 고객 만족도를 극대화하는 데 도움이 된다(Ettlie, Bridges, and O'Keefe, 1984). 예를 들어, 품질의 집(House of Quality, Crawford and Di Benedetto 2006) 개념을 지식관리 도구로 적용하는 신제품 팀의 능력은 고객 요구(예: 프린터 출력에 필요한 품질)와 엔지니어링 특성(예: 프린터에서 제공하는 최대 해상도 용량) 사이의 적합도를 향상시킨다. 이러한 역량은 신제품 개발 과정에서 팀이 정보를 습득하고 생성하며 그리고 저장하는 능력뿐만 아니라 그 정보를 신제품 개발에 통합시키고 이를 적용하여, 시장과 기술적 정보를 통합하여 신제품의 품질 우월성을 향상시킨다. 따라서 본 연구는 신제품 팀의 지식 습득 및 적용 역량은 제품 품질 우수성에 긍정적인 영향을 준다고 제안한다.

⑧ 제품 차별화

마치(March)의 이중 경로 학습이론 중에 탐색 경로의 전략을 반영하는 제품 차별화는 제품의 프리미엄, 브랜드 이미지, 가격 프리미엄 측면에서 신제품이 경쟁자에 비해 차별성을 제공하는 정도를 의미한다(Day and Wensley, 1988; Homburg, Workman, and Krohmer, 1999). 변화하는 비즈니스 시장의 요구와 기대에 부응하여 시장 및 기술 정보를 습득하고 회사가 가진 축적된 지식을 신제품 개발에 적용할 수 있는 능력은 경쟁자와 구별되면서 차별화된 신제품을 생산하는 데 도움이 된다. 특히 지식관리 역량은 기업이 탐색적 시장 학습을 통해 장래의 시장 상황과 기술 동향을 파악하는 데 도움이 되며, 이는 차별화된 결과와 혜택을 야기한다(Slater and Narver, 1998). 이러한 역량은 또한 비즈니스 고객의 요구와 기술 트렌드에 대응하여 우수하고 독특한 디자인, 예상치도 못했던 기능적 특성을 가진 획기적인 기술을 제공함으로써 제품 차별화를 강화할 수 있다(Hargadon and Sutton, 1997). 따라서 신제품 개발 지식을 습득하고 적용할 수 있는 강력한 역량을 보유하고 있는 신제품 개발팀은 경쟁사 제품과 비교하여 고객의 인정과 시장의 수용을 이끌어내는 차별화된 프리미엄 제품을 통해 제품 차별화를 가져올 수 있다.

본 연구는 마지막으로 기존의 문헌에 의거하여(Day and Wensley, 1988; Keller, 1993), 제품 품질 우월성이 제품/브랜드 차별화에 긍정적인 영향을 미친다고 제안한다.

연구의 결과 정리

- 신제품 개발 시장의 인텔리전스(지적정보)는 신제품 개발 지식의 습득 역량과 적용 역량 모두를 향상시키는 것으로 나타났다.

- 신제품 개발 지식 자원의 암묵성은 신제품 지식의 습득 역량을 방해하지만 신제품 개발 지식의 적용 역량에는 영향을 미치지 않는 것으로 나타났다.

- 신제품 개발 자원의 전개는 지식의 습득 역량에 긍정적인 영향을 미치지만, 신제품 개발 지식의 적용 역량에는 영향을 미치지 않는 것으로 나타났다.

- 시장 지향성은 신제품 개발 지식의 습득 역량과 신제품 지식의 적용 역량을 모두 향상시키는 것으로 나타났다.

- 기술 지향성은 신제품 개발 지식의 습득 역량에 영향을 미치지 않지만 신제품 개발 지식의 적용 역량에는 긍정적인 영향을 미치는 것으로 나타났다.

- 신제품 지식의 습득 역량은 신제품 지식의 적용 역량을 향상시키는 것으로 나타났다.

- 신제품 지식의 습득 역량은 제품 품질 우월성과 제품 차별화 양측 모두에 긍정적인 영향을 미치는 것으로 나타났다.

- 신제품 지식의 적용 역량은 제품 품질 우월성에 긍정적인 영향을 미치지만 제품 차별화에는 약하게 영향을 미치는 것으로 나타났다.

- 제품 품질 우월성은 제품 차별화에 긍정적인 영향을 미치는 것으로 나타났다.

실무적 시사점

　　본 연구의 결과는 신제품 개발팀이 개발을 진행하는 동안 어떻게 제품의 경쟁 우위 구축을 목표로 신제품 개발 지식 자원과 전략적 지향성의 영향을 받는 지식을 습득하고 적용하는 역량을 관리해야 하는지의 방법을 보여줌으로써 비즈니스 실무자에게 시사점을 제시한다. 본 연구는 B2B 시장의 제품과 마케팅 매니저가 혁신을 위한 지식관리의 주요한 측면을 더 잘 이해할 수 있도록 하는 구체적인 권장 사항을 제시한다. 본 연구를 통해 도출된 실무적 시사점은 다음과 같다.

　　첫째, 신제품 개발 지식의 습득과 적용 역량은 마치(March, 1991)의 탐색과 적용에 대한 이중 경로 학습 이론을 반영하는 것으로서, 제품 품질 우월성과 제품 차별화에 뚜렷한 영향을 미친다. 지식의 습득 역량은 고도로 차별화된 우수한 품질의 제품을 개발하는 데 중요하며, 반면 지식의 적용 역량은 제품 차별화에는 오히려 부정적인 영향을 미치지만, 우수한 품질의 제품을 개발하는데 도움이 된다. 고객과 기술에 대한 기존 정보와 새로운 정보를 통합하기 위한 과정으로서 신제품 개발 지식을 적용하는 역량은 신제품 개발팀이 제품 품질 우월성을 향상시키는 데 도움이 된다. 우리는 이러한 통합적인 과정이 다기능적인(cross-functional) 신제품 개발팀이 경쟁자에 비해 차별화된 제품을 만드는 것을 오히려 억제한다는 재미있는 결과를 도출했다. 약하기는 하지만 지식의 적용 역량이 제품 차별화에 대해 갖는 부정적인 영향은 지식의 적용 과정에서 나타나는 활용적 특성 때문일 수 있다(March, 1991 참조). 제품 매니저는 신제품 개발 지식의 습득과 적용 역량을 향상시키는 것이 제품 경쟁 우위, 특히 제품 차별화를 향상시키는 만병통치약이 아님을 인식해야 한다. 한편으로, 지식을 적용하는 역량은 직접적이지는 않지만 간접적으로 품질 우위를 통해 제품의 차별화를 강화함을 찾아내었다. 이 발견은 신제품의 결과 간의 관계에서 제품 품질 우월성이 가진 역할의 중요성을 강조한다.

둘째, 신제품 개발 자원의 특성을 선행요소로 고려할 때, 매니저는 신제품 개발팀의 습득과 적용 역량을 직접적으로 향상시키는 신제품 개발 시장 인텔리전스(지적정보)의 수준을 향상시키기 위해 노력해야 한다. 회사가 갖고 있는 지식 기반에 높은 수준의 시장 인텔리전스(지적정보)를 유지하면 신제품 개발팀이 지식을 습득할 수 있는 능력이 향상된다. 예를 들어, 시장 환경에 대한 상세 정보를 가지고 있는 회사의 높은 시장 인텔리전스(지적정보) 수준은 목표 시장에 맞춘 내외부의 데이터베이스를 통해 신제품 개발 관련 정보를 조사하는 신제품 개발팀의 능력을 향상시킬 수 있다. 또한 이를 통해 차별화된 비즈니스 고객의 요구와 경쟁자의 동향에 따라서 영업 사원과 채널 구성원과의 상호작용을 개선할 수 있다(Moorman, 1995). 또한 신제품 개발팀들이 목표 시장에 맞춘 교육, 발표, 회의, 소통 채널, 개인적 계약과 같은 정보전달과 공유 메커니즘을 확립하도록 지원함으로써 시장 인텔리전스(지적정보)를 신제품 개발팀의 적용 역량 향상을 위해 활용할 수 있다(Moorman, 1995).

또한 신제품 개발 지식 자원의 암묵성은 팀이 지식을 습득하는 역량을 억제하는 반면, 신제품 개발 자원의 전개는 반대로 이를 향상시킨다. 지식의 암묵성이 높으면, 비정형의 지식의 의미를 명확히 하는 데 장벽이 존재함을 암시하며, 이는 신제품 개발팀이 신제품 개발 프로젝트에 특정한 지식을 수집하고 생성하는 것을 방해하고 팀의 지식 습득 능력을 감소시킨다. 예를 들어, 신제품 개발팀은 혁신의 초기 발상 단계인 퍼지 프런트 엔드(fuzzy front end)에서 연구개발 과정상에 도출된 구조화되지 않은 새로운 기술 사양과 불분명한 인텔리전스(지적정보)의 문제를 설명하기 어려울 수 있다. 신제품 개발 자원 전개의 지식 습득 역량에 미치는 긍정적인 영향은 자원 전개 활동과 과정이 신제품 개발팀이 지식의 습득 메커니즘을 지원하기 위해서 필요한 회사 자원을 습득하고 할당하도록 유도함이 선행되어야 하기 때문이다.

셋째, 제품과 마케팅 매니저는 신제품 개발 지식의 습득과 적용 역량을 향상시키는 데 있어 시장 지향성과 기술 지향성의 중요성을 과소평가해서는 안 된다. 본 연구의 결과는 조직 학습 과정으로서 시장 지향성이 새로운 인텔리전스(지적정보)를 습득하고 신제품 개발에 새로운 인텔리전스(지적정보)와 기존 인텔리전스를 적용하는 능력을 향상시킨다는 것을 확인하였다(Kohli and Jaworski, 1990; Narver and Slater, 1995). 그러나 기술 지향성은 하이테크 기업에서 지식 습득 역량과는 관계가 없지만, 적용 역량을 향상시킨다. 따라서, 하이테크 B2B 산업에서의 기업들이 기술 발전과 혁신에 대해 잘 이해하여 생긴 높은 수준의 기술 지향성은 신제품 개발 지식을 적용하는 데는 기여하지만, 그 지식을 습득하는 역량의 개발에 크게 도움이 되지 않는다. 따라서 B2B 기업의 관리자들은 신제품 개발 지식의 습득 역량과 적용 역량을 강화하기 위해 기술적 지향성을 강조할 필요가 있는지를 재평가해야 한다.

본 연구 결과를 요약하면 자원의 특성과 전략적 지향성이 선행요소로서 지식 관리 역량에 미치는 영향과 지식관리 역량이 신제품 성과를 대변하는 제품 품질의 우수성과 제품 차별화에 미치는 후속 영향을 폭넓게 살펴볼 수 있다. 연구의 결과는 신제품 지식의 습득과 적용이라는 독특한 역량을 높이기 위해 서로 다른 수준의 자원 특성의 조합이 필요함을 확인하였다(Cohen and Levinthal, 1990). 좀 더 자세히 말하면, 신제품 개발과 관련된 시장 인텔리전스(지적정보), 자원 암묵성과 자원 전개에 의해 반영되는 고유한 자원 조합은 지식을 습득하거나 적용하는 역량을 촉진한다. 또한, 전략 지향성에서 중요한 시장 지향성과 시장 인텔리전스(지적정보)의 조합은 지식을 습득하고 적용하는 역량 모두에 대해 매우 중요한 영향을 미치는 것이다. 반면 신제품 지식 자원의 암묵성, 자원 전개, 기술 지향성은 지식의 습득과 적용역량을 촉진시킬 수 있다. 이 연구에서 관찰한 모든 지식 자원의 특성과 전략 지향성 요소가 두 가지 지식관리 역량에 선별적으로 기여하는 것임을 인지해야 한다. 예를 들어, 신제품 지식 자원 암묵성과 자원 전개의 정도는 지식 적용 역량에 중요하지 않다. 지식의 적용 분야에서 자원을 보강하고자 하는 매니저는 시장 인텔리전스(지적정보), 시장 지향성과 기술 지향성에 자원 육성 노력을 집중하는 것이 현명한 선택일 수 있을 것이다.

마찬가지로, 지식의 습득과 관련된 자원을 관리하려는 매니저에게는 기술 지향성보다는 다른 신제품 개발 자원의 특성과 시장 지향성 요소에 더 초점을 맞추도록 추천한다. 전반적으로 이 연구에서는 신제품 지식 습득과 적용의 고유한 역량에 영향을 미치는 서로 다른 자원을 조합해야 한다는 결론을 뒷받침하는 실증적 증거를 제공한다.

매니저에게 또 다른 중요한 시사점은, 지식을 습득하는 역량과 지식을 적용하는 역량 모두 제품 품질의 우수성과 제품 차별화에 모두 반영되는 경쟁 우위를 크게 좌우한다는 것이다. 흥미롭게도 매니저들은 지식을 적용하는 능력이 제품 차별화에 미치는 부정적인 직접적인 영향이 제품 품질 우월성을 통한 긍정적이고 간접적인 효과로 상쇄될 수 있다는 것을 알아야 한다. 본 연구는 어떻게 지식 자원 특성과 전략 지향성 요소가 지식을 습득하는 역량과 적용하는 역량을 향상시키고, 궁극적으로 제품 품질 우수성과 제품 차별화를 결정한다는가에 대한 중요한 결과를 확인했다.

제8장

창의성과
신제품 개발에
관한 미래의
연구 방향

01

제품 창의성과 쿨함(Coolness)이 소비자의 인지가치와 태도에 미치는 영향[16]

C-Suite Summary

신제품의 창의성을 강화하는 것은 기업의 성장과 생존에 매우 중요한 요소이다(cf., Schumpeter, 1931). 아마빌리 교수(Amabile, 1983)의 연구를 기초로 하여, 많은 연구자는 신제품의 창의성을 독창성(novelty)과 의미성(meaningfulness)으로 구분해서 개념화해왔다. 그러나 다음의 실패 사례를 통해서 창의성이 신제품의 성공을 반드시 이끌어내는 요소가 아닐 수 있다는 사실을 인지할 수 있다. 담배 회사인 알제이 레이놀드사(RJ Reynolds)는 이미 약 20년 전에 325만 불을 투자하여 '연기 나지 않는 담배(smokeless cigarette)'를 개발하였다. 이 제품은 독창적인 아이디어에서 시작하였고, 청결한 담배를 기존 제품의 대안으로 약속하며 흡연자들에게 의미성을 제공하는 듯하였으나 결국 실패했다. 이번 사례처럼 왜 독창적이며 유의미하다고 평가되는 창의적 신제품들이 실패하는가? 이 질문의 답은 신제품을 채택하거나 거부하는 소비자의 결정에 있을 것이다.

---

16 Im, Subin, Subodh Bhat, and Yikuan Lee (2015), "Consumer perceptions of product creativity, coolness, value and attitude. Journal of Business Research , 68, 166-172.

본 연구는 기업 구성원들의 관점이 아닌 제품을 구매하고 사용하는 소비자의 관점에서, 신제품의 창의성의 의미를 살펴보고 창의성의 구성 차원이 신제품 평가에 미치는 영향에 대해 살펴보고자 한다. 본 연구가 소비자의 가치에 중점을 두는 이유는 매니저는 대개 지속적으로 기업이 경쟁 우위를 추구하기 위한 목적으로 신제품 창의성을 강화하지만, 실제 신제품을 구매하고 사용하는 소비자들은 신제품의 창의성 그 자체에 매료되는 것이 아닌 그 신제품을 통해 자신에게 가치를 제공해줄 수 있다고 판단될 때 신제품을 채택하기 때문이다. 본 연구는 신제품의 쿨함(coolness)을 창의성과 신제품 성과 사이의 관계를 설명하는 잠재적인 추가 매개 변수로서 제시하고자 한다.

본 연구는 사전조사와 본 조사를 통해 창의성의 독창성 측면이 아닌 창의성의 의미성 측면이 소비자의 태도에 더 영향을 미치는지 알아보기 위해서 미국 서부 대학의 경영학부 학생들을 대상으로 설문조사를 진행하고 실증적인 검증이 이루어졌다.

설문조사의 실증분석 결과, 쿨하다고 인지된 가치가 창의성과 제품에 대한 태도의 관계 사이를 매개하고 있다고 나타났다. 본 연구의 결과는 창의성의 한 차원인 독창성은 쿨함에 영향을 미치고, 쿨함은 쾌락적(hedonic) 가치에 영향을 주어 결국 소비자의 태도에 영향을 미친다고 나타났다. 반면에, 창의성의 다른 차원인 의미성은 실용적(utilitarian) 가치에 영향을 미쳐서 결국 제품에 대한 태도에 영향을 주는 것으로 나타났다. 따라서, 본 연구는 소비자로부터 신제품에 대한 긍정적인 평가를 이끌어내려면, 제품의 의미성을 높이거나, 제품이 독창적인 경우에는 동시에 쿨해야 한다는 시사점을 제공하고 있다.

지금까지 연구자들은 신제품의 창의성에 대한 소비자의 관점, 특히 소비자의 창의성 평가가 제품에 대해 인지된 가치 또는 태도와 같은 결과에 어떠한 영향을 미치는지에 대해 거의 관심을 기울이지 않았다. 그러나 신제품의 성패는 궁극적으로 소비자에게 달려 있기 때문에, 소비자의 창의성 인지가 제품 평가에 미치는 영향을 살펴보는 것은 제품과 마케팅 실무자에게 중요한 일이다. 일부 연구들은 독창성과 의미성이 제품에 대해 더 높은 인지된 가치를 이끌어 낼 것이라고 추측하였다(Andrews & Smith, 1996, Kleinschmidt & Cooper, 1991). 또한 주요한 소비자 중심의 창의성 연구(Rubera et al., 2010)에서는 소비자가 제품에 대해 높게 관여되어 있거나 지식이 적을 때 독창성이 창의성에 대한 평가에 더 중요한 관련성이 있는 반면, 의미성은 소비자가 낮게 관여되어 있거나 지식이 높을 때 더 중요하다는 것을 발견하였다. 그러나 기존의 연구에서는 창의성의 두 가지 차원 간의 상호작용에 초점을 맞추거나 창의성이 다른 소비자 제품 평가에 어떤 영향을 미치는지는 고려하지 않았다. 본 연구에서는 소비자 영역에서의 실증 연구를 통하여 신제품 창의성 연구의 흐름에서 위와 같은 연구의 부족한 점을 채우고자 한다.

매니저는 기능 및 속성의 관점에서 제품을 생각하고 이것이 어떻게 경쟁 우위를 제공하는지 생각하는 경향이 있으나, 소비자는 기능 자체의 창의성보다는 제품의 속성이 자신의 필요를 충족시켜서 어떻게 혜택으로 변환되는가에 더욱 관심이 많다. 제품의 가치에 대한 소비자의 인지는 소비자의 제품에 대한 태도의 형성을 주도하기에, 신제품의 창의성에 대한 소비자의 평가는 제품의 가치판단에 영향을 미치고, 이는 제품에 대한 태도에도 궁극적인 영향을 미칠 것으로 기대된다.

본 연구가 제시한 연구모델은 소비자의 신제품 창의성에 대한 평가는 제품 가치(쾌락적 가치와 실용적 가치)에 대한 소비자의 인지에 영향을 미치고, 소비자의 제품 가치의 인지는 결과적으로 소비자의 제품에 대한 태도에 영향을 주는 프로세스를 제시하고 있다. 본 연구는 마치 교수(March, 1991)의 탐색(exploration)과 활용(exploitation)으로 구성된 이중 경로 학습이론을 바탕[17]으로, 창의성의 독창성 측면은 탐색의 경로를 통해서 인지된 쾌락적 가치에 영향을 미치는 반면 창의성의 의미성 측면은 활용의 경로를 통해서 인지된 실용적 가치에 영향을 미치며, 결국 이 두 가치의 차원이 제품 태도 형성에 대해 영향을 미친다는 모형을 보여주고 있다. 본 연구는 이론, 사전 테스트 결과 및 포커스 그룹 인터뷰를 통해 얻은 통찰을 바탕으로 신제품 평가에서 소비자의 창의성과 태도의 관계에 대한 다음과 같은 이중 경로 모델을 제안한다.

일반적으로 제품을 기능이나 속성의 묶음으로 보는 매니저와 달리, 소비자는 제품을 구매 목표와 관련된 일련의 혜택으로 인지한다. 소비자의 신제품 창의성(즉 독창성과 의미성)의 평가는 제품의 가치에 영향을 미친다. 많은 연구자는 소비자가 실용적이고 쾌락적인 제품 차원에서 가치를 인지한다고 가정한다 (예: Babin, Darden, & Griffin, 1994, Chiu, Hsieh, Li, & Lee, 2005 및 Dhar & Wertenbroch, 2000). 실용적 가치는 제품의 기능적, 도구적 또는 실용적인 이점을 의미하는 반면 쾌락적 가치는 제품의 미적, 경험적 또는 감각적 이점을 나타낸다(Chitturi, Raghunathan, & Mahajan, 2008, Dhar & Wertenbroch, 2000, Voss et al., 2003).

축적된 정보나 지식이 부족한 신제품은 독창적이고 의미 있는 기능이나 특성을 보유함으로써 신제품이 쾌락적 가치나 실용적 가치를 갖는지를 평가받

---

17 March는 학습의 두 가지 대조되고 보완적인 경로로 탐색(즉, 발산 과정을 통해 암묵적이고 알려지지 않은 정보를 탐색하여 새로운 지식을 찾는 것)과 활용(즉, 수렴 과정을 통해 기존 정보를 사용하여 새로운 지식을 찾는 것)을 제시하고 있다.

을 수 있다. 창의성의 의미성 차원은 제품의 기능, 유용성, 관련성 및 필요 충족 능력을 강조한다. 의미성을 판단하는 이러한 과정은 일반적으로 제품이 특정 소비 문제를 해결하는지를 평가하는 것을 수반하기 때문에 광범위한 인지 노력을 필요로 한다(예: Rubera et al., 2010). 이러한 인지적 평가는 제품의 실용적 가치 평가로 이어지는 경향이 있다.

반면에, 신제품의 독창성 차원은 제품의 새로움과 독특성과 같은 특성을 강조한다. 제품의 독창성을 평가하는 것은 소비자가 제품이 얼마나 독특하거나 고유하게 다른지 고려하기만 하면 되기 때문에 의미성 평가에 비해 훨씬 쉽고 빠르다(Rubera et al., 2010). 또 한편으로는, 새로운 자극에 대한 노출은 정서적 반응을 일으킬 수 있다(Duckworth, Bargh, Garcia, & Chaiken, 2002, Zajonc, 1968). 그러나, 본 연구에서 미국 대학의 MBA 학생들을 대상으로 포커스 그룹 인터뷰(Focus Group Interview)를 수행해본 결과, 참여자들은 독창성 그 자체에 대해 그다지 중요하게 고려하지 않았으나, 독창적 특징을 가진 신제품을 쿨하다고 인지할 때, 즉 신제품이 트렌디하고, 힙하고, 매력적이라고 인지할 때 좋은 평가를 내렸다. 쿨한 제품의 특성은 새롭고 독특한 차별점으로부터 시작되기 때문에, 독창성은 쿨함의 전제조건으로 고려될 수 있다. 따라서 신제품의 독창성의 영향은 신제품의 기능이 쿨할 경우에만 중요할 수 있다는 결론을 도출할 수 있다. 제품의 독창성과 쿨함을 평가하는 것은 소비자에게 기쁨, 놀라움, 흥분 등의 긍정적 감정을 경험하게 하고 신제품의 감각적 및 경험적 차원에 더 집중하게 함으로써 제품의 쾌락적 가치 평가로 이어질 수 있다.

따라서 제품의 쿨함은 제품 독창성이 인지된 쾌락적 가치에 미치는 영향을 매개하고, 인지된 쾌락적 가치는 쿨함이 제품에 대한 태도에 미치는 영향을 매개할 것이라고 보았다. 또한 인지된 실용적 가치는 제품 의미성이 제품에 대한 태도에 미치는 영향을 매개할 것으로 보았다.

연구의 결과 정리

● 본 연구는 현재의 조직연구에서 다루고 있는 기업체 실무자를 대상으로 했던 신제품 창의성 연구를 소비자의 영역으로 확장하고 신제품 창의성 및 평가와 관련된 모델을 테스트함으로써 창의성 연구의 맥락에 기여하고 있다.

● 본 연구의 결과, 독창성이 쿨함에 영향을 미치며, 쿨함이 쾌락적 가치에 영향을 미치는 것으로 나타났다. 또한 쾌락적 가치가 쿨함이 제품 태도에 미치는 영향을 매개하는 것으로 나타났다.

● 위의 연구결과를 통해 제품의 독창적 기능이 쿨함에 대한 인지를 이끌어낼 때에만 소비자가 제품의 쾌락적 가치를 느낄 수 있다는 것을 발견하였다. 단순히 독창적 기능을 가진 일부 제품은 때때로 이상하거나 터무니없는 것으로 간주되는 반면, 쿨함을 이끌어내는 독창적 제품은 긍정적인 놀라움, 흥분 또는 와우의 반응을 이끌어 냈다. 애플의 아이폰과 아이패드는 출시했을 당시 독창적일 뿐만 아니라 쿨한 제품의 예시이며, 해당 제품들이 고객에게 쾌락적 가치를 제공하여 호의적인 평가를 받았음은 의심의 여지가 없다. 제품의 독창성은 제품의 쾌락적 가치에 직접적인 영향을 미치는 것이 아니라 제품의 쿨함을 통해 간접적으로 영향을 미친다.

● 창의성의 한 차원인 의미성이 실용적 가치에 영향을 미치며, 실용적 가치가 제품 태도에 영향을 미치는 것으로 나타났다. 또한 실용적 가치가 의미성이 제품 태도에 미치는 영향을 부분적으로 매개하는 것으로 나타났다.

실무적 시사점

신제품 매니저들은 새롭고 독창적인 기능을 추가하면 신제품을 기존 제품과 차별화할 수 있고 이것이 소비자들의 채택으로 이어진다는 통념을 지니고 있다. 그러나 본 연구는 신제품 개발에 있어 독창성의 역할이 제한적임을 시사하며, 이는 매니저가 독창성 그 자체를 위해 제품을 독창적으로 제작하려 해서는 안 됨을 제안한다. 독창적 기능은 소비자의 비용, 혼란 및 위험 인지를 증가시키고 새로운 기능과 루틴을 배우기 위한 더 많은 시간 투자를 요구한다(Lee & O'Connor, 2003, Mick & Fournier, 1998). 복잡한 신제품의 경우, 소비자들은 높은 학습 비용으로 인해 제품으로부터 얻는 부가가치보다 부가비용을 더 높게 예상하여 낮은 제품 평가를 하게 될 수 있다(Mukherje & Hoyer, 2001). 따라서 충분히 쿨한(즉, 트렌디하고 흥미진진한) 잠재력이 있는 독창적 기능을 신제품에 도입하여, 소비자가 흥분하고 기뻐할 수 있는 심리적 효과에 집중하게 하고 제품의 쾌락적 가치를 인지하게 함으로써 소비자가 독창적인 신제품에 대한 실패위험 및 비용에 대한 우려를 극복할 수 있도록 해야 한다.

더 넓은 관점에서는, 매니저는 신제품에 대한 긍정적인 태도를 이끄는 이중 경로가 있음을 인지해야 한다. 매니저는 소비자가 새로운 제품 기능을 의미 있는 것으로 보는지 혹은 제품의 독창적 기능이 쿨함의 인식을 유발하는지를 확인하기 위해 제품 출시 전에 소비자에 대한 조사를 수행함이 신제품의 성공을 위해 꼭 필요함을 인지해야 한다.

경쟁 우위에 대한 채널 혁신 지식 경영의 효과[18]

C-Suite Summary

기업은 지속 가능한 경쟁 우위를 추구하는 과정에서 우수한 기업 성과를 창출하기 위해 어떻게 지식 자원을 전략적 자산으로써의 운용하는가 하는 중요한 선택에 직면한다. 이 선택의 핵심은 탐색적 학습이라 불리는 새로운 기회와 가능성을 창출하는 새로운 지식을 탐색하는 경로와 활용적 학습이라 불리는 효율성을 얻기 위한 역량을 지속시키기 위해 현재 가지고 있는 지식을 활용하는 경로에 대한 상황적이고 균형적인 관계를 관리하는 것이다(March, 1991).

본 연구는 어떻게 채널 파트너로부터 얻은 혁신 지식이, 탐색적이거나 활용적인 학습 경로와 연관된 채널과 제품의 성과를 통해 경쟁 우위로 이끄는지에 대한 모형을 제시하고 실증적으로 검증하고자 한다. 본 연구의 핵심 두 가지 질문은 다음과 같다. 첫째, 신제품 개발 팀의 채널 혁신 지식경영 역량

18 IM, Subin, Steven Kim, & Edward Bonds(2020) , " The Effect of Channel Innovation Knowledge Management on Competitive Advantage: A Dual-path Model," Journal of Marketing Theory and Practice, 28(2), 196-212.

이 탐색 및 활용 루트와 연관된 조직 학습 성과로 이어지는가? 둘째, 만약 그렇다면 탐색과 활용적 이중 학습 경로를 통한 성과는 과연 경쟁 우위를 확보할 수 있는가? 본 연구에서는 채널 혁신 지식경영(이하 채널 혁지경)을 조직 학습의 역량으로서, 혁신 지식의 탐색과 활용 경로를 통해 경쟁 우위를 이끌어내는 새로운 마케팅 역량으로 제안하고 있다.

본 연구는 미국의 하이테크 제조 회사에 근무하는 205명의 제품 매니저를 대상으로 한 설문으로 데이터를 모으고 구조방정식을 통해 분석 결과를 도출하였다. 이를 위해 채널 혁신 지식 습득 역량과 채널 혁신 지식 적용 역량, 그리고 채널의 성과 중 하나인 시장 개척도에 대한 새로운 측정 척도를 개발하였다.

본 연구의 결과는 신제품의 독창성과 신시장 접근성으로부터 시장 개척에 이르는 탐색적 학습 경로와, 신제품의 의미성과 채널 운영 효율성으로부터 제품 품질 우월성에 이르는 활용적 학습 경로를 통해 경쟁 우위를 확보하는 조직의 양면성을 보여주고 있다. 특히 본 연구의 결과는 채널과 신제품 개발의 결과를 모두 달성하기 위해 기업의 채널 혁신 지식경영 역량이 효율적으로 사용되며, 이는 탐색과 활용의 모범인 예로서 궁극적으로 경쟁 우위를 달성할 수 있음을 보여준다.

1 이론적 배경

1 마치(March)의 학습 이론

스탠포드 대학교 제임스 마치(March, 1991) 교수는 학습의 이중 경로 이론을 통해서 기업이 학습의 두 과정에 대한 상충 관계에 직면하곤 한다고 주장했다.

기업은 새로운 가능성을 만들기 위해 탐색경로를 통한 새로운 지식을 모색한다. 또한 기업은 효율성을 달성하기 위해 활용경로를 통하여 이미 알고 있는 것을 잘 사용할 수 있는 길을 모색한다. 마치 교수는 '불확실하고, 거리감 있고, 때로는 부정적인' 보상결과를 가져올 수 있는 새로운 지식을 모색하는 탐색경로를 '새로운 대안'으로 제안했다(p. 85). 반대로, 그는 '긍정적이고, 밀접하고, 예측가능한' 보상결과를 가져올 수 있는 기존의 지식을 추구하는 활용경로는 이미 달성된 '기존의 역량, 기술 및 패러다임의 개선과 확장'을 반영한다고 주장하였다(p. 85). 그래서, 기업은 지속가능한 경쟁우위와 장기적인 성공을 달성하기 위해 이러한 이중 학습 전략의 적절한 균형을 추구해야 한다(Ho & Lu, 2015; Kyriakopoulos & Moorman, 2004; Lin, McDonough, Lin, & Lin, 2012; Lisboa, Skarmeas, & Lages, 2011; March, 1991; Sarkees, Hulland, & Chatterjee, 2014).

마케팅과 관련한 탐색적 학습은 '주로 신시장 세분화, 새로운 포지셔닝, 신제품 개발, 새로운 유통 채널 확보 및 새로운 마케팅 믹스 전략수립과 같은 시장과의 상호작용에 대한 도전적인 사전 접근 방식을 포함한다'(Kyriakopoulos & Moorman, 2004, p. 221). 반대로 활용적 학습은 '주로 현재의 시장 세분화, 포지셔닝, 제품유통 채널 및 기존의 마케팅 믹스 전략을 포함한 기존 마케팅 전략과 관련된 현재 기술 및 절차를 발전시키고 개선하는 것을 포함한다'(Kyriako-poulos & Moorman, 2004 p. 221). 이 두 가지 학습 경로에 적응이 뛰어난 기업은 주어진 시간 내에 목표, 현금 흐름 또는 기업 가치와 같이 변화하는 특성을 따라 두 가지 학습의 경로를 상대적으로 밸런스 있게 관리함으로써 기업 경영의 성과를 향상할 수 있을 것이다(O'Reilly & Tushman, 2004; Garcia, Calantone, & Levine, 2003, Sarkees, et al., 2014).

② 채널 혁신 지식경영: 지식 기반 관점

이 연구에서는 채널 혁신 지식경영에 있어서, 첫 번째 단계로 공급업체 또는 유통업체로부터 혁신 관련 지식을 획득하고, 두 번째 단계로 해당 지식을 탐색 또는 활용하여 신제품 개발이나 채널경영 성과를 내기 위해 그 지식을 적용하는 것은 조직의 역량이라고 제시한다(Kyriakopoulos & Moorman, 2004). 조직 역량은 '인 풋을 아웃풋으로 변환하는 과정을 통해 기업의 가치 창출 역량과 관련해서 생산적으로 업무를 반복적으로 수행할 수 있는 능력'을 뜻한다(Grant 1996a, p. 377). 기업의 지식 자산을 경영하는 역량은 혁신과 채널 경영 시스템의 성공에 결정적인 역할을 한다(Madhavan & Grover, 1998; Nonaka, 1994).

채널 혁신 지식경영의 개념적 토대는 그랜트(Grant, 1996a; 1996b)의 지식 기반 관점 이론에 있다. 이 이론에 따르면, 첫째, 기업의 기본적인 기능은 지식을 습득하고 통합하는 것이고, 둘째, 회사와 채널 파트너와의 관계를 통해 지식을 공유할 수 있으며, 셋째, 지식의 효율적인 관리는 회사와 채널 파트너와의 관계의 핵심 목표가 되고, 마지막으로, 위계적으로 구성된 메커니즘을 통해 기업과 채널 파트너 간에 전문적인 지식과 기술을 통합하게 할 수 있다. 이 연구는 채널 혁신 지식경영을 제품 개발 및 채널 경영 관리의 역량을 결합하여 채널과 신제품 개발 관점을 통합 지식의 역량으로 개념화한다.

1 채널 혁신 지식경영과 흡수 역량 간의 관계

흡수 역량은 '새로운 정보의 가치를 인식하고, 기존의 관련 지식에 동화시켜 상업적인 목적에 적용할 수 있는 역량'으로(Cohen & Levinthal, 1990) 개념화되는데 채널 혁신 지식경영과 구분된다. 흡수 역량은 주로 지식 전달을 위한 메커니즘이나 조건에 초점을 맞추고 있는 반면(Cohen & Leventhal, 1990; Jansen, Van Den Bosch, & Volberda, 2005), 채널 혁신 지식경영은 수직적 채널 파트너로부터 지식을 습득하고 적용하는 역량을 기반으로 한 요인에 주목한다. 채널 혁신 지식경영은 신제품 개발 팀과 채널 파트너와의 교류에서 개발된 혁신 관련 경영 지식에 집중하여, 지식을 경쟁 우위를 통하여 신제품 성과와 어떻게 연결하느냐에 주목하고 있다(참조: Ramaswami, Srivastava, & Bhargava, 2009).

2 채널 혁신 지식경영과 지식경영 개념 간의 관계

지식경영(Knowledge management, KM) 분야의 학자들은 다양한 방법으로 지식의 습득과 적용에 관해 연구하였다. 일부 학자는 기업과 협업하는 다양한 협력자들(Knudsen, 2007)이나 협업이 이루어지는 메커니즘(Thomas, 2013)에 관심을 집중시켰다.

이 분야의 연구의 한 맥락에서는 외부 지식의 출처에 중점을 두고 있는데, 다음을 통해서 지식이 경영이 된다: (1) 비공식적인 네트워크, 제삼자, 기업 본사, 기업 내 기타 부서나 지점(Chang, Bai, & Li, 2015; Jansen, Van Den Bosch, & Volberda, 2005), (2) 무역 박람회, 컨퍼런스, 그리고 산업 협회(Foss, Lyngsie, & Zahra, 2013), (3) 고객, 경쟁자, 대학연구소, 그리고 및 컨설턴트(Brettel & Cleven, 2011)를 포함한 대체 외부 데이터 출처에 중점을 두고 있다.

또 다른 연구의 맥락에서는 지식경영과 연관된 프로세스, 조직의 인프라 및 조직 문화 전반에 걸쳐 다루고 있다(Gold, Malhotra, & Segars, 2001). 마찬가지로, 외부에서 가져온 지식을 적용하는 것과 관련된 측정 척도는 신제품 경영에 실제로 적용하기보다는 정보의 유용성이나 적용 가능성을 인식하는 데 초점을 맞추는 경향이 있다(Jansen, Van Den Bosch, & Volberda, 2005를 참조). 또 다른 연구에서는 외부에서 가져온 지식이 다른 선행 요소와 혁신 성과 간의 관계를 조절하는 역할을 하는 것을 밝혔다(Chang, Bai, & Li, 2005). 최근의 다른 연구(Darroch, 2005)에서는 전략적 지향성이 지식경영이 자원을 역량으로 전환하는 데 도움이 되는 조정 메커니즘으로 활용됨을 찾아냈다.

요약하면, 채널 혁신 지식경영을 독특하게 만드는 세 가지 특성은 첫째 혁신 관련 지식 원천으로서의 기존 채널 파트너의 역할이고, 둘째, 신제품 개발과 관련된 지식의 습득 및 적용조직의 역량을 핵심으로 보고, 셋째로, 신제품 팀을 중심으로 지식관리 역량을 경영한다는 점이다.

2 이론과 가설

　조직 학습 결과에 관한 연구질문을 해결하기 위해, 이 연구는 탐색과 활용으로 나뉘는 마치(March, 1991)의 조직 학습 연구를 반영해 제품과 채널 위치를 통해 채널 혁신 지식경영 역량을 제품 경쟁 우위로 연결하는 이론적 모델을 그림 9에서 제기한다. 그림의 왼쪽에서 채널 혁신 지식경영은 채널 파트너로부터 혁신 지식을 (1) 습득하는 역량과 (2) 적용하는 역량의 두 가지 역량으로 구성되어 있다. 그림의 중앙에 위치한 신제품 독창성(제품 기반 경로)과 신시장 접근성(채널 기반 경로)은 탐색과정의 결과를 반영한다. 그림의 하단에는 활용과정의 결과인 신제품 의미성(제품 기반 결과) 및 채널 효율성(채널 기반 결과)이 나타나 있다. 궁극적으로, 이 연구모델의 오른쪽에 위치한 시장 개척과 제품 품질 우월성은 탐색과 활용과정을 통해서 결정되는 최종 성과인 경쟁 우위의 두 구성 요소이다.

| 그림 9 | 연구의 이론적 모형 |

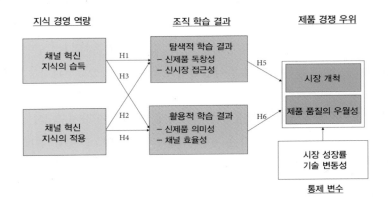

지식 기반 관점 이론에 대한 실증 연구(Eisenhardt & Santos, 2002)에서는 지식 경영 프로세스가 정보를 습득하고 적용하는 역량으로 기업에 중요한 가치를 제공함을 분명히 파악할 수 있다. 지식의 습득 역량은 가치 있는 새로운 지식 원천에 접근할 수 있게 하며, 지식의 적용 역량은 신제품 개발과 채널 경영을 통해 기업으로 하여금 원천을 포지셔닝 우위로 전환하게 한다. 기업은 지속적인 경쟁 우위를 확보하기 위해 습득 프로세스를 통해 지식 저장소를 구축하고, 적용 프로세스를 통해 습득한 전문지식을 기존의 지식과 통합하여 제품 및 채널에 대한 성과를 창출하여 고객을 위한 가치를 창출해야 한다.

지식 습득 프로세스는 제한된 자원으로 인해 기업이 신제품 개발에 필요한 모든 지식을 자체적으로 만들 수 없고 외부 파트너에 의존할 수밖에 없기 때문에 매우 중요하다(Yang, Fang, Fang, & Chou, 2014). 공급망 내의 부품 회사나 유통 판매 회사 같은 수직적 채널 파트너는 유용한 혁신 지식의 잠재적 원천으로 부각된다(Knudsen, 2007; Schiele, 2010; Thomas, 2013; Wagner, 2012). 기존의 채널 파트너와의 관계에서는, 새로운 파트너를 개발하고 적용하는 상황에서 오는 혼란을 최소화하고, 기존의 협업 네트워크에서 구축된 루틴이 효율적인 지식 공유를 촉진함으로써, 우수한 정보의 원천이 된다(Iyer, Srivastava, & Rawas, 2014). 특히 유통 업체는 고객과 근접한 위치에서 '시장 수요, 경쟁자 동향, 신제품 추이 등에 대한 귀중한 지식을 습득할 수 있는 장점'을 가지고 있다(Liu, Li, & Xue 2010, p. 229). 또한 주축 산업에 대한 새로운 동향과 기술을 항상 면밀히 관찰하는 공급업체는 신제품 개발 팀이 활용할 수 있는 새로운 기술에 관한 지식을 제공한다(Lynch, O'Toole & Biemans, 2014). 그럼으로써, 신제품 개발 팀은 수직적 채널 구성 회사로부터 습득한 신제품 개발 관련 지식을 적용할 수 있는 역량을 향상시킴으로 더 나은 시장과 재무 결과를 위해 혁신 효율성 또는 혁신 효과를 높인다(Yang et al., 2014; Li & Calantone, 1998). 본 연구는 고객을 위한 가치를 창출하기 위해 탐색적 학습과 활용적 학습 활동의 조합으로 습득과 적용 역량을 배치하고, 탐색이나 활용적 학습으로부터 도출되는 제품의 독창성과 의미성뿐만 아니라 유통 채널의 신시장 접근성과 채널 효율성을 결과물로서 고려하여 측정하였다.

1 탐색적 조직 학습 결과에 대한 채널 혁신 지식경영의 효과

신제품 팀의 채널 혁신 지식경영 역량은 현재의 유통 관행에 도전하고 새로운 제품의 형태로 고객 문제에 대한 새로운 해결책을 제안함으로써 탐색과정을 향상시킨다(Kyriakopoulos & Moorman, 2004). 이러한 논리에 따라 본 연구는 신제품 독창성과 신시장 접근성을 제품과 채널 영역에서의 탐색적 학습의 모범적인 결과로서 선택하였다.

신제품 독창성은 신제품이 경쟁업체의 제품과 비교했을 때 독특하고 뚜렷하게 다르다는 인식을 보이는 정도로 정의된다(Christensen, Cook, & Hall, 2005; Garcia & Calantone, 2003; Im & Workman, 2004). 수직적 채널 파트너의 제품 및 프로세스에 관한 지식은 신제품 개발 팀에게 새로운 아이디어를 제공할 수 있다(Chang, Bai, & Li, 2005; Knudsen, 2007). 채널 구성원이 고객과 빈번하고 긴밀한 상호 작용을 하면서 얻어진 아이디어를 신제품 개발팀이 습득하고 적용함에 따라 독특하고 독창적인 제품을 더 많이 탐색하고 만드는 데 도움이 될 것이다(Hsu & Sabberwal, 2012). 따라서, 본 연구는 신제품 개발에 대한 새로운 지식을 얻고 적용하는 신제품 개발 팀의 역량은 신제품 독창성을 향상시킨다고 제안한다.

또한 채널 전략과 관련하여, 수직적 채널 파트너는 협력 업체에게 고객의 요구에 대한 최근 지식과 유통에 대해 풍부한 전문지식을 제공한다. 채널 구성원이 경영 환경에 대한 지식 저장소에서 정보를 습득하고 나누고 활용하여 적용하면, 신제품 개발 팀의 신시장에 대한 접근을 촉진하게 되어 새로운 시장에서의 기회를 탐색할 수 있다(Kyriakopoulos & Moorman, 2004). 따라서 본 연구는 채널 혁신 지식을 습득하고 적용하는 신제품 개발 팀의 역량은 탐색적 조직 학습과 관련된 채널 전략의 결과인 신시장 접근을 향상시킨다고 제안한다.

2 활용적 학습결과에 대한 채널 혁신 지식경영의 효과

채널 혁신 지식경영 역량은 현재 제품 포지셔닝 또는 기존 유통 채널을 개선함으로써 활용적 학습과 관련된 성과를 촉진할 수 있다(Kyriakopoulos & Moorman, 2004). 신제품 의미성(제품 관련 결과)과 채널 효율성(채널 관련 결과)은 활용적 학습의 결과를 보여준다. 신제품의 의미성은 고객이 제품에 대해서 자신과 관련이 있으며, 적합하고, 적절하며, 유용하다고 간주하는 정도이며(Garcia & Calantone, 2003; Im & Workman, 2004), 이것은 '고객이 추구하는 혜택을 제공'할 수 있도록 고객의 목소리에 더 잘 귀를 기울임으로써 획득된다(O'Cass et al., 2014, p. 865).

기존 고객과 제품에 대한 깊은 이해는 기존 역량과 기술의 개선 및 확장으로 이어진다(Im, Montoya, & Workman, 2013; Kyriakopoulos & Moorman, 2004). 마찬가지로 채널 파트너는 신제품 개발 팀의 제품 개선 노력을 가능하게 하는 지식을 제공하여 제품의 의미성을 얻을 수 있도록 지원할 수 있다(Wagner, 2012). 신제품의 독창성과 실증적으로 구별되는 신제품의 의미성은, 고객 만족도와 인지도와 같은 고객과 관련된 결과와 제품 경쟁 우위, 제품 성과와 같은 제품과 관련된 결과에 대해 각기 다른 효과를 나타낸다(Kim, Im, & Slater, 2013). 본 연구는 채널 구성원으로부터 신제품 개발 관련 지식을 습득하고 이를 혁신에 적용할 수 있는 신제품 개발 팀은 고객들에게 보다 높은 연관성을 제공하고, 보다 적합하고 적절하며 유용한 특징을 갖는 고객의 선호도를 반영하는 보다 의미 있는 신제품을 생산할 가능성이 높을 것으로 제안한다.

신제품 개발팀이 채널 구성원의 지식을 습득하고, 축적하고, 적용함에 따라, 해당 채널 구성원의 운영 체계와 관련된 표준과 호환되는 새로운 제품을 생산하고 채널 파트너가 다루기 보다 더 쉬운 옵션을 신제품 개발에 통합할 가능성이 더 커진다. 제품이 채널 친화성이 높고, 시장의 요구사항에 근접한 적합성을 지니면 운송, 재고 관리, 사후 관리 서비스에서 운영 효율성을 향상시킬 수 있다. 요컨대, 채널 혁신 지식을 습득하고 적용할 수 있는 신제품 개발팀은 최신의 시장 정보를 활용하여 의미 있는 제품을 생산할 뿐만 아니라 채널 구성원의 요구를 수용하여 더 많은 유통 채널을 운영함으로써 활용 학습의 경로를 택할 가능성이 높다(Gilliland & Kim, 2014; Luo, Kannan, & Ratchford, 2007). 따라서 본 연구는 신제품 개발 팀이 신제품에 대해서 수직적 채널을 통해서 지식을 습득하고 적용할 수 있는 역량은 기업에서 제품의 의미성과 채널 효율성을 향상시킬 것이라고 제안한다.

② 제품 경쟁 우위에 대한 조직 학습 결과의 효과

본 연구는 신제품 개발 팀이 시장 개척이나 제품 품질 우월성을 통해 제품 경쟁 우위를 달성하는 것을 제안하고 있다. 제품 품질 우월성은 신제품이 주요 경쟁자에 비해 더 나은 생산성, 신뢰성, 호환성, 사용 편의성, 기능성, 내구성, 또는 기능 가변성을 제공하는 정도를 의미한다(Calantone et al., 1996). 우리는 제품 품질 우월성을 활용적 학습을 통해 얻어진 경쟁 우위로 보고 있다(cf., Kyriakopoulos & Moorman, 2004; Lisboa et al., 2011; O'Cass, et al., 2014). 반면 시장 개척은 신제품이 새로운 기술이나 제품 수명 주기를 확립하는 새로운 트렌드를 설정하고 선도하여 새로운 가능성을 열어서 시장을 창출하는 정도를 의미한다(e.g., Carpenter & Nakamoto, 1994; Hills & Sarin, 2003).이 연구에서는 시장 개척을 기업이 신제품을 기반으로 신시장을 형성하도록 돕는 탐색적 학습의 결과로 인한 경쟁적 우위로 본다(Kyriakopoulos and Moorman, 2004).

독창성에 대한 인식은 소비자가 제품에 대한 독특함에 대한 욕구에 호소하게 하고, 새로운 정보를 더 기꺼이 처리하도록 함으로써 소비자에게 영향을 미칠 수 있다(Fu & Elliot, 2013). 그러나 독창성과 시장 개척 간의 관계는 항상 긍정적인 것은 아니다. 단순히 평범하지 않은 독특한 제품을 만든다고 해서 시장의 트렌드 세터로서 시장 개척자가 되는 것은 아니기 때문이다. 기업이 신시장을 개척하기 위해서는 신제품이 기존 시장의 제품과 실질적으로 구별되어야 하고, 기업에서 마케팅 사고와 마케팅 행동을 바꿀 수 있어야 한다(Moorman, 1995; Steenkamp and Gielens, 2003). 따라서 본 연구에서는, 제품의 독창성이 차별화된 제품으로 현재 상황에 도전함으로써 시장을 개척하는 기업의 역량을 강화할 것을 제안한다(Kyriakopoulos & Moorman, 2004; March, 1991).

채널 기반 접근 방식과 관련하여, 우리는 신시장 접근성이 시장 개척을 강화한다고 주장한다. 신시장에 대한 접근성이 낮다는 것은 기업의 마케팅 채널이 신시장으로 확장할 능력이 부족하여 신제품이 신시장에서 빠르게 수용되도록 지원할 수 없다는 것을 의미한다. 이러한 상황을 극복하기 위해서는 기존 채널의 역량을 업그레이드하거나 새로운 채널을 개발해야 한다(Gu, Hung, & Tse, 2008). 또한, 기업이 채널 파트너를 통해 시장 접근성을 확보할 경우, 기업이 신시장을 탐색할 수 있게 하여 경쟁자보다 빠르게 해당 시장의 대상 고객과 소통하여, 새로운 시장 개척을 하기가 쉬워진다(Dong, Li, & Tse, 2013). 따라서 본 연구는 신제품 독창성과 신시장 접근성이 탐색적 학습의 결과로서 시장 개척을 통한 경쟁 우위를 강화시킨다고 제안한다.

신제품의 의미성은 고객에게 관련 있고 적합하고 적절하며 유용한 기능에 초점을 맞추기 때문에, 제품 경쟁 우위의 요소인 제품 품질 우월성의 핵심 선행요인이 될 것으로 예측한다(Im et al., 2013; Rijsdijk et al., 2011). 고객에게 의미 있는 차원에서 다른 제품의 성과를 능가함으로써 우수한 고객 가치를 창출하는 신제품은 품질 우월성이라는 경쟁 우위를 달성하며, 이는 결국 신제품의 성공을 촉진한다(Im & Workman, 2004; Im et al., 2013; Szymanski, Kroff, & Troy, 2007). 따라서 본 연구는 신제품의 의미성이 높아지면 제품 품질의 우월성을 통한 경쟁 우위가 높아진다고 제안한다.

채널 운영 효율성은 기업이 현재의 마케팅 채널(Easingwood, Moxey, & Capleton, 2006)을 통해 효율적으로 제품 시장에 도달하고 서비스를 제공할 수 있는 정도를 나타낸다. 기업은 부정확한 수요 예측(예: 재고 부족), 열악한 재고 관리(예: 과잉 재고), 비효율적인 서비스(예: 긴 대기 시간, Kumar, Stern, & Achrol, 1992) 등의 문제를 갖고 있으면, 채널의 효율성이 낮아져서 고객에게 고품질 서비스를 제공할 수 없다. 따라서 이러한 부정적인 조건에서는 제품 품질에 대한 고객의 인식이 낮을 것이다. 반대로 매우 효율적인 채널을 보유한 회사는 빠르고 정확한 수요 예측(예: 재고 없음), 우수한 재고 관리(예: 적시 납품), 효율적인 서비스(예: 매우 짧은 대기 시간, Spriggs, 1994)를 고객에게 제공할 수 있다. 따라서 이러한 긍정적인 조건에서는, 고객은 효율적인 마케팅 채널을 통해 제품 정보를 받고 경험하게 되어, 전반적인 제품 품질에 대해 보다 긍정적인 인식을 갖게 되어 우수한 제품 품질을 통해 경쟁 우위를 확보할 수 있다.

따라서 본 연구는 채널 운영 효율성이 높아지면 제품 품질의 우월성이 높아진다고 제안한다.

연구의 결과 정리

● 본 연구의 결과는 기업이 탐색과 활용의 이중 학습 경로를 통해 시장 개척과 제품 품질 우월성이라는 두 가지 뚜렷한 경쟁 우위를 달성하기 위해 채널 혁신 지식을 전략적 자원으로 경영하는 방법에 대한 통찰력을 제공한다.

● 채널 혁신 지식 습득 역량과 신제품 독창성 사이의 관계는 약하게 지지되었다. 그러나 채널 혁신 지식을 습득하는 신제품 개발팀의 역량이 증가할수록 신시장 접근성이 증가하는 것으로 나타났다.

● 채널 혁신 지식을 적용하는 신제품 개발팀의 역량이 증가할수록 신제품 독창성이 증가하며, 신시장 접근성이 증가하는 것으로 나타났다.

● 채널 혁신 지식 습득 역량과 신제품 의미성 사이의 관계가 없는 것으로 나타났지만, 채널 혁신 지식을 습득하는 신제품 개발팀의 역량이 증가할수록 채널 운영의 효율성이 증가하는 것으로 나타났다.

● 본 연구의 결과, 신제품 개발팀의 패널 혁신 지식을 적용하는 역량이 증가할수록 신제품 의미성이 증가하며, 채널 운영 효율성이 증가하는 것으로 나타났다.

● 본 연구의 결과, 신제품의 독창성이 높아지면 시장 개척이 증가하며, 신시장에 대한 접근성이 높아지면 시장 개척이 향상되는 것으로 나타났다.

● 본 연구의 결과, 신제품의 의미성이 높아지면 제품 품질의 우월성이 높아지며, 또한 채널 운영 효율성이 높아지면 제품 품질의 우월성이 높아지는 것으로 나타났다.

본 연구는 제품 수준의 경쟁 우위를 구축하기 위해 채널 혁신 지식을 효과적으로 관리하는 방법에 대한 네 가지 통찰력을 제품 매니저에게 제공한다. 첫째, 본 연구 결과는 공급망과 판매망에 있는 수직 채널 구성원은 신제품 개발에서 혁신 관련 지식을 발생 배급하는 중요한 원천으로, 신제품팀에서 혁신 지식의 습득과 적용의 능력을 향상시켜서 제품의 창의성이나 채널 기반 전략 결과를 이끌어내고 궁극적으로 경쟁 우위를 달성하게 한다. 이러한 결과는 공급업체가 협력하여 혁신 관련 지식을 습득하고 적용하여 새로운 기술개발을 하는 데 있어 전략적 파트너가 될 수 있다는 기존 연구를 지지한다(Un, Cuervo-Cazurra, and Asakawa, 2010). 둘째, 채널 매니저와 제품 매니저는 경쟁적인 시장 환경에서 제품의 경쟁 우위를 달성하기 위해 양면적인 학습 경로(탐색 vs 활용)를 파악해야 한다. 예를 들어서, 제품의 독창성과 신시장 접근성이 탐색 경로를 통해서 신시장을 개척하는 우위를 제공하며, 제품의 의미성과 독창성, 채널 효율성은 활용 경로를 통해서 제품 품질의 우월성을 높이게 된다. 더 나아가서, 이 연구에서 발견한 예상치 못했던 신제품 독창성과 제품 품질 우월성 간의 정의 관계와 예상되었던 신제품 의미성과 제품 품질 우월성 간의 정의 관계는, 독창성과 의미성의 두 요소로 구성이 되는 신제품 창의성은 소비자들이 신제품의 품질의 우수성을 인식하는 데 도움을 줄 수 있는 방식으로 활용될 수 있음을 시사한다. 셋째, 채널 혁신 지식의 습득 역량이 신시장 접근과 채널 효율성이라는 두 가지 채널 기반 결과에 긍정적인 영향을 미치기는 했지만, 이 습득 역량은 오히려 신제품의 독창성을 약하게 향상시켰지만 신제품 의미성과의 관계는 유의하지 않았다. 이러한 결과는 제품 매니저가 수직 채널 구성원으로부터 혁신 지식을 습득하는 역량을 향상시키면, 제품 기반 결과(즉, 신제품 독창성과 신제품 의미성)보다는 채널 기반 결과(즉, 신시장 접근과 채널 효율성)에 더 큰 영향을 준다는 것을 알 수 있다. 이와는 다르게, 채널 혁신 지식의 적용 역량은 제품 기반 결과(즉, 신제품 독창성과 신제품 의미성)와 채널 기반 결과(즉, 신시장 접근과 채널 효율성) 모두에 대해 긍정의 영향을 미친다. 마지막으로, 우리의 연구 결과는 신제품 매니저가 수직 채널 파트너와 협업함으로써 신시장 접근과 채널 효율성을 높이기 위해서 유통 시스템을 통해서 경쟁 우위를 추구할 수 있음을 시사한다.

03

마케팅 분야의 신제품 개발과 혁신관리에 대한 국내 연구성과 검토와 연구 방향에 대한 제언[19]

C-Suite Summary

신제품 개발(New Product Development)과 혁신관리(Innovation Management)전략이 회사의 지속적인 성장과 성공에 미치는 중요성은 경영학의 구루인 피터 드러커(Drucker, 1954)부터 강조되어 왔음에도 불구하고, 이 분야의 연구가 활발해진 것은 1990년대 미국의 신제품 개발관리협회(Product Development Management Association, PDMA)에서 이정표가 되는 Benchmarking Research를 시작하면서부터이다. 특히 동적 역량(Dymanic capabilities)(Teece, Pisano, & Shuen, 1997)과 자원 기반 관점(Resource-based view)(Barney, 1991)을 이론적 배경으로 하여, 상품기획 또는 신상품 개발팀이 어떻게 신제품 개발과 혁신관리의 노하우를 희소하면서 모방이 불가능한 무형적 자산으로 확보하고 키워나가는가에 관심이 높아졌고, 이러한 무형적 자산이 회사의 지속가능한 경쟁 우위와 조직 성공을 가져올 수 있느냐에 관

---

19 Joo, Jaewoo, Subin IM, and You-Jeung Nicole Kim (2014), "The New Product Development and Innovation Management Research in Marketing from 2000 to 2014: Review and Future Research Direction," Journal of Korean Marketing Association, 29(December), 1-22.

제8장 창의성과 신제품 개발에 관한 미래의 연구 방향

한 연구가 활발해졌다. 특히 북미와 유럽에서 선행된 연구에서는 신제품의 성공과 실패 요소에 대한 연구가 중심축이 되어왔으며, 신제품 개발자들이 벤치마킹할 수 있는 신제품의 시장적, 재무적 성공에 기여하는 조직적, 문화적, 대외적 요소를 찾아내는 데 주력하였다. 특히, 메타분석을 통한 2편의 리뷰논문(Montoya-Weiss and Calantone, 1994, Henard and Zymanski, 2001)은 혁신 전략연구자들에게 지속적으로 연구주제와 기회를 제공하는 공헌을 했다. 그 이외에도 윈드와 마하잔(Wind and Mahajan, 1997)의 이론적 리뷰논문은 기업과 신제품팀이 신제품 개발의 성공 확률을 높이기 위해서 어떠한 새로운 콘셉트와 기법을 사용해야 하는지에 대한 논제를 던졌고, 하우저, 텔리스, 그리핀(Hauser, Tellis, and Griffin, 2006)의 리뷰논문은 혁신 관련 기존 연구를 정리하고 미래의 연구 과제를 도출하여 혁신 연구 영역을 분리하고 각 영역별 연구 주제를 제안하였다. 특히 지난 20여 년 만에 신제 품개발과 혁신관리를 경영학의 한 세부분야로 정착하게 한 데는 미국 PDMA의 산학 연계연구에 대한 지속적, 적극적인 지원과 그의 플래그십 저널인 Journal of Product Innovation Management(JPIM)의 질적인 향상이 크게 영향력을 미친것으로 사료된다.

국내에서는 삼성, 현대, LG, SK와 같은 기업들이 다양한 신상품을 개발하고 출시하면서 세계 굴지의 기업들과 세계시장에서 경쟁하게 되었고 이에 따라 신제품 개발과 혁신관리의 중요성이 업계의 화두가 되었다. 중견기업이나 소규모의 기업들도 해외 시장에 필요한 신제품을 찾아내고 개발하기 위한 다양한 노력을 하고 있으며, 온라인 서비스나 앱을 개발하여 창업을 하려는 분위기도 강하게 조성되었으며, 이에 따라 기업의 상품기획을 장려하고 창업을 지원하는 컨설팅 업체와 준정부기관도 다수 등장했다. 결과적으로 새로운 제품을 개발하거나 조직의 혁신을 관리하는 분야에 관한 심도 있는 연구에 대한 국내에서의 관심도 급속하게 상승하는 추세이다.

하지만 놀랍게도 신제 품개발과 혁신관리에 관한 국내연구가 2000년대에 태동되어서 아직도 성장단계에 있기 때문에, 이 분야의 연구자들이 벤치마킹할 수 있는 연구가 부족하다. 특히 신제품 개발과 혁신관리에 관한 국내 연구의 대다수가 계량분석을 통해 해외에서 검증된 모형(예, 확산모델 (Diffusion Model) 신제품 수용모델(New Product Adoption Model), 기술수용모델 (Technology Adoption Model))을 검증하거나, 설문조사를 통해 소비자변수 (예, 혁신성, Innovativeness)를 국내 상황에서 적용하려는 목표를 가지고 있다.

본 논문은 이제까지 국내에서의 신제품 개발과 혁신관리 연구의 성과와 한계를 검토하고, 현재 신제품 연구를 주도하고 있는 북미와 유럽의 연구를 참고하여 신제품 개발과 혁신 관리의 향후 연구방향을 추천하는 것을 목적으로 한다. 구체적으로는, 첫째, 2000년 이후 지난 15년간 다섯 개의 저널(마케팅연구, Asia Marketing Journal(구 한국 마케팅 저널), 경영학 연구, 소비자학 연구, 광고학 연구)에 게재된 신제품 개발과 혁신 관리에 관한 40개의 출간된 논문을 제고하고 연구의 공통적인 동향과 각 연구의 특징을 리뷰하여 이 분야 연구의 벤치마킹을 할 수 있는 틀을 제공한다. 둘째, 정리된 연구결과들을 중심으로 국내 연구의 취약점과 개선점을 정리하고 향후 10년간의 연구를 리드할 수 있는 연구방향을 제시한다. 이러한 목적을 달성하기 위하여 다양한 논문을 (1) 연구 방법과 (2) 연구 영역에 따라 구분했으며, 연구방법은 실험, 설문조사, 계량과 데이터분석, 이론과 인터뷰를 포함한 정성적 분석으로 나누었고, 연구 영역은 소비자행동, 기업전략, 인사조직 등으로 나누었다.

결론적으로, 국내 연구는 전통적인 연구방법을 통한 제한된 연구영역에 집중되어 있기 때문에, 새롭게 등장하는 신제품 개발과 혁신 관리에 관련된 다양한 이슈들에 효과적으로 대응하지 못하는 것으로 나타났다. 이에 따라 혁신적인 마케팅 리서치와 통합적인 연구 방법론을 통해 새롭게 발굴되는 이슈를 해결할 수 있는, 기존과는 다른 패러다임이 요구되는 것으로 나타났다.

💡 문헌고찰

신제품 개발과 혁신관리에 관한 연구, 교육, 컨설팅에 있어서 북미와 유럽은 선두주자 역할을 해왔다. 특히 미국의 신제품 개발관리협회(Product Development Management Association, PDMA)의 주도하에 1990년대부터 이루어진 신제품의 성공과 실패요소에 대한 연구는 많은 기업들이 벤치마킹하여, 신제품 개발과 출시에 실제로 적용 가능한 경영관리지침으로 자리 잡거나 혁신제품에 관한 전략을 수립하는 데에 큰 도움을 주는 주춧돌이 되어 왔다. 특히 PDMA의 산학연계 연구에 대한 지원은 이 분야의 연구가 현업과 밀접한 관련성을 가지고 현장에서 실제로 수행할 수 있는 전략을 수립하는 데 크게 공헌하였다고 볼 수 있고, 그 기관의 플래그십 학술지인 Jounral of Product Innovation Management(JPIM)을 통해 신제품 개발과 혁신관리를 작게는 마케팅 내에서 또는 광범위하게는 경영학 내에서 중요한 세부분야로 정립할 수 있게 되었다. 그 성과로 JPIM의 위상이 지난 20여 년간 급속도로 상승하여 특별분야의 최우수 저널을 넘어서 경영학에서 상위의 우수저널로 자리매김하였으며 실무적 시사점을 중시하는 유럽과 오세아니아의 국가들에서는 경영학 최우수 저널로 인정받기 시작하였다.

미국에서 시작된 이 연구분야의 중요한 리서치 흐름에 대해서는 두 개의 메타분석 논문이 잘 정리하고 있다. 첫째, Montoya-Weiss and Calantone(1994)는 신제품 개발과 혁신관리를 다룬 47개의 연관된 논문들을 분석하여 재무적, 시장적, 기술적 성과에 영향을 미치는 공통적인 기업 내외의 요소를 찾아내는 데 주력하였다. 이 연구에서는 메타분석을 통해서 다음과 같은 4가지의 요소들이 중요한 신제품 성공의 결정적 요인으로 실증되었다: 첫째는 제품우위성, 시장과 기술의 시너지(synergy)로 대변되는 전략적 요소, 둘째는 신제품 개발단계에서의 프로토콜(protocol), 시장과 기술개발 활동의 왕성함(proficiency in market and technological development activities), 최고경영자의 지지 등으로 대변되는 개발단계의 요소, 셋째는 조직 내외에서의 소통과 다기능 팀의 조화로 대변되는 조직적 요소, 마지막으로 넷째는 시장잠재력과 기술의 변화성으로 대변되는 시장환경적 요소 등 4가지 요소가 검증되었다.

둘째, Henard and Zymanski(2001)의 메타분석에서는 1990년대 말까지의 신제품 개발과 혁신관리에 관한 연구 중 신제품 성과에 영향을 주는 선행변수를 통계적으로 분석한 60개의 연관된 실증연구를 대상으로 메타분석을 하였다. 이 연구는 특히 기존에 해왔던 신제품 성공요소를 실증함에 중점을 두었지만, 그 이상으로 연구방법과 데이터 특색에 따른 조절변수를 연구하여 상황에 따른 효과도 밝혀내었다. 이 연구에서는 공통적으로 연구가 된 24개의 선행변수를 다음과 같은 4가지의 유형으로 분류한 뒤 어떠한 변수가 중요한지 검증했다: 1) 제품우위성, 고객의 니즈에 부합함으로 대변되는 상품적 요소, 2) 시장과 기술의 시너지와 사용가능한 자원의 풍부함으로 대변되는 전략적 요소, 3) 시장과 기술개발 활동의 왕성함(proficiency in market and technological development activities)으로 대변되는 신제품 개발과 정적 요소, 4) 시장잠재력과 경쟁력으로 대변되는 시장환경적 요소, 5) 분석 결과 제품우위성, 고객의 니즈에 부합함, 사용가능한 자원의 풍부함, 개발 전 기술 개발 활동의 왕성함, 그리고 시장잠재력 등 5가지 변수가 신제품 성공에 가장 중요한 변수로 확인하였다. 더 나아가 변수를 복수 질문으로 측정했는지 단일 질문으로 측정했는지, 성공을 주관적인 방법으로 측정했는지, 객관적인 방법으로 측정했는지, 연구

제8장 창의성과 신제품 개발에 관한 미래의 연구 방향

대상이 제품인지 서비스인지, 데이터를 모은 곳이 동양인지 서양인지에 따라서 변수들의 중요도가 다르게 나타난다는 점도 확인하였다.

두 개의 메타 분석 이외에도 신제품 개발과 혁신관리에 관한 기존 이론과 추이를 정리하고 미래의 연구주제를 제안하는 다음 2개의 이론 논문도 중요한 역할을 했다. 먼저 윈드와 마하잔(Wind and Mahajan, 1997)은 Journal of Product Innovation Management에서 발간한 특별호에서 현재의 신제품 개발의 성공 확률을 높일 수 있는 현재의 접근법을 정리한 뒤 성공 확률을 높이기 위해서 어떠한 종류의 콘셉트와 기법이 새롭게 연구되어야 하는지 제안하였다. 이러한 질문에 응답하기 위하여 신제품 개발과 관련된 4가지 영역, 결과물(outcome), 상황(context), 범위(scope), 프로세스(process)에 대한 18가지의 핵심 이슈를 선정하고, 각 핵심 이슈들에 대한 기존 논의와 저자들의 주장을 간략하게 정리했다. 흥미롭게도 각 핵심 이슈들에 있어서 대조되는 형태로 하나의 주장과 그에 대한 반론을 함께 나열하면서 더 깊은 논의를 이끌어내고 있다. 예를 들어, 범주(scope)에 해당하는 핵심 이슈 5가지는 (1) 내부 전문가의 예지력(기술 기반의 밀어내기)과 고객의 통찰력(시장 기반의 끌어당김)에 관한 이슈, (2) 대량 생산과 주문 생산에 관한 이슈, (3) 제품 기반 제안과 가치 기반 제안에 관한 이슈, (4) 기업 내부의 R&D와 기업 외부의 R&D(라이센싱, 전략적 연합 포함)에 관한 이슈, (5) 리드 유저가 포함된 일반 소비자로부터 얻는 인풋과 공급자, 유통 채널이 포함된 이해관계자로부터 얻는 인풋에 관한 이슈 등이다. 저자들은 과거 연구를 정리하고 미래 연구를 제안하면서 기존의 연구 방법(Focse Group Interview, 설문조사, 실험)에서 벗어나 소비자와 이해관계자에 관한 깊이 있는 지식을 획득할 수 있는 다양한 연구 방법을 동원해야 하며, 신제품이 시장에서 성공한 이유뿐만 아니라 신제품이 시장에서 실패하는 원인을 이해할 수 있는 생존 바이어스(Survival Bias)를 고려한 마케팅 리서치와 모델링 접근법이 필요하다는 점을 강조했다. 그 외에도 국제화, 정보화 시대를 맞이하여 신제품 개발과 혁신관리가 당면한 새로운 문제들에 관한 비교 문화연구가 시작되어야 한다고 주장하면서 각 영역별로 연구를 진행할 수 있는 방법이 다양할 뿐만 아니라 연구의 진도가 다르기 때문에 다양한 연구 기회가 있다는 점을 강조했다.

다음으로 Hauser, Tellis, and Griffin(2006)은 Marketing Science에 혁신과 관련된 기존 연구를 정리하고 미래의 연구 과제를 도출했다. 저자들은 전통적인 마케팅 영역을 벗어나 혁신에 관한 5대 연구 영역을 새롭게 정리하면서 총 16가지 연구 주제를 정리하고 제안하였다. 먼저 혁신 제품에 대한 소비자 반응과 혁신을 받아들이는 조직에 관한 두 개의 연구 영역을 정리한 뒤, 혁신이 일어나는 순서를 따라서 제품 개발 전의 전략, 제품 개발 중의 프로세스, 그리고 제품 개발 후의 보상에 관한 세 개의 연구 영역을 추가하여 정리했다. 먼저 두 개의 연구 영역 중에서 첫 번째 영역에서는 소비자 혁신성, 신제품의 성장, 네트워크 외부효과 등 혁신제품에 대한 소비자 반응을 연구하고, 두 번째 영역에서는 혁신의 구조적 동력, 혁신을 위한 조직 설계, 새로운 툴과 기법의 수용 등 혁신을 받아들이는 조직 행동을 연구했다. 나머지 세 개의 연구 영역 중에서, 첫째는 기술의 발전과 경쟁, 프로젝트 포트폴리오 관리, 진입 전략 등 전략적 시장 진입을 연구하고, 둘째는 제품 개발 프로세스, 퍼지 프론트 엔드(Fuzzy Front End), 디자인 툴, 시험 및 평가 등 제품 개발 처방(Prescription)을 연구하고, 셋째는 진입에 대한 시장 보상, 경쟁사 대응, 혁신에 대한 조직 내부 보상 등 혁신의 결과물을 연구했다.

1990년대 중반부터 2000년대 중반에 걸쳐 소개된 2개의 메타 분석과 2개의 이론적 리뷰논문은 신제품 개발과 혁신관리에 관해 다소 산만하게 진행되었던 연구주제와 방법론에 관한 논의를 효과적으로 집중시키는 기회가 되었으며, 이에 따라 2000년대 중반 이후에는 실무자들이 현실에서 맞닥뜨리는 중요한 문제들을 실증을 통해 학문적으로 해결하려는 노력이 증가했다.

신제품 개발과 혁신관리에 관한 국내 연구 리뷰

본 논문에서는 2000년 이후에 5개의 저널(마케팅 연구, Asia Marketing Journal(구 한국 마케팅 저널), 경영학 연구, 소비자학 연구, 광고학 연구)에 게재된 신제품 개발과 혁신관리에 관한 40개의 논문을 제고하여 연구의 공통적인 동향과 각 연구의 특징을 리뷰하였다. 이를 위하여 신제품, 신상품, 혁신, 혁신성 등의 키워드로 국내 논문 데이터베이스와 Google 학술검색을 이용하여 관련 논문을 탐색했으며 다양한 논문을 연구 방법과 연구 영역에 따라 구분하기 위해, 연구방법은 실험, 설문조사, 데이터분석, 인터뷰와 이론을 포함한 정성분석 등 4가지로 나누었고, 연구 영역은 소비자행동, 기업전략, 인사조직 등 3가지로 나누었다.

우선 연구 방법에 따른 분류에서는 총 40편의 논문 중에서 55%(22편)의 논문이 연구 방법으로 설문 조사를 사용했다. 이에 비하여 실험을 사용한 논문은 9편, 인터뷰 등 정성적 분석을 사용한 논문은 5편, 그리고 데이터 분석을 사용한 논문은 4편에 불과했다. 대부분의 학술지에서 설문조사가 가장 선호되는 연구 방법이었으나, 광고학 연구에서는 실험이 가장 많이 등장했다. 특히 마케팅 연구와 경영학연구에서는 설문조사를 한 논문이 압도적으로 많이 실렸고, 상대적으로 AMJ에서는 설문조사와 비등하게 이론과 인터뷰를 기초로 한 논문이 실려서 AMJ가 정량분석과 정성분석을 균형 있게 강조함을 엿볼 수 있다.

연구 영역에 따른 분류

연구 영역에 따른 분류에서는 소비자 행동과 기업 전략이 각각 18편, 16편씩 실려서 주된 연구 영역이었고 인사조직에 관한 논문은 6편이었다. AMJ와 마케팅 연구에서는 주된 두 연구 영역의 비중이 비슷했으나, 소비자학 연구와 광고학 연구에서는 소비자 행동에 관한 연구가 주를 이루었고, 이와 반대로 경영학 연구에서는 기업 전략에 관한 연구가 주를 이루었다. 인사 조직에 관한 연구는 모두 경영학 연구에 소개되었다.

1 소비자 행동에 관한 논문

소비자 행동과 관련된 18편의 연구 중에서 절반이 넘는 12편에서 소비자의 신제품 수용(New Product Adoption)에 관한 논의가 이루어졌고, 나머지 6편의 연구에서는 광고와 가격 등 신제품 관련 마케팅 활동에 대한 소비자의 반응이 연구되었다.

신제품 수용을 연구한 18편의 연구도 몇 가지로 구분될 수 있다. 첫째, 혁신성, 최적자극수준 등 소비자의 개인 특성이 신제품 수용을 결정한다는 점을 알아낸 연구들이 있다. 예를 들어, 정헌수, 김우양(2003)은 혁신성이 높은 소비자가 혁신성이 낮은 소비자에 비해 고려 제품군의 크기가 작고 고려 제품군 구성이 동질적이라는 점을 보여주었고, 예종석, 이재만, 김균(2005)은 최적 자극 수준이 높을수록 혁신을 많이 수용한다는 점을 보여주었다. 박은아(2008)는 DMB 사용자들이 비사용자에 비해 혁신성 수준이 높고 과시성 수준이 높다는 점을 보여주었다. 그러나 홍성태, 이윤숙(2003)은 상품 김치와 같이, 내구재가 아닌 신제품 수용에 관해서는 소비자의 개인 특성을 다르게 고려해야 한다는 점을 강조했다.

둘째, 지각된 용이성(편리성)이나 지각된 유용성과 같이 신제품 수용에 영향을 미치는 요인을 밝혀낸 연구들이 있다. 신종칠과 송창석(2000)은 지각된 용이성이 높을수록(인터넷 쇼핑에 대한) 수용 의도가 높아진다고 제안했고, 홍성태, 신종칠, 강명수(2008)는 지각된 유용성이 높을수록(가정용 지능형 로봇의) 수용 의도가 높아진다는 점을 밝혀냈다. 박승배, 정남호(2008)는 혁신성이 높은 그룹은 편리성이 떨어지더라도 유용하다고 판단되면 게임 수용 의도가 높고, 혁신성이 낮은 그룹은 유용성보다는 편리성이 게임에 대한 수용 의도에 큰 영향요인으로 작용한다는 점을 인터뷰로 밝혀냈다.

셋째, 초점의 종류나 시뮬레이션 방법과 같이 상황에 기반한 심리적 요인이 신제품 수용에 영향을 끼친다는 점을 밝혀낸 연구들이 있다. 예를 들어, 이병관, 조은현(2009)은 촉진초점 상황일 때에는 소비자의 혁신성이 높을수록 신제품에 대한 구매의도가 증가하지만, 예방초점 상황일 때에는 소비자의 혁신성은 신제품 구매의도에 영향을 미치지 않는다는 것을 밝혀냈다. 여준상, 송환웅(2010)은 혁신성이 높은 신제품에 관해서는 결과(과정)-시뮬레이션일 때, 상대적으로 강한(약한) 혜택 지각과 약한(강한) 부정적 비용 지각이 활성화되기 때문에 제품 평가가 긍정적(부정적)이 된다는 점을 보여주었다. 김충현, 이지윤(2014)은 혁신 저항성이 낮은 소비자는 시뮬레이션 방법이 다를 때 신제품 수용의도에 있어서 차이가 없지만, 혁신 저항성이 높은 소비자는 과정 시뮬레이션보다 결과 시뮬레이션일 때 신제품 수용의도가 더 긍정적으로 나타난다는 점을 찾아냈다.

넷째, 소비자 저항이나 제품 변형 등 신제품 수용에 관한 논의를 확장하려는 연구들이 있다. 예를 들어 박윤서, 이승인(2007)은 소비자 저항이 모바일 인터넷 서비스에 대한 지각된 유용성에 부의 영향을 미친다는 점을 보여주었고, 조웅현, 한상만, 박승배(2013)는 소비자가 제품에 대한 애착이 클수록 제품을 변형하려는 행동이 많아지며, 특히 사회적 성향이 높을수록 더욱 강해진다는 점을 보여주었다.

나머지 6편의 연구 중에서 5편은 광고, 그리고 나머지 1편은 가격에 관하여 소비자의 반응을 조사하였다. 광고에 관한 연구 중에서 2편은 신제품 출시 전에 진행되는 사전예고(프리어나운싱) 광고의 효과를 측정했다. 정헌수(2003)는 소비자의 혁신성이 높을수록 신제품 프리어나운싱 광고에 높은 관심을 나타내고 보다 적극적으로 신제품을 기다린다는 점을 밝혀냈고, 전성률, 김경호, 박혜경(2013)은 사전예고 광고에서는 외국을 배경으로 사용하는 것이 브랜드 태도를 높이는 데 효과적이고, 신제품 출시 후의 일반 광고에서는 국내를 배경으로 사용하는 것이 효과적이라는 점을 보여주었다. 광고에 관한 나머지 3편의 연구에서는 광고 메시지와 광고 기법에 대한 조사가 이루어졌다. 이철선, 유승엽(2004)은 브랜드 전형성이 높은 신제품은 자사 브랜드와 비교하는 비교광고가 효과가 크고 브랜드 전형성이 낮은 신제품은 경쟁사 브랜드와의 비교광고가 효과가 크다는 점을 보여주었고, 이우용, 이민훈(2005)은 기존 제품과 브랜드개념이 일치하는 신제품은 관련성 광고가 소비자의 태도를 긍정적으로 형성하게 하고, 기존 제품과 브랜드개념이 일치하지 않는 신제품은 정교화 광고가 효과적임을 밝혀냈다. 황윤정, 서찬주, 나준희(2013)는 혁신적 신제품에 관해서는 구체적 속성 포지셔닝이 제품 태도에 긍정적이지만, 명성이 높은 브랜드가 신제품을 출시할 때에는 속성 포지셔닝이 구체적이거나 추상적일 때의 제품 태도에 있어서 차이가 없다는 점을 밝혀냈다. 마지막으로 가격에 관한 서찬주(2001)의 연구에서는, 소비자 권장 가격을 제시하기 이전에 형성된 소비자의 내부 준거 가격이 신제품을 출시하는 제조업자가 제시하는 소비자 권장 가격에 의해 동화되며, 특히 지식 수준이 낮은 경우에 동화되는 현상이 높다는 점을 보여주었다.

2 기업전략에 관한 논문

기업전략과 관련된 16편의 연구들은 혁신적 신제품이 시장에서 성공하기 위해 요구되는 요인들을 다양한 관점에서 다루었다. 이때 사용된 분석의 범주는 크게 소비자, 기업, 팀원, 그리고 제품에 관한 논의들로 구분해볼 수 있다.

첫째, 신제품의 성공이 소비자의 혁신성 특징과 신제품의 혁신성 간의 관계에 따라 결정된다는 연구들이 있다. 예를 들어 남성준, 김상훈(2003)은 혁신제품의 성공 여부를 소비자 개인의 혁신성 정도와의 일치성으로 예측할 수 있다는 것을 보여줬다. 이런 발견에서 나아가, 김상훈, 강지윤(2005)은 소비자의 혁신성을 포함한 대인 민감도와 지식 등 여러 지표들이 추구 편익을 결정한다는 점을 보여주었고, 이 결과는 앞선 남성준, 김상훈(2003)의 연구와 같은 결과가 나온 심층적인 이유를 밝혔다고 볼 수 있다. 또 유재미, 김상훈, 이유재(2006)는 소비자가 혁신성을 지각하게 되는 선행변수(antecedents)들로 상대적 이점, 기술 우수성과 사용 행태 변화 등을 찾았다.

둘째, 기업 단위에서 순조로운 통합 능력의 여부가 신제품의 성과에 궁극적으로 영향을 미친다고 밝혀낸 연구들이 있다. 서성한, 조서환(2000)은 기업의 마케팅 역량이 부서 간 통합과 제품 차별화에 영향을 미치며, 궁극적으로는 신제품 성과에 영향을 미친다는 점을 보여줬다. 남영호, 박현아(2003) 또한 이와 비슷한 맥락으로, 프로젝트의 성격, 시장환경의 특성, 기술의 성격과 같은 선행변수들(antecedents)을 밝혀내고, 기업 통합의 후속변수들(consequences)인 신제품 안정화와 프로젝트 기간, 그리고 재무성과를 지목했다. 김종주, 김보원(2007)은 특히 제품 개발 환경과 생산 환경 간의 관계를 살펴보고, 그 유사성의 정도에 따라 기업적인 통합화가 원활히 이루어질 수 있음을 밝혔다.

셋째, 신제품을 개발하는 팀원들의 관계나 개인 특성이 신제품의 질적인 우위와 결국 시장에서의 성공을 예측한다는 연구들이 있다. 김형준(2002)은 신제품 개발팀의 팀원들의 시간 효율성, 정보 공유, 신뢰 분위기 등의 요인들이 신제품이 경쟁우위를 달성하는 데 큰 영향을 미친다는 점을 보여주었다. 조연진, 임수빈, 박경도(2012)는 팀원 개인의 지식 속성에 주목하여, 지식의 복잡성과 중복성은 제품품질 우월성에 긍정적인 영향을, 그리고 지식의 암묵성을 반대로 부정적인 영향을 미칠 수 있음을 밝혔다.

넷째, 혁신적인 신제품은 제품 자체의 특성이 독특하기 때문에, 그 과정을 밝히거나, 제품 특성이 시장 성과에 미치는 영향을 보여준 연구들도 있다. 전인수, 정종식(2003)은 이론적 명제들을 통해 신제품이 성공하기 위해서는 저항극복과 선발이점 유지가 중요한 변수라는 점을 제시했다. 남성준, 김상훈(2003)은 제품의 특성을 성능과 후방호환성, 전방호환성으로 구분하고, 각각의 특성이 소비자의 태도와 일치할 때 성공할 가능성이 높음을 보여줬다. 김지대(2008)는 신제품이 가치를 혁신할 때 성공할 가능성이 높음을 보여주고, 시장 경계선을 구축하는 활동이 이를 도울 수 있다고 밝혔다. 황선일, 허대식(2011)은 제품의 혁신성 특성을 결정지을 수 있는 선행변수(antecedent)로 구매자와 공급자가 경험하는 프로젝트 모호성이 영향을 미친다는 점을 밝혔다. 김별아, 이종국, 송상영(2014)은 나아가 혁신적인 신제품이 기업의 가치와도 관련이 있다는 것을 보여줬다.

나머지 3편의 연구 중에서 2편은 마케팅 혁신을 이룰 수 있는 방법을 살펴봤다. 여운승(2002)은 이론적 체계를 통해, 마케팅 혁신을 증가시킬 수 있는 시장 왜곡의 축소, 공급 개혁, 경제지향적 기업 등 시스템 개혁적인 방편을 제시했다. 그리고 홍성준, 채서일(2008)은 마케팅 혁신을 시장지식관리, 제품 개발, 고객관리, 제품 개발관리, 제품 전달 등의 세부적인 단계로 나누고, 각각의 혁신이 서로 영향을 미친다는 점을 밝혔다. 나머지 1편에서 최원주(2005)는 탐색적인 연구방법을 통해 중국 시장의 특수성을 밝히고, 이에 따라 한국 자동차 기업들이 중국 시장에 접근할 때 활용할 수 있는 광고 전략을 수립했다.

3 인사조직에 관한 논문

인사조직에 해당하는 6편의 논문들은 신제품 개발팀의 능률을 높일 수 있는 방안들을 검토했다. 개인 차원에서 신제품 개발에 큰 역할을 하는 특성들을 살펴본 3편의 논문과, 팀 단위에서 요구되는 요인들을 다룬 2편의 논문, 그리고 기업 전체의 측면에서 주목해야 할 요인을 지목한 1편의 논문으로 크게 구분할 수 있었다.

첫째, 신제품 개발팀을 이루는 구성원들이 각각 어떤 개인적 특성과 생각을 가지고 있는지는 전체적인 팀의 결과물에 영향을 미치는 큰 요인인데, 장대련, 조성도(2000)는 특히 적합도, 지각된 위험, 관찰 가능성, 만족도 등을 중요한 요소들로 밝혔다. 비슷한 맥락에서 조성도, 고준(2008)은 판매원의 개인 특성인 지각된 유용성, 직무만족, 지각된 성과가 조직 내 혁신저항에 영향을 미친다는 점을 밝혔다. 김진희(2007)는 개인이 제도를 내재화한 정도가 조직몰입과 조직 냉소주의에 영향을 미치기 때문에, 신제품 개발 능률에 영향을 미치는 점을 보여줬다.

둘째, 팀이 가지는 여러 가지 특성들 또한 서로에게 영향을 미치고, 결국 성과에도 영향을 준다. 이원준, 김병재(2005)는 팀의 상호작용 수준을 중요한 신제품 성공요소로 밝혔다. 상호작용 수준은 집단 효능감에 영향을 미치고, 집단 효능감은 다시 참여나 지각된 성과에 순차적으로 영향을 줌을 밝혔다. 홍계훈, 이수정(2013)은 리더십을 중요한 변수로 인식하고, 리더십이 팀 혁신행동과 팀 효능감 등의 팀 요소들에 긍정적인 영향을 줌을 알아봤다.

김지대, 박상언(2007)은 신제품 개발팀 내로만 인사, 조직의 특성을 한정하지 않고, 기업의 거시적인 조직 문화가 팀 성과에 미치는 영향에 주목했다. 그들의 연구에 의하면, 조직문화의 종류에 따라 기업들은 다른 활동을 통해 신제품 성과를 추구해야 함을 시사한다. 구체적으로, 창업적인 조직문화의 기업은 하부구조적 개발활동을, 그리고 보수적 조직문화를 보유한 기업은 상부 구조적 개발활동을 강조해야 한다.

① Asia Marketing Journal

지난 15년간 AMJ(Asia Marketing Journal)에 실린 신제품 개발 관련 연구 논문은 9편이다. 연구방법론에 있어서, 설문조사를 사용한 논문이 5편으로 압도적으로 많고, 인터뷰와 이론을 다룬 정성분석이 4편으로 많은 반면, 실험을 사용한 논문은 없었다. AMJ의 혁신성(innovativeness) 관련 논문들에서 소비자들이 신제품을 받아들이는 수용과정에 집중한 연구가 많았는데, 이때 여러 단계의 과정을 알아보기에 적합한 설문조사를 선택했기 때문이라고 해석할 수 있다. 또한 독특하게도, AMJ에는 실제 데이터를 이용한 실증이 아닌, 이론적인 증명 방법을 통해 기업전략을 제시하는 연구들이 3편 등장했다.

연구영역에 있어서 가장 많이 다뤄진 연구 영역은 4편의 논문에서 다룬 기업전략이었다. 그중 3편의 논문이 '기술수용모형'(Technology Adoption Model, Davis 1989)을 사용하여 이 분야의 연구가 활발히 진행됨을 알 수 있었다. 그 외의 연구에서는 신제품 개발 팀에서 요구되는 역량인 마케팅능력과 제품차별화(Marketing capabilities, product differentiation: 서성한, 조서환, 2000), 시간 효율성(Time efficiency: 김형준, 2002) 등의 요인들을 통해 신제품 성과를 높일 수 있음을 보였다. 소비자행동 영역의 논문은 3편이었는데, 제품의 지각된 유용성과 그에 따른 소비자들의 혁신적 제품 수용을 예상하는 이론들이 주를 이루었다. 그 중 한 논문(박승배, 정남호, 2008)은 인터뷰 방법을 사용해 자료를 수집했는데, 대학생들의 온라인 게임에 대한 반응을 통해 소비자들이 혁신성을 받아들이는 방식에 대한 이해를 제시했다. 인사 조직 영역도 2편 있었는데, 한 논문에서는 집단 효능감(Group efficacy: 이원준, 김병재, 2005)이 신제품 개발팀에서 가지는 영향력을 검증했다.

2 마케팅 연구

지난 15년간 마케팅 연구에 실린 신제품 개발 관련 연구 논문은 10편이다. 연구 방법에 있어서는 설문조사가 5편으로 가장 많이 사용되었고, 실험을 사용한 연구가 3편, 그리고 계량기법이나 데이터 분석을 사용한 논문이 2편이었다. 실험은 모두 대학생을 대상으로 시행되었고, 설문조사의 경우 직장인, 일반인, 주부 그리고 고등학생까지 포함하는 등 연구 범위가 넓었다.

연구 영역에 관하여 소비자 행동과 기업전략을 다룬 것이 각각 4편과 5편이고, 그리고 인사조직을 다룬 1편의 논문이 있었다. 소비자 행동을 연구한 논문들은 다양한 이론으로 접근했다. 소비자의 내부 준거가격(Internal reference price: 서찬주, 2001), 시뮬레이션 종류(Outcome simulation and process simulation: 여준상, 송환웅 2010), 소비자 개인 특성인 최적자극수준(Optimum stimulation level: 예종석, 이재만, 김균, 2005) 등이 연구되었고, 이우용, 이민훈(2005)은 새로운 확장 제품이 기존의 제품과 어떤 관계인지에 따라 광고의 효과가 달라진다는 흥미로운 결과를 보여줬다. 기업전략을 다룬 논문들 또한 다양한 이론들을 사용했지만, 공통적으로 혁신적인 제품에 대한 지식의 역할에 집중하는 흐름을 보였다. 지식을 통해서 소비자들은 추구 편익을 형성하기도 하고(김상훈, 강지윤 2005), 제품 품질 우월성을 결정하기도 한다(조연진, 임수빈, 박경도, 2012).

마지막으로 연구 대상에 있어서는, 혁신적인 제품에 대한 소비자들의 수용태도, 그리고 기업들의 전략에 관한 연구의 특성상 혁신적인 제품이 연구 대상으로 사용되었다. 전체적으로 5편의 연구가 이에 해당하는데, 예를 들면 로봇 진공청소기(유재미, 김상훈, 이유재, 2006), 하이브리드 자동차 등(여준상, 송환웅, 2010) 하이테크 제품들이 사용되었다. 정헌수(2004)의 논문에서는 탐색재를 대상으로 계량의 이론을 펼쳤다. 그 밖의 논문들은 특정 제품이나 서비스를 연구 대상으로 사용하기보다는, 신제품을 개발하는 절차와 신제품에 대한 소비자의 반응을 확인할 수 있는 보다 일반적인 상황들을 가정한 질문을 사용했다.

3 소비자학 연구

지난 15년간 소비자학 연구에 실린 신제품 개발 관련 연구 논문은 3편이다. 연구 방법에 있어서 하나의 논문은 대학생을 대상으로 실험을 수행하고 있고, 다른 두 개의 논문은 대학생과 일반인을 대상으로 설문조사를 실시했다.

연구 영역에 관해서는 소비자 행동을 중심으로 연구하는 저널의 특성상, 모든 연구의 주제가 소비자의 신제품 수용에 집중되었고 특히 신제품 수용을 결정짓는 소비자의 혁신성이 모든 논문에서 주요 연구 주제로 다루어졌다. 초기에는 소비자 혁신성과 신제품 수용의 관계를 직접적으로 연구하여 혁신성이 높은 소비자와 혁신성이 낮은 소비자가 고려 제품군이 다르다거나(정헌수, 김우양, 2003) 뉴미디어 수용도가 다르다는 결론을 이끌어냈으나(박은아, 2008), 최근에는 신제품 수용의 범위를 확장시켜서 제품에 대한 애착을 가진 혁신적인 소비자들이 신제품을 얼마나 변형하고 싶어하는가를 연구하기도 했다(조웅현, 한상만, 박승배, 2013). 신제품 수용과 밀접하게 관련되는 타인의 영향 –과시 소비 성향, 사회적 성향도 추가적으로 연구되었다.

연구 대상에 있어서는 노트북, 뉴미디어, 휴대전화기 등 주변에서 쉽게 찾아볼 수 있는 전자 기기들을 대상으로 삼았다.

4 광고학 연구

지난 15년간 광고학 연구에 실린 신제품 개발 관련 연구 논문은 8편이다. 연구 방법에 있어서 실험을 사용한 논문이 5편, 설문조사를 사용한 논문이 2편, 그리고 데이터 분석을 사용한 논문이 1편이었다. 실험을 사용한 논문 중에서 4편은 대학생을 대상으로 실험을 실시하였고 1편은 일반인을 대상으로 실험을 실시했다. 설문조사는 대학생을 대상으로 했거나(1편) 주부를 대상으로 수행되었다(1편). 마지막으로 데이터 분석을 실시한 논문은 중국 제품에 대한 지면 광고 281개를 대상으로 연구를 수행하였다.

연구 영역에 관해서는 소비자 행동을 연구한 논문이 7편이었으며, 광고와 관련된 기업전략을 연구한 논문이 한 편 있었다. 소비자 행동을 연구한 논문 중에서 4편은 신제품 광고에 대한 소비자의 반응을 연구했으며 다른 3편은 신제품 수용에 관해서 연구했다. 소비자 행동을 연구한 광고는 프리어나운싱 광고(정헌수, 2003; 전성률, 김경호, 박혜경, 2013), 비교광고(이철선, 유승엽, 2004), 속성 포지셔닝 방법(황윤정, 서찬주, 나준희, 2013) 등 신제품을 어떻게 광고할 것인가에 대한 질문에 대답을 주는 연구들이 많았고, 이와 함께 소비자는 광고에 어떻게 반응하는가를 이해하기 위해 조절 초점(Regulatory focus: 이병관, 조은현, 2009), 해석수준이론(Construal Level Theory: 전성률, 김경호, 박혜경, 2013), 심적 시뮬레이션(Mental simulation: 김충현, 이지윤, 2014) 등 심리학 관련 최신의 소비자 행동 연구 주제가 적극 도입되기도 했다. 가설이 없는 연구도 2편 진행되었다.

연구 대상에 관해서는 대부분의 연구가 일상 생활에서 흔히 접할 수 있는 전자 기기에 관해서 연구했으나(휴대폰, 자동차, 스마트 카메라, 디지털 카메라), 주부를 대상으로 한 연구에서는 상품 김치를 신제품으로 고려하기도 했다.

지난 15년간 경영학 연구에 실린 신제품 개발 관련 연구 논문은 10편이다. 연구 방법에 관해서는 총 10편의 논문 중에서 8편이 설문조사를 사용하였고, 한 편의 논문은 79개의 미국 제약회사의 패널 데이터를 분석했고, 다른 한 편의 논문은 연구개발/생산부문 담당자 5명과의 인터뷰를 통해 케이스를 개발했다. 경영학 연구에 실린 논문이 사용한 대부분의 설문조사는 소비자학 연구와 광고학 연구와 달리, 현장 실무자를 대상으로 이루어졌으며, 실무자들은 프로젝트 책임자, 기업 대표이사, 신제품 개발 담당 프로젝트 책임자, 공공기관 서비스 종사자, 영업사원 및 콜센터 직원들로 구성되었다.

연구 영역에 관해서는 기업전략을 연구한 논문이 6편이었으며, 인사 조직을 연구한 논문이 3편, 그리고 소비자 행동을 연구한 논문이 1편이었다. 기업 전략을 연구한 많은 논문이 제품 개발 프로세스를 다루었는데 프로젝트에 참여하는 여러 기능 부서의 협업이 가장 많은 연구가 진행되어 기능 간 통합화(Cross-functional integration: 남영호, 박현아, 2003), 생산과 제품개발 환경의 유사성(Fidelity between manufacturing and R&D: 김종주, 김보원, 2007), 상부/하부 구조적 개발 활동(Structural/Infrastructural activities: 김지대, 박상언, 2007), 신제품 공동개발 과정에서 공급자가 느끼는 프로젝트의 모호성(Project ambiguity: 황선일, 허대식, 2011) 등의 주제가 연구되었다. 기업 전략을 연구한 논문 중에서 혁신의 방법론에 관심을 두어 가치 기반의 혁신(김지대 2008)이나 마케팅 혁신(홍성준, 채서일, 2008)을 연구한 논문도 있다. 인사 조직을 연구한 논문들은 제도의 내재화와 조직 냉소주의(김진희, 2007), 조직 문화(김지대, 박상언, 2007), 리더십(홍계훈, 이수정, 2013) 등이 조직이 혁신하는 데 어떠한 영향을 끼치는지도 연구되었다. 신제품 개발 프로세스를 이해하고 개선하려는 협업, 혁신의 방법론, 인사 조직 등 다각도 논의들을 거쳐, 최근에는 신제품 개발이 기업의 재무 가치를 끌어올리는지를 실증적으로 검증하여 신제품 개발의 ROI를 입증한 논문도 발표되었다(김별아, 이종국, 송상영, 2014).

연구 대상에 관해서는 대부분의 연구가 하나의 제품이 아니라 신제품 프로젝트 또는 신제품을 개발하고 판매하는 기업을 대상으로 이루어졌으며, 혁신의 방법론과 인사조직 연구들은 특정한 연구 대상이 없는 범용의 신제품 개발에 대한 연구를 수행하기도 했다.

현재 연구들의 종합적 시사점과 한계성, 미래연구의 방향성

1 종합적 시사점과 미래 연구의 방향성

첫째, 연구 방법에 있어서 전통적인 마케팅 연구에서 흔히 사용되는 설문 조사, 실험, 계량과 데이터 분석이 주된 연구 방법으로 사용되고 있고, 상대적으로 정성 분석이나 인터뷰를 통한 케이스 개발이 연구 방법으로 사용된 논문의 숫자가 매우 적은 것으로 나타났다. 하지만 해외의 신제품 개발 연구에서는 가설을 검증하기 전에 흥미로운 가설을 탐색하는 정성적 연구 방법이 적극적으로 도입되는 경우가 있다. 예를 들어 Dahl and Moreau(2002)는 창의적인 콘셉트를 개발하기 위한 디자이너의 유추 사고(Analogical Thinking)에 관한 연구에서 디자이너들이 주고받는 말을 수집하고 이를 정성적으로 분석하여 디자인 팀이 사용하는 유추 사고가 콘셉트의 창의성을 결정한다는 점을 증명했고, Dahl and Moreau(2007)가 연구한 소비자의 창의적 경험에 관한 연구에서도 플라스틱 모형을 제작하거나 요리를 하는 등 창의 영역에 대한 취미를 가지고 있는 일반 소비자 12명을 인터뷰하여 소비자가 창조적으로 활동하는 이유가 능숙함(competence)과 자율(autonomy)이라는 두 가지의 동기에 기반한다는 점을 발견하였고, 이후의 추가 실험에서 두 가지 동기를 변수화하여 연구를 수행하였다. 결론적으로, 정량적 가설 검증에서 벗어나 타 연구분야에서 사용되는 정성적 연구방법(관찰조사, 인터뷰, 사례 개발)을 적극적으로 수용하여 흥미로운 가설을 탐색하는 것이 필요하다.

둘째, 연구 영역에 있어서 개발이 완료된 제품에 관한 연구가 많고, 심리학/공학/마케팅에서 이미 등장한 기존 변수가 추가적으로 연구된 경우가 많았다. 신제품 개발이나 혁신관리와 관련된 현실적인 이슈들이 더욱 심도 있게 연구될 필요가 있다. 즉, 신제품을 개발하기 이전 단계에 의사결정자들이 해결해야 하는 이슈(기회 발굴, 상품 기획)나 신제품을 개발하는 과정 중에 실무자들이 맞닥뜨리는 문제점(제품 개발 프로세스, 콘셉트 개발, 콘셉트 테스트, 프로토타이핑)에 관한 연구가 적으며, 결과적으로 북미나 유럽에서 흥미를 끄는 신제품 개발만의 독특한 연구가 부족하다. 예를 들어 창의적 콘셉트를 독려하기 위해서 어떻게 보상 체계를 구성해야 하는가(compensation), 온라인 사이트가 결합된 컨조인트를 통한 신제품 컨셉 테스트에서는 어떠한 상황이 발생하는가(conjoint analysis), 어떠한 신제품이 언제 시장에서 이륙하는가(take-off) 등 다른 연구 영역에서는 생각할 수 없지만 실무에서는 매우 필요한 연구 주제에 대한 접근이 부족하다. 이러한 상황을 타개하기 위해서는 디자인이나 창업 영역에서 한창 진행 중인 연구 주제를 빌려오는 것도 필요하다(예: crowdsource, open-innovation, startup, funding). 공학 연구자들과 디자인 연구자들과 함께 협업하여 신제품을 개발하면서 맞닥뜨리는 문제점을 해결하는 다양한 접근법을 이해하는 것도 동시에 필요할 것으로 보인다(Gantt chart, design brief, story-telling).

셋째, 대부분의 연구대상이 점진적 혁신(incremental innovation)을 활용하고, 개인 사용을 목적으로 하는 전자제품으로 한정되었다는 아쉬움이 있다. 게다가 전자, 제약 등 전통 대형 산업에서 생산된 제품에 관한 연구가 주를 이루고 있다. 향후 연구에서는 다수의 소비자가 경험하지 못한 비약적인 혁신(disruptive innovation)을 활용한 비전자적인 제품(예: 구글의 무인 자동차, 애플의 가상 화폐), 새로운 서비스(예: 버진의 우주 관광), 사회에 이득이 되는 새로운 아이디어(예: 태양 전지로 작동되는 길거리 쓰레기통) 등 다양한 종류의 신제품을 연구 대상으로 확장할 필요가 있다. 나아가 신제품의 대상을 확장하는 것뿐만 아니라, 신제품이 속한 산업도 확장해서 소규모 산업, 창의 산업, 공공 서비스 등도 신산업 연구로 포함할 수 있다. 예를 들어, 혁신 컨설팅 업계나 1인 강사업계가 생존하는 방법, 공방, 음악, 미술, 연극 등 창의 산업이 융성하는 방법, 또는 정부나 지방자치단체 주도의 프로젝트가 개발되는 과정을 이해하고 대형 프로젝트 결과물에 대한 시민과 국민의 반응에 대한 이해도 정교해질 필요가 있다.

2 미래연구의 방향성

지난 15년 동안 국내 학계는 신제품 개발과 혁신관리에 관련된 연구를 양적으로 성장시키는 데 성공하여 이 분야의 연구는 이제 도입기를 거쳐 한창 성장기를 거쳐가고 있다. 그러나 급속도의 양적인 성장에도 불구하고, 연구방법론, 연구 영역, 연구 대상품의 독창성이나 다양성 등 질적인 수준에 있어서는 더욱 많은 연구가 추가적으로 필요하다는 점을 인정하게 된다. 이를 근간으로 국내 연구가 미국과 유럽 주도의 선행연구를 뛰어넘을 수 있는 네 가지 제안을 다음과 같이 정리해 보았다.

첫째, 아직 성장기에 있는 국내연구는 앞에서 리뷰했던 윈드와 마하잔(Wind and Mahajan,1997)이 제안한 향후 연구주제가 상당 부분 적용될 수 있다. 당시에 저자들은 구체적으로 다음과 같은 전통적인 신제품 개발에 관한 7가지 연구를 시급하게 요청했다: 1) 신제품 개발과 출시 속도(NPD and launch speed)와 개발 전 단계(pre-development activities)나 출시 전 단계의 Preannouncement 같은 신제품 개발과 연관된 활동, 2) 국제시장 출시와 마케팅(Global launch and marketing), 3) 국가 간 비교문화 연구(comparative research between country culture), 4) 고객 학습이론과 혁신지식관리를 통한 동적역량(Dynamic Capabilities)에 관련된 이슈(Customer learning process and educational scenarios, and dynamic capabilities through innovation knowlgement management), 5) 다양한 리서치 방법의 통합(Cross-validation(Integration and cross- validation among research methods), 6) 커스터

마이제이션(Customization), 7) 부서/조직 간 협업(Cross-functional integration and coordination). 위에서 제시된 연구 주제는 연구 당시에 북미 기업들이 급박하게 해결해야 하는 문제들이었기에, 상품 기획과 신제품 관련 마케팅 활동에 대한 중요성이 커진 오늘날의 국내 업체들에게도 중요한 시사점을 제공할 수 있다.

둘째, 급변하는 경영 패러다임 변화를 반영할 수 있는 다음과 같은 7가지 추가 연구 주제를 대상으로 신제품 개발과 혁신관리에 관한 미래의 연구를 해나갈때 국제적 연구를 선도할 수 있을 것으로 사료된다: 1) Android와 IOS 등 휴대폰 플랫폼과 개별 Applications(APP)의 확산과 수용에 관한 연구, 2) 숨겨진 고객 니즈를 발견하고 창의적인 콘셉트를 만들어내는 개방형 혁신(Open innovation)과 크라우드소싱(Crowdsourcing)에 관한 연구, 3) 빅데이터를 이용한 소비자 트랜드 예측에 관한 연구, 4) 디자인경영과 3D 프린터를 이용한 제품디자인에 관한 연구, 5) 하드웨어와 결합된 소프트웨어를 사용하는 사용자 인터페이스(User Interface)와 사용자 경험(User Experiencee), 그리고 시스템통합(System Integration)에 관한 연구, 6) 재생 또는 대체 가능한 에너지를 통한 지속가능성에 관한 연구(Renewable and alternative energy for sustainability), 7) 새로운 기술의 트랜드인 사물인터넷(Internet of Things, IOT), 웨어러블 디바이스(Wearable device), 로봇 등 인간과 사물, 기계와의 융합을 다루는 연구. 위에서 저자들이 새롭게 제안하는 미래의 연구주제들은 북미와 비교하여 한국의 성장세가 매우 빠르며 실무적으로도 국제 경쟁력을 갖고 있기에 연구 결과의 파급 효과와 실무에의 시사성도 클 것으로 예상된다.

셋째, 해외 연구자들이 독특하게 받아들일 수 있는 한국의 신제품 개발과 혁신관리에 관한 인사이트를 얻기 위해서는 현업에 있는 상품기획자들과 신제품 개발에 참여하는 실무자들의 지속적인 피드백이 필요하다. 특히 회사의 기밀보장이 성공의 핵심이 되는 현 경영 상황에서 실무자들과 임원, 그리고 최고경영자들이 연구자들과 함께 안심하고 정보를 나눌 수 있는 미국의 Product Development Management Association(PDMA)과 같은 공식적인 대표기

관이 필요하다. 특히, 공적인 조직이 중심이 된 산업 패널(Industry Panal)의 구성이 시급하며 이 패널들이 설문조사나 신제품의 장기적인 추적조사(longitudinal study)에 적극적인 참여가 가능하도록 유관 정부기관의 지원이 필요하다.

넷째, 마지막으로 세계가 한국의 선도 기업들이 개발하는 신제품에 관심을 갖는 상황에서 한국 기업들이 어떻게 신제품 개발과 혁신관리를 하고 있으며 그 제품들의 성공비결이 무엇인지 이해할 수 있는 사례를 발굴해서 알리는 것이 필요하다. 1980년대에 일본제조업에서 사용하였던 적시생산방식(Just in time)개념을 사례화하여 북미 기업들에게 전파하였듯이, 한국 기업들이 독특하게 갖고 있는 신제품 개발의 노하우와 경영환경에 대한 고찰이 사례연구를 통해 이루어져서 한국의 특수성이 세계시장에서 의미 있는 자리매김을 하는 것이 필요하다.

향후 10년 동안 신제품 개발과 혁신관리에 관한 연구가 더욱 독창적이고, 의미가 깊어지고, 활성화되기 위해서 국내 연구자들은 위의 사항들을 고려한 연구에 주력할 것을 제안한다. 또한 많은 연구자와 실무자들이 신제품 개발과 혁신관리에 적극적이고 지속적인 관심을 가져서 이 분야의 연구가 산학협동의 중심이 되어 경영학의 발전뿐만 아니라 회사조직의 전략적 기반을 확고히 정립시키는 데 미력이나마 도움이 되었으면 한다.

나가는 글

저자는 당시 학력고사라고 불리던 대학입학시험을 마치고 건축공학과를 지원하면서, 누구나 한 번쯤은 했던 '나는 과연 창의적인가?'라는 고민을 했었다. 저자가 창의성에 대한 관심을 갖게 되면서 자연스럽게 '그럼 과연 창의성이란 무엇인가?'에 대한 질문을 하게 되었고, 저자가 박사과정에서 조직의 창의성에 관한 연구를 진행하면서 '왜 조직에서 창의성이 중요한가?' 하는 회사 경영자들이 중요시 생각하는 질문을 던지게 되었다. 이 책은 저자가 지난 25년간 창의성의 중요성을 연구하면서, '과연 창의성이 회사의 성과에 도움이 되는지 해가 되는지'에 대한 "창의성 딜레마"를 풀기 위해 썼던 창의성에 관한 글과 논문을 중심으로 구성되었다. 이 창의성 딜레마에 대한 답은 '상황에 따라 다르다'는 것인데, 이 애매모호한 답을 풀어나가는 과정은 경영자들이 창의성의 여러 측면과 차원을 고려하고 특정 영역의 창의적 상황을 잘 파악하고 대처하여 창의적 경영능력으로 승화시켜서 회사를 창의적인 기업으로 이끌 수 있는 원동력이 될 수 있다. 창의성 이론에 따르면, 선천적으로 창의적인 성향을 가진 사람이 애플의 아이폰 같은 혁신품이나 피카소의 걸작 같은 창의적인 결과물을 도출하기 쉽다. 하지만 선천적으로 창의적이지 않은 사람도 조직이 제공하는 창의적인 환경에서 아이디오(IDEO) 디자인 프로세스 같은 창의적인 과정을 통해 창의성 교육을 하면 창의적인 결과물을 손쉽게 도출하고 소속된 팀과 회사를 창의적인 조직으로 이끌어 나갈 수 있는 것이다.

저자는 25년간 창의성에 대한 연구를 해 오면서, 이제까지 자문해 왔던 '과연 나는 창의적인가?'라는 질문은 우문이었다는 것을 깨달았고, 나는 '어떤 차원'에서 창의적인지에 대한 새로운 질문을 던지게 되었다. 창의성에 대해서 연구하면서 깨달은 것은 창의성은 모든 영역에 적용되는 광범위한 개념이 아니라, 특정 영역(domain)에서 특화되어 차별화를 가져오는 독창성과 의미성의 두 차원으로 구성된 특별한 '개인성향'이라는 것이었다.

그리고 창의성은 또한 엔지니어나 과학자가 가지고 있는 과학적인 창의성과 디자이너나 예술가가 가지고 있는 예술적인 창의성으로 나뉘기도 하는데, 이 두 가지가 독립적이면서 상호 작용을 해서 세상을 바꾸는 아이폰 같은 혁신적이고 창의적인 결과물을 가져오게 된다. 결론적으로 '나는 개인적으로 과연 어떤 차원과 측면에서 창의적인 사람인가?'를 질문하고 회사와 조직에서는 '과연 우리는 어떤 차원과 측면의 창의성을 우선시해서 새로운 차별화된 사업을 해 나갈 것인가?'를 질문하고 답해 나가면 창의성 딜레마를 풀어나갈 수 있을 것이다. 돌이켜 보면, 저자는 건축과를 다니면서 독창성과 예술적 창의성을 추구하다가 좌절해서 접었던 창의적인 건축가의 꿈은 지금은 의미성과 과학적인 창의성을 추구하는 창의적인 학자로서의 꿈으로 다시 피어나게 되었음에 감사하게 되었고, 이 책을 마치면서 저의 창의성에 대한 열망을 계속 펼수 있게 해 주신 창의성의 시작이신 하나님께 감사를 드립니다.

"In the beginning, God created the heavens and the earth."

이 책은 저자가 건축과 마케팅을 공부하고 연구하고 교수로서 여기까지 있을 수 있도록 믿고 응원하고 사랑해 주신 선친 임익순 연세대 명예교수님과 어머니 황정희 여사님께 드립니다. 그리고 저자의 창의성을 위한 탐험적 삶을 이해해 주고 인내해 준 사랑하는 아내 김수원과 두 딸, 수지 수예에게 감사드리고, 항상 기도로써 지원해 주신 장인 김남현 교수님과 장모 한금봉 여사님, 저자의 형 임성빈 원장님 이외의 모든 가족과 조동천 목사님과 서재범 목사님께 감사를 드립니다.

많이 부족한 저를 도와주셔서 이 책이 나오기까지 큰 수고를 해 주신 분들께 깊은 감사를 드립니다. 우선 이 책을 만드는 데 기초가 된 논문과 기사를 쓰는 데 큰 기여를 해 주신 모든 공저자들께 깊은 감사를 드립니다. 부족한 초고를 출판할 수 있게 한 자 한 자 감수해 주신 조연진 박사님과 삽화를 흔쾌히 맡아주신 주성진 작가님께 심심한 감사를 드리며, 이 책의 기초작업을 위해 논문을 번역해 주신 정성현, 조종완, 정나영 박사과정께 깊은 감사를 드립니다.

창의적인 경영자로서 저에게 창의성의 중요성을 배우게 해 주신, (故)박영주 회장님, 박종섭 회장님, 서경배 회장님, 이재용 쌍용제지 회장님, 이상훈 대표님, 김선희 부회장님, 박지원 회장님, 박승준 부회장님, 박상재 대표님, 김임환 수석님과 김인숙 이사님께 감사드립니다. 학자로서 창의적인 길을 배우게 해 주신 김동훈 부총장님과 신동엽교수님, 건축가로써의 창의성을 키워주셨던 김성우 교수님, 유완 교수님, 이경회 교수님, 박영기 교수님께 감사를 드립니다. 또한 전공을 초월하여 창의적인 발상을 도와주신 이진우 부총장님, 송정식 교수님, 안철희 교수님, 강석민 교수님, 김호 교수님, 김영훈 교수님, 서상원 교수님, 이상길 교수님, 김용욱 교수님, 이근우 교수님, 윤주헌 교수님, 백효채 교수님, 이기영 교수님께 감사의 말씀을 드리며, 책 발간을 위해 조언해 주신 황장석 작가님과, 인내로 함께 연구했던 모든 공저자와 공동 연구자와 삼성 인력개발원협력 창의성 연구팀과, 저의 연세대 창의성 연구실을 거쳐간 모든 제자들께 감사를 드립니다.

그리고 박영사 안종만 회장님과 안상준 대표님께 깊은 감사를 드립니다. 특히 선친의 노년에도 항상 함께해 주셔서 사제의 표본을 보여주셨던 안 회장님께 심심한 사의를 표합니다. 이 책을 기획하는데 도와주신 장영식 마케팅 팀장님, 부족한 원고를 근사한 책으로 만들어 주신 김민조, 이아름 편집자님, 이영경 디자이너님과, 모든 박영사 임직원께도 감사드립니다.

그리고 저의 창의적인 탐험적인 생각을 여기까지 있게 오랫동안 함께해 주신, 이대부초18기, 명지25기, 연건84, 캐롤라이나 동문회, 도사84, 84회, 버팔로대

친구들, 테클, 바이오스매쉬, 월밤테, 예쁜교회, 연세교수테니스회, 연경교수회, 베이에리아프렌드, 연세스탠포드 교수회, 845 친구들과 일일이 적지 못한 선후배님들과 친우들, 스승님들과 동료들과 제자들께 감사드립니다.

　마지막으로 재무분야 교수이셨던 선친께서 마지막까지 저희 형제자매에게 주셨던 말씀을 나누면서 이 책을 마감하려 합니다. "너희는 얼마나 벌었냐로 기억되는 사람이 되지 말고 얼마나 주었냐로 기억되는 사람이 되어라."

참고문헌

이 QR코드를 스캔하면 본서의 참고문헌을 열람할 수 있습니다.

저자 약력

임수빈 교수

현 테네시대학교(Chattanooga) **경영대학 석좌교수**(G. L. Nations Professor), **마케팅 학과장**

◇ 전 연세대학교 경영대학 마케팅 교수, 경영대학원 부원장 역임
◇ 전 샌프란시스코 주립대학 정년보장 부교수 및 워싱턴 대학 조교수 역임
◇ 노스캐롤라이나대 경영학 박사(마케팅 전공), 미국 뉴욕 주립대 MBA(생산관리 전공), 연세대 건축공학과 학사

2021년 미국 마케팅 학회(American Marketing Association, AMA)의 겨울 학회 공동학회장을 맡은 저자는, 「Journal of Marketing」, 「Strategic Management Journal」, 「Journal of the Academy of Marketing Science」 등 유수한 경영학 저널에 논문을 게재하였으며, 그 밖에도 권위 있는 SSCI급 학술지에 23편의 논문을 게재, 국제 학회에서 30회 이상 발표하였다. 2013년 AMA에서 우수혁신논문상에 당선되고, 2019년 연세대 경영대 초헌학술상을 받는 등 10개 이상의 상과 연구비를 받았으며, 2006년부터 세계 인명사전인 「Marquis Who's Who in America」에 등재되었다. 관심 분야는 창의성과 혁신을 토대로 한 기업가정신, 신제품 개발, 디자인 씽킹과 마케팅 전략 등이다.

창의성 딜레마

초판발행	2024년 1월 5일
지은이	임수빈
펴낸이	안종만 · 안상준
편 집	김민조
기획/마케팅	장규식
표지디자인	이영경
제 작	고철민 · 조영환
펴낸곳	(주)**박영사**
	서울특별시 금천구 가산디지털2로 53, 210호(가산동, 한라시그마밸리)
	등록 1959. 3. 11. 제300-1959-1호(倫)
전 화	02)733-6771
f a x	02)736-4818
e-mail	pys@pybook.co.kr
homepage	www.pybook.co.kr
ISBN	979-11-303-1627-7 93320

copyright©임수빈, 2024, Printed in Korea

* 파본은 구입하신 곳에서 교환해 드립니다. 본서의 무단복제행위를 금합니다.

정 가   22,000원